KB268239

근대 중국의 고승

2010년 12월 31일 초판 1쇄

●
지은이   김영진
펴낸이   박상근(至弘)
주간   류지호
편집   사기순, 이상근, 정선경
책임편집   이상근
디자인   김소현
제작   김명환
홍보마케팅   허성국, 김대현, 박대령, 김영수
관리   윤애경

●
펴낸 곳   불광출판사
              110-140 서울시 종로구 수송동 46-21, 3층
              대표전화 02) 420-3200
              편집부 02) 420-3300
              팩시밀리 02) 420-3400

●
출판등록 제1-183호(1979. 10. 10)

●
ⓒ 김영진, 2010

●
ISBN 978-89-7479-133-9. 93220
값 18,000원

●

근대 중국의 고승

김영진 지음

불광출판사

붓다의 이야기만으로 불교를 구성할 수는 없다. 우리가 비록 끙끙거리지만 『금강경』 한 구절 읽을 수 있는 까닭도 수많은 불교인이 있기에 가능하다. 죽음의 사막을 터벅터벅 건넜을 구법승(求法僧). 그들이 가져 온 경전을 밤새워 번역했을 역경승(譯經僧). 번역된 경전에 살을 붙여 더욱 윤택하게 풀이했을 의해승(義解僧). 연신 붓다의 말을 나르고 그것을 몸소 시연한 이들까지. 많은 고승, 많은 불교인이 오랫동안 몸으로 불교를 구성했다. 그렇게 해서 중국의 붓다가 등장하고 한국의 붓다가 등장했다. 그렇다. 설마 한두 인연으로 불교가 내 앞에 당도했을까. 턱도 없다.

이 글은 붓다가 아닌 불교인 이야기다. 그것도 근대 중국이라는 시공간에서 활동한 고승을 다룬다. 근대는 전통적인 것과 서구적인 것이 충돌하거나 조화한 때다. 불교도 마찬가지였다. 불교는 자신을 지켜야 했지만, 그러기 위해서 시대와 만나야 했다. 자기 전통을 발굴하기도 했고, 서구 전통을 수용하기도 했다. 불교가 퇴락한 유물이 된 때 이런 작업을 힘써 담당한 이들이 있었다. 훗날 고승이라는 칭호를 얻지만 당대(當代)에는 보이지 않는 곳에서 고군분투할 뿐이었다.

근대 시기 중국에는 출가자가 수십만 명에 달했다. 이 글에선 고작 열아홉 명이 등장한다. 이들이 근대 중국 불교 전체를 대표할 수 있을 거라고 생각하지는 않는다. 이 글은 몇몇 고승의 활동을 통해서 근대 불교의 특별한 시도를 더듬어 보고자 한다. 그 방법으로 특징적인 흐름을 따라서 고승의 활동을 정리했다. 그래서 다섯 개 갈래를 쳤고, 거기에 거사들의 염불 수행을 다룬 부록을 하나 끼웠다. 이 글을 통해서 근대 중국에서 고승들이 보인 수행과 노력이 국내에 조금이나마 소개됐으면 하는 바람이다.

못난 글 근사한 책으로 만들어준 불광출판사에 감사한다. 글이 책이 되는 과정은 인간 삶의 희·로·애·락 같다. 그래서 많이 배운다. 지금 근무하고 있는 인하대학교 한국학연구소와 소장님, 동료들에게 감사한다. 월급 말고도 내게 작은 안정감을 주었다. 비록 지금은 함께 히지 않지만 10년 세월 나의 잎이고 옆이었던 수유언구실 친구들에게도 감사한다. 마지막으로 가족들에게 감사한다. 만약 내가 이 책을 누군가에게 바칠 자격이 있다면 고향에 계신 아버지·어머니께 바치고 싶다. 고향 바다처럼 건강하시길.

2010년 12월
김영진

목차

I

선승과
수행의 부활

01

대기대용(大機大用)의 선승, 쉬윈

근대 중국 불교계에서 하나의 길을 낸 인물이 있다. 큰 함성으로 불교계를 인도한 것도 아니고, 명석한 두뇌로 불교의 철리를 풀어낸 것도 아니지만 단지 그의 무게가 하나의 흐름을 만들었다. 주인공은 고승 쉬윈(虛雲, 1840-1959)이다.

고승과 명승

불교인들은 '팔만사천법문'이라는 말로 어마어마한 양의 불설을 묘사하곤 한다. 이 말을 들으면 해인사 장경각에 숨 쉬고 있는 고려대장경을 떠올리는 이도 있을 테다. 그런데 '팔만사천번뇌'라는 말도 있지 않은가. 여기서 숱한 가르침과 숱한 번뇌가 맞선다. 좀 달리 표현하면 이 둘은 끊임없이 달려드는 질문과 간장을 녹이듯 내뱉는 절실한 대답이다. 질문과 대답. 번뇌와 보리. 불교는 어쩌면 이런 간단한 구조 위에 있는지도 모르겠다. 하지만 질문을 받고 대답을 내뱉는 건 그리 간단하지 않다. 2천 수백 년 불교 역사는 이런 질문과 대답의 과정이며, 저런 문답을 충실히 행한 많은 불교인에 대한 기록이다.

이렇듯 불교는 붓다만을 기억하지 않는다. 당연하다. 대장경을 뒤져봐도 얼른 알 수 있다. 그것은 온갖 형식, 갖가지 이야기로 구성됐다. 화자도 여럿이고, 청자도 여럿이다. 주인공인들 어디 한둘이겠는가. 그 가운데 출가 수행자만 집중적으로 다룬 장르가 있다. 이른바 '승전(僧傳)'이다. 불교 역사에서 보면 이것도 '명승전(名僧傳)'과 '고승전(高僧傳)'으로 나뉜다. 둘은 평전 형식의 글이라는 점에서 동일하지만 '명승'과 '고승'이라는 명명에서 차별화된다. 뭐가 다를까? 중국 양나라 때 승려 혜교(慧皎, 497-554)는 최초로 『고승전』을 지어 이전 씌어진 『명승전』과 구분을 시도했다. 그는 이 책 「후서」에서 이렇게 말한다.

만약 진실하게 행동하고서도 그 광채를 숨기면 ‘(덕은) 높지만 이름은 나지 않고’[高而不名] 덕은 모자라지만 시절에 잘 맞은 경우는 오히려 ‘이름은 났지만 덕이 높지 않다’[名而不高]. 이름만 나고 덕이 높지 않은 경우는 여기서 기록하지 않았지만, 행실이 높고 이름이 나지 않은 경우는 오히려 모두 기록했다. 그래서 ‘명(名)’자를 생략하고 대신 ‘고(高)’자를 사용했다.[*1]

혜교는 명승이 아니라 고승을 기록하겠다고 다짐한다. 우리는 일상에서 이름은 있지만 그 행실은 엉망인 사람을 많이 본다. 이때는 마치 한 편의 과장 광고를 본 듯 씁쓰레하다. ‘명불허전(名不虛傳)’이라는 말을 그냥 뒤집는다. 실없이 이름만 난 경우다. 반대로 잘 알려지지 않았지만 우리를 진동시키는 사람도 있다. 『고승전』은 이렇게 이름이 아니라 계율, 선정, 지혜 등 불교적 가치에 충실한 승려를 다룬다. 요즘말로는 고승평전이라고 할 법하다. 혜교는 중국 불교 초기에 활동한 고승을 대단히 다양한 측면에서 평가한다.

누구는 경전을 번역하느라 밤을 샜고, 누구는 목청껏 강의를 했다. 누구는 이적(異蹟)을 행하여 일상의 편견을 깨뜨렸고, 누구는 불사(佛事)를 하느라 눈코 뜰 새 없이 바빴다. 누구는 목숨을 걸고 용맹정진했고, 누구는 3천 계행을 지키며 살았다. 그뿐인가. 『고승전』이 소개한 고승의 이력에는 인간의 다양한 삶이 스며 있다. 때론 범부의 삶이, 때론 성인의 삶이 거기에 고스란히 녹아 있다. 우리는 여기서 어느 시대, 어느 지역에서 작동한 불교의 생명력을 볼 수 있다. 고승은 각기 다른 영역에서 활동했지만 그들의 활동이 거대한 불교를 밀고 갔다. 양나라 승려 승우(僧祐, 444-518)는 『출삼장기집』「서문」에서 이렇게 말한다.

   선승과 수행의 부활

불도는 사람을 통해서 확대되고 불법은 여러 인연에 기대서 현실화한다. 불도는 인연을 갖추지 못하면 비록 그것이 세상에 있지만 드러나지 못한다.[2]

그렇다. 사람이 바로 인연이다. 불교 역사에서 보면 불교도가 불교를 운용한다기보다는 불교도가 바로 불교 속에 있음을 쉽게 알 수 있다. 좀더 직접적으로 말하면 불교도가 바로 불교다. 실제 불교계를 이끈 출가 수행자는 불교의 진면목을 실감나게 보여 주었다. 우리가 절간의 고색창연함이나 절집의 기운에서 불교를 느끼기도 하지만, 더 많은 경우 그곳에 기거하는 수행자와 나눈 몇 마디 말에서 불교를 실감한다. 그래서 출가 수행자나 재가 거사는 불교가 현실이 되는 통로이자 장이다. 불교가 추구하는 깨달음도 인간이 행하는 각고의 노력을 통해 도달하고, 눈물겨운 자비행도 인간의 하염없는 사랑을 바탕으로 한다.

혜교의 『고승전』말고 당나라 때 나온 도선(道宣)의 『속고승전』도 있다. 근대에는 베이징 법원사(法源寺)에 오래 주석한 다오제(道階, 1866~1934)가 『신속고승전』을 편찬해서 송대부터 근대까지 활동한 고승의 모습을 추적했다. 한국에는 고려 고종 2년(1215) 각훈(覺訓)이 『해동고승전』을 지어 고대 불교인의 모습을 소개했다. 각훈은 고승의 행적이 그냥 잊힐까 걱정했다. 각훈은 고구려에 처음 불교를 전한 순도(順道)에 대해서 이렇게 말한다. "안타깝다. 사람의 인품이나 공덕을 문서로 기록해서 후대에 알려야 하거늘, 그에 대한 글은 무엇도 보이지 않으니 어찌된 일인가?"[3] 존재자가 모두 무상한데 이런 글을 남겨 무엇 하겠느냐고 타박할 수도 있다. 하지만 다양한 삶과 가치는 글로써 전달해야 한다.

잔인한 출생

청나라 말기 중국의 승려는 줄잡아 70만 명에 육박했다. 엄청난 수다. 하지만 그들 모두 보석처럼 빛나지는 않았다. 빛나지 않았다고 무의미한 것은 아니다. 어떤 돌덩이는 광채는 없지만 뜨겁고 무겁다. 가장 높고 가장 빛난 것만이 가치를 생산하는 건 결코 아니다. 출가자의 삶도 그렇다. 그들에게도 세간의 사람 못지않게 고갯길이 많다. 고갯길마다 넘쳐 나는 애환이 있다. 어쩌면 저런 애환이 인연을 만들고 나아가 가치를 생산하는지도 모르겠다. 작은 고개, 큰 고개를 넘어 도달한 곳은 그림 같은 초원이 아니다. 오히려 그런 과정에서 얻은 깊고 푸른 눈이 다다.

근대 중국 불교계에 하나의 길을 낸 인물이 있다. 큰 함성으로 불교계를 인도한 것도 아니고, 명석한 두뇌로 불교의 철리를 풀어낸 것도 아니지만 단지 그의 무게가 한 갈래 흐름을 만들었다. 주인공은 고승 쉬윈(虛雲, 1840-1959)이다. 그야말로 고승이라는 말이 제격인 인물이다. 쉬윈은 에카이(冶開, 1852-1922)나 징안(敬安, 1851-1912), 그리고 라이궈(來果, 1881-1953) 등과 함께 근대 시기 무너진 선풍을 일으켰다. 대규모 선방을 지어 올린 것도 아니고, 누구의 법맥을 곧추 세운 것도 아니다. 그는 참선 수행자의 올바른 모습을 보여 주었다. 적어도 저리 살면 훌륭한 거고, 적어도 저리 하면 수행자임을 알게 했다. 쉬윈은 1840년에 태어나 1959년까지 120년 세월, 바로 근대 중국을 고스란히 살았다. 아편전쟁, 열강침략, 청일전쟁, 신해혁명, 군벌의 난립, 5·4운동, 북벌전쟁, 중일전쟁, 국공내전, 중국공산화, 대약진운동. 쉬윈은 비록 산사에 있었지만 중국인이 겪은 역사의 진동을 모두 느꼈다.

쉬윈은 후난(湖南) 상향(湘鄕) 사람이고, 푸젠(福建)의 취안저우(泉州)에

 선승과 수행의 부활

서 태어났다. 속성이 샤오(蕭)이고 이름은 푸민(富民)이었다. 달마와 일화로 유명한 양무제 소연(蕭衍)의 후손쯤 된다. 그의 이름에서 집안사람들이 그가 세속의 삶에 충실할 것을 바랐다는 사실을 알 수 있다. 부모는 나이 마흔이 넘도록 후사가 없었다. 하루는 부부가 함께 꿈을 꾸었는데 꿈속에서 관음보살을 만났다. 관음보살은 호랑이를 타고 침상으로 올라섰다. 이 일 이후 모친이 아기를 가졌고 이듬해 푸민을 나았다. 그의 출생은 장수를 예견이라도 하듯 매우 잔인했다. 쉬원의 구술에 따르면, 모친이 출산했을 때 아이는 아직 태에 쌓여 있었다. 이런 상황에서 모친은 아이를 한번 안아 보지도 못하고 사망했다. 이튿날 약방 노인이 와서 태를 열고 사내아이를 꺼냈다. 자신의 생명과 모친의 죽음이 맞닿아 있었다.

한 생명이 정상적으로 시작하기란 실은 너무도 힘들다. 그래서 우리네 삶이 그리 눈부시지 않아도 생명의 탄생은 언제나 경이롭다. 갓난쟁이의 작은 가슴이 불룩거릴 때 살아 있음을 알고, 작은 손발을 꼼지락거릴 때 사지육신의 온전함에 안도한다. 눈물겹도록 고맙다. 푸민의 생명은 모친의 죽음으로 시작했다. 그래서 그 생명은 무척 슬프기까지 하다. 나고 죽음, 그리고 다시 나고 죽음이 있나. 이런 이유에서인지 푸민에 대한 부친의 애정은 각별했다. 독실한 불교도였지만 아들의 출가를 극구 말린 것도 이런 이유에서 일 것이다. 아들에게서 자꾸만 놓친 아내를 보았으리라.

중국은 점점 서구열강의 이권 쟁탈지로 바뀌고, 팔다리를 하나씩 떼어 서구 오랑캐들에게 내놓아야 했다. 지식인들은 미래에 대한 불안과 정부에 대한 불만으로 동요했다. 이런 사회 분위기 속에서도 푸민은 비교적 평온하게 열일곱 살을 맞이한다. 그러나 내면에는 많은 변화가 있었다. 예민하기 그지없던 그는 그 해 출가를 결심하고 조용히 집을 떠났다. 1856년이었다. 푸민은 고향에서 가까운 남악(南嶽) 형산(衡山)을 향했다. 그곳은 육조혜능의 제자 남악회양이 머문 곳으로 유명하다. 하지만 바깥 세상에 익숙하지 않은 그는 길을 잃고 헤매다가 결국 집안사람에게 붙들려 돌아왔다. 열일곱 청춘의 치기 정도로 일단락됐다.

부친은 곧바로 푸민이 혼례를 치르게 했다. 세속의 인연으로 그를 붙들려 한 것이다. 푸민은 한꺼번에 아내 둘을 받아들여야 했지만 끝내 부부의 연을 맺지 않았다. 봉건 중국의 우스꽝스러운 풍습이지만 그때는 그랬다. 2년 뒤 이번에는 여러 가지 준비를 하고 집을 나섰다. 출가하는 데도 조금은 공력이 필요한가 보다. 푸저우(福州)의 용천사(涌泉寺)로 가 창카이(常開)를 은사로 출가했다. 법명은 구엔(古岩)이고 자(字)는 더칭(德淸)이었다. 쉬윈은 그의 자호였다. 수행자로서 험난한 생활을 이렇게 시작했다. 쉬윈은 여전히 자신을 찾고 있는 부친을 피해서 심산동굴에서 혼자 수행했다. 그는 나무 열매나 동굴의 샘물을 먹으면서 생활했다. 극한의 고통 속에서 생활한다. 쉬윈은 한 수행자의 소개로 천태산 고승 롱징(融鏡)을 찾아뵌다. 롱징은 쉬윈의 수행을 보고선 한 마디 묻는다.

자네는 고인이 몸을 보존하고, 마음을 지킨다는 이야기를 듣지 못했는가? 내가 보기에 자네의 행동은 외도에 가깝네. 결코 바른 길이 아닌데도 10년을 쏟아 부었구려. 암혈에 거처하고 계곡물을 마시면서, 장수를 노리는 것은 『능엄경』에서 말하는 십종 선법(仙法) 가운데 하나에 불과하네.[4]

쉬윈은 극한의 고통을 견디는 것이 수행이라고 생각했다. 자기와 벌이는 처절한 싸움에서 이기는 것이 수행이라고 생각했다. 붓다의 6

  선승과 수행의 부활

년 고행도 분명 수행이다. 하지만 불교 수행이 꼭 그런 것만은 아니다. 롱징은 쉬윈이 외골로 하는 고행이 결국 그에게 도움이 되지 않을 거라고 진단했다. 그래서 서슴없이 '외도와 닮았다'고 말했다. 쉬윈은 끊임없이 세간에서 도망치려 했다. 저 세계에서 벗어나려고 자꾸 두메산골로 숨어들었다. 스승 롱징은 쉬윈의 그 마음을 파고들어 부수었다. 그리곤 "보살이 보리심을 내어, 보리를 구하고 중생을 제도할 때는 출세간과 세간법이 분리되지 않는다"고 일러준다. 쉬윈은 그제야 인적없는 곳에서 출세간 하는 게 아니라 세상 속에서 출세간해야 함을 알았다. 이윽고 도망치려는 마음이 사라졌다.

삼보일배로 만 리를 가다

고승 롱징을 만난 이후 쉬윈은 천태산 국청사와 닝보의 아육왕사·천동사 등 저장(浙江) 지역 대찰에 머물며 공부했다. 1882년 그는 수개월간 저장 부타산에 머물렀다. 숱한 승려가 있고, 무수한 불교도가 님실댄 곳. 쉬인은 이곳에서 부끄러웠다. 출가한 지 20여 년이 훌쩍 지났지만 그는 여전히 모자랐고, 답답했다. 세월이 흐른다고 칠흑 같은 어둠이 순순히 물러나는 건 아니다. '어디서 길을 찾아 이 어둠을 벗어날 것인가.' 그는 삼보일배로 보타산에서 산시(山西) 오대산까지 갈 것을 서원했다. 그는 하나의 전기(轉機)를 마련하고 싶었다. 자신을 온통 뒤집어엎고 싶었다. 중국 동남부 바닷가에서 서북부 내륙을 향한 삼보일배.

　음력 7월 1일. 맹렬한 여름. 쉬윈은 보타산 법화암(法華庵)에서 향을 사르고, 삼보일배를 시작했다. 보살의 명호를 부르며 조금씩 전진

○

비록 잔인한 출생이었지만 삶은 그에게 환희였고, 비록 고행의 연속이었지
만 한 몸으로 선종 다섯 종문의 조사가 되었다. 자신을 낳으면서 죽은 모친
을 생각하며 2년 여 삼보일배를 행했다. 그는 자신을 둘러싼 숱한 인연에 감
사했다. 그런 인연이 120세 고승의 수행과 삶을 지탱했다.

했다. 함께 시작한 도반 네 명은 오래지 않아 물러났다. 그야말로 신고(辛苦)의 시간이었다. 이듬해 허난(河南)을 지나면서 큰 눈을 만났다. 바람도 제대로 막지 못하는 허름한 움막에서 먹지도 못하고 며칠을 보냈다. 결국 굶주림과 추위로 정신은 혼미해지고 온몸은 돌멩이처럼 차갑게 굳어만 갔다. 눈은 그쳤지만 쉬윈은 꿈적할 수 없었다. 그때 지나던 거지가 그를 발견하고, 불을 피우고 죽을 끓여 먹여 살렸다. 나중에 그 거지는 쉬윈에게 물었다.

"당신은 무엇 때문에 명산을 참배하려 합니까?"
"생전 한 번도 뵙지 못한, 어머니에게 보은하고자 합니다."
"당신은 짐까지 짊어지고, 길은 멀고 날은 찬데 어떻게 그곳에 도달할 수 있겠습니까? 참배하지 않는 게 낫지 않겠습니까?"
"서원을 정했으면 시간이 얼마나 걸리는지는 물을 필요가 없습니다." •5

쉬윈은 "어머니에게 보은하기 위해" 삼보일배로 오대산까지 간다고 했다. 하지만 이것이 단지 자식과 부모 사이 피이오른 징 때문만은 아니다. 그의 모친은 자신의 생명으로 또 한 생녕을 밝혔다. 쉬윈은 그런 인연들에 사무치게 감사했다. 나라는 존재가 혼자 나고 혼자 살고 있는 게 아님을 그는 깨달았다. 시린 무릎은 그런 인연을 만나는 절실한 방식이었다. 자신을 전복하는 방식으로 저 인연을 간절히 느끼고자 했다. 쉬윈은 삼보일배를 시작한 지 2년여가 지난 1884년 봄에 오대산 현통사(顯通寺)에 도착했다.

중국에서 보타산은 관음성지로 유명하고, 오대산은 문수성지로 유명하다. 쉬윈은 삼보일배로 두 곳을 잇는 다리를 놓은 셈이었다. 팔다리는 짐승의 그것처럼 거칠었고 이마에는 혹이 솟아 있었다. 대기가 아니라 대지를 호흡한 수년이었다. 마치 타클라마칸 사막을 건너고, 설산을 넘어 불국(佛國)에 도달한 구법승처럼 그는 오대산 불교성지 구석구석 참배했다. 두 발로 터벅터벅 오대산에 도달한 사람들과는 시선이 사뭇 달랐다. 발끝에 밀려오는 대지의 육중함도 남달랐다.

쉬원은 끊임없이 자기에게 질문을 던져 새로운 해답을 찾았다. 자기에 안주하는 게 아니라 자기에게서 벗어나는, 자기를 극복하는 방식으로 수행자로서 본분을 지켰다. 먼 훗날인 1951년 쉬원이 사경을 헤매다가 깨어났을 때, 제자들은 스승에 대해 이렇게 찬탄했다. "어떤 고통도 견딜 수 있고, 무슨 더러움도 물리칠 수 있으며, 무엇도 버릴 수 있다." 이런 이야기에서 우리는 붓다의 전생을 떠올릴 수도 있고, 불굴의 의지를 가진 대승불교의 보살을 떠올릴 수도 있다. 어쩌면 이런 자세는 출가자의 기본이다. 유명한 『초발심자경문』의 일부인 원효의 「발심수행장」에서는 이렇게 말한다.

소리 울리는 바위 동굴로 염불당 삼고 슬피 우는 기러기 떼로 마음 기꺼운 벗 삼는다. 절하는 무릎이 얼음처럼 시리더라도 따뜻함을 찾는 마음 내지 않으며, 주린 내장이 끊어질 듯하여도 음식을 구하는 마음을 내지 않네. 문득 백년 세월 지나거늘 어찌하여 배우지 않고, 한 평생이 얼마나 되길래 게으름 피우며 수행하지 않는가! [6]

원효의 말대로 마음 내어 수행에 들어선 자는 응당 이래야 한다. 쉬원의 모습도 그랬다. 물론 고통을 견디는 것 자체가 수행은 아니다. 만약 그것이 수행이라면 불교도는 모두 고행주의로 나서야 할 것이다.

   선승과 수행의 부활

불교에서 말하는 인내는 일종의 자기 극복이다. 대승불교에서 특히 강조하는 바라밀 수행도 사실 자기 극복 프로그램의 일부라고 할 수 있다. 인욕바라밀은 벗어나기 힘든 자신의 욕망이나 신체에 새긴 습속을 극복하려는 각고의 노력이다. 이것은 무명과 집착에 대한 싸움이라고 할 수 있다. 쉬윈은 이 싸움에 두려움 없이 임했던 셈이다. 자해행위가 아니다.

선승의 생주이멸

쉬윈은 31세 때, 스승 룽징에게 "죽은 네 몸뚱이를 치울 자 누구인가?(拖死尸是誰)"라는 화두를 받았다. 이것은 남송의 대표적 선사인 고봉원묘(高峰原妙)가 깨달음을 얻은 화두다. 쉬윈은 고봉원묘처럼 그 도리를 얼른 알아차릴 수 없었다. 먹먹하기만 했다. 그렇다고 여기에만 매달릴 수도 없었다. 당시 분위기가 화두를 받았다고 해서 다른 공부 않고 참선만 할 수는 없었다. 『법화경』이나 『능엄경』 등 경전 공부도 해야 했고, 천태나 화엄 같은 교학 공부도 해야 했나. 더구나 수임을 맡아 절 살림도 살아야 했다. 쉬윈도 그랬다. 그리고 숱한 시간이 흘렀다.

　1895년 쉬윈은 장쑤(江蘇) 양저우(揚州)의 고찰 고민사(高旻寺)에서 선사(禪師) 법인(法忍)의 지도로 참선했다. 용맹정진 기간 동안 그는 밤낮으로 정진했고, 일체 망념이 사라지는 경험을 했다. 56세의 나이에도 그는 쉼 없이 밀어붙였다. 그리곤 한 경계를 넘어섰다. 쉬윈은 "끓는 물이 손등에 튀어, 들고 있던 찻잔을 놓쳤다. 찻잔이 떨어져 쨍그랑 깨지는 소리에 문득 일체 의근을 끊으니 마치 꿈에서 깬듯했다"[7]고 말한다. 쉬윈은 깨달음 이후 자신이 출가한 사찰의 법맥을 이었다. 임제종 제43대, 조동종 제47대 조사가 되었다. 그는 선풍을 진작하는 데 열중했다. 곳곳에서 참선을 지도했다.

당시 선승들은 쉬윈을 남송대에 끊어진 위앙종, 법안종, 운문종의 계승자로 추대했다. 끊어진 법맥을 임의로 계승할 수 있는 것도 아니고, 저들 종풍이 각기 다른데 한 사람이 그것을 함께 한다는 게 어쩌면 우스운 일인지도 모른다. 그러나 선맥이 거의 단절되다시피 한 상황에서 불교계는 쉬윈이 선종 전체를 다시 곧추 세우길 바랐다. 선종 다섯 종문의 법맥을 이은 것은 바로 이런 의미다. 사람들은 달마대사가 혜가(慧可)에게 일러준 "한 떨기 꽃에 다섯 잎이 맺힌다.(一花五葉)"는 말을 쉬윈에게 바쳤다. 한 몸으로 선가 5종의 법맥을 이었으니 이런 말이 통할 법도 하다. 달마는 자신을 찾아 온 혜가에게 말했다.

내가 이곳 중국에 온 것은 불법을 전하여 미혹한 중생을 구제하고자 해서다. 한 꽃에서 다섯 잎 열리니, 열매는 저절로 성취되리라.•8

쉬윈은 간명한 언어로 참선의 요지를 전달하려고 노력했다. 또한 쉬윈의 선법은 활동이나 생활 속의 공용을 매우 중시했다. 그래서 이후 그의 수행은 결코 고요함만 구하는 방식이 아니었다. 어지러움에서 벗어나지 못하는 것이나 고요함만 구하는 행위는 모두 마왕의 권속이 되는 짓이라고 했다. 그는 어느 편지에서 이렇게 말했다. "깨달음은 반드시 정좌를 통해서 얻는 것은 아닙니다. 옛 스님 중에 일상사에서 깨달은 경우도 허다했습니다." 이런 점은 비단 쉬윈만의 특징이 아니다. '선농일치(禪農一致)' 주장에서도 보이듯 수행자의 구체적 활동은 수행으

　　　　　　　　　　　　　　　　선승과 수행의 부활

로 전환할 수도 있다. 이것이 깨달음의 일상화다. 깨달음을 세속화한 것이 아니라 세속을 깨달음화한 격이다.

수행도 일종의 삶이다. 삶이란 부딪힘이다. 사람과 부딪히고, 일과 부딪힌다. 쉬원은 우리의 삶이 소중함을 일깨웠다. 그의 오랜 활동도 이런 점을 잘 보여준다. 각지에서 폐허가 된 사찰을 직접 나서서 중수하고 지역의 불교를 다시 일으켰다. 근대 중국의 불교 부흥은 단지 이론적 작업만이 아니었음을 그에게서 볼 수 있다. 불교가 머릿속이나 지면 위에서만 작용하는 게 아니기 때문이다. 쉬원은 여러 곳에 불교협회 등 조직을 만들었다. 불교인들이 스스로 불교인임을 자각하게 하고, 현실 사회에서 일정한 역할을 담당하게 했다. 그야말로 근대적 의미의 불교가 시작됐다.

이런 과정에서 쉬원은 불교계의 화합을 위해서 노력했다. 양런산(楊仁山, 1837-1911)이 금릉각경처(金陵刻經處) 활동을 본격적으로 진행하기 전까지는 교학의 계승은 거의 없었다. 단지 선종과 정토신앙만 겨우 명맥을 유지하고 있었다. 선종과 정토종 사이에 수행과 이론에서 다툼이 있었다. 쉬원은 이것을 해소하려고 노력했다. 물론 자신은 선종의 종지를 따르고 있었지만 그렇다고 정토법문을 폄하하지 않았다. 염불을 통해서 마음이 하나로 집중된다면 그것이 곧 참선이고, 참선을 통해서 주관[能] · 객관[所]이 둘 다 사라지면 이것이 곧 참된 염불이라고 했다. 쉬원은 『참선과 염불』이라는 글에서 이렇게 말한다.

참선과 염불 등 법문은 본래 부처님이 직접 설하신 것이다. 그것은 불도로서 결코 둘이 아니다. 하지만 중생의 조건과 근기가 각각 다르기 때문에 병에 맞게 치료하듯 여러 가지 법문을 방편으로 설하여 중생들을 제도

했다. 나중에 불문의 여러 대사가 교리에 따라 종문을 나눈 것은 당시 세속의 취향에 따라 대기설법한 것일 뿐이다. [9]

양런산이 염불 수행을 깨달음의 주된 방식으로 채택한 것에 비해 쉬윈은 선종을 중심으로 염불 수행을 수용했다. 매우 대조적인 구도지만 둘은 대립하지 않고 조화를 이뤘다. 쉬윈은 참선의 대중화 노력으로 '생활선' 개념을 제기했다. 그는 『법음』, 『선』 등의 잡지를 펴내면서 일반인들에게 선의 의미를 전달하려고 노력했다. 요즘 하는 선(禪)수련회 같은 생활선 캠프를 운영했다. 이것은 매우 중요한 의미를 갖는다. 선종의 수행 개념이 재가신자들에게까지 확장된 것이다. 세간의 삶을 살면서 수행자를 견지하는 불교인이 탄생했다.

아편전쟁이 난 해에 태어난 쉬윈은 100세의 나이에 내전을 경험한다. 국민당과 공산당의 전투는 2차세계대전이 끝나자 본격화되고 치열한 공방 끝에 결국 장제스의 국민당은 1949년 타이완으로 퇴각한다. 그해 10월 1일 중국 대륙에서 사회주의 신중국이 성립한다. 불교계로선 또 다른 시대를 맞이했다. 신중국은 그야말로 전통 중국과 단절의 선언이었다. 물론 완벽한 단절이야 가능하겠냐마는 봉건 중국과 단절하겠다는 입장은 분명했다. 불교도 기존 불교에서 탈피해야 했다. 쉬윈은 이제 승려이자 사회주의 인민으로 살아야 했다. 중생이 아니라 인민의 이익을 반영해야 했다. 하지만 그는 전혀 변함이 없었다. 자신은 불교적인 삶을 살 뿐이었다. 그 이하도 이상도 아니었다.

우리는 사회주의 중국에서 그가 겪었을 곤혹을 상상할 수 있다. 특히 1950년대 말부터 중국 정부는 본격적으로 좌경화의 길을 걸었다. 1958년 중국 정부는 저 유명한 대약진운동을 발동했고, 중국은 소용돌이 속으로 휘말렸다. 당시 전국의 승려들은 불안했다. 쉬윈이 주석한 사찰 주변에 대자보가 나붙고, "무사(誣師)의 죄상" 운운하면서 노승을 비난했다. 주위 제자들은 변호를 해야 한다고 했지만 쉬윈은 허락하지 않았다. 구구한 변명은 오히려 그런 일에 말려드는 길이다. 변명이 통할만 한 세월도 아니었다.

혼란 속에 쉬윈은 120세(1959)를 맞았다. 선종사에서 보면 당나라 때 대통신수 선사가 100수를 누렸고, 조주종심 선사가 세수 120세에 입적했다. 그래서인지 어려운 시절 임에도 불교 각 단체는 노승을 위해 축수(祝壽)했다. 쉬윈은 한 통 편지로 심경을 읊었다.

어미가 재난 당한 날에 내 자신의 슬픔도 어찌하지 못하면서, 더 살자고 축하나 기념을 할 수는 없는 노릇입니다.[10]

요절의 아쉬움, 장수의 기쁨. 둘은 별로 다르지 않다. 이해 3월 티베트에서 중국 정부에 반대하는 봉기가 일어났다. 중국 당국은 티베트인을 유혈 진압했고 달라이 라마는 인두로 망명한다. 무거운 어둠이 티베트 고원을 덮었다. 이 세계는 분명 정토는 아니었다. 쉬윈은 봄부터 병이 깊어지고, 음식을 소화시키지 못해 겨우 미음으로 연명했다. 이렇게 여름을 보낸 그는 "계·정·혜 삼학을 힘써 닦고, 탐·진·치 삼독을 결단코 끊어라"는 말을 남기고 10월 13일 입적한다. 고단한 세월 속에서도 선사의 기백은 끝끝내 늙지 않았다.

02

팔지두타(八指頭陀)의 시승, 징안

불교는 불법을 통해서 세속사회를 탈속의 경지로 이끌고자 한다. 하지만 늘 그렇듯 세속의 번뇌는 차고 넘친다. 심지어 그것이 탈속에까지 범람한다. 징 안은 저런 번뇌 세계로부터 탈속을 지키고자 했다.

불교와 문학

출가해서 번뇌처럼 엉킨 머리칼을 떨어낸다고 누구나 곧바로 탈속할 수 있는 것은 아니다. 산속의 깊은 고요를 고스란히 보듬는다고 해서 이내 수행에 들어서는 것도 아닐 테다. 유마거사가 사리불에게 일러주지 않았던가. "사리불이여, 꼭 앉는 것만이 좌선은 아닙니다. 무릇 좌선이란 몸과 마음이 삼계 어디에도 나타나지 않는 것입니다. 깨달음의 경지로 범부의 온갖 성품을 나타내고, 마음이 안에도 머물지 않고, 밖으로도 향하지 않음이 좌선일 겁니다."[11] 탈속이나 좌선은 이렇게도 힘들다. 출가 생활의 지난함도 기실 이런 것을 이루는 과정이다. 하지만 수행자의 삶이란 참으로 천차만별이다. 이 차이는 나름 수행의 방식이었다. 누구는 노래 부르고 누구는 춤을 춘다. 누구는 시문을 짓고 누구는 침묵한다.

　불교사에서 보면 문학은 불심을 드러내는 방법이었다. 경전에 등장하는 숱한 말씀도 실은 짤막한 시구가 아닌가. 선사가 내뱉는 시구에서 깨침을 이룬 이도 있었다. 하지만 출가자가 시를 짓는다고 모두 선시(禪詩)가 되거나, 불교 문학이 되는 건 아니다. 선심(禪心)이 없는 자가 선시를 짓다간 엉터리가 백출한다. 별것 아닌 재주를 뽐내며 붓을 놀린 자들도 어지간히 있었다. 말을 안 해서 그렇지 눈 밝은 자들은 다 알 것이다. 뭐가 진짜고, 뭐가 가짜인지. 본디 선승의 시 짓기는 어쭙

잖은 풍류가 아니었다. 산사에 갇힌 쓸쓸한 감정을 위로하거나 아니면 그것을 과장하는 방식으로 애꿎은 시를 선택한 것도 분명 아니다.

선승은 시를 통해서 깨달음의 경지를 묘사했고, 제자를 견인하기도 했다. 그들에게 문학은 수행에 깊이를 더하거나 깨달음에 색깔을 입히는 방법이다. 근대 중국 불교계에도 문인이 몇몇 등장했다.•12 승속을 오가며 활동한 쑤만수(蘇曼殊, 1884-1918)는 시를 통해서 노래했다. 예술 귀재로 산 리수퉁은 출가 이후 지계제일의 율사 홍이(弘一, 1880-1942)가 되었다. 불교인이라 할 수는 없지만 루쉰(魯迅)도 『들풀(野草)』 같은 작품에서 불교의 영향을 직접 드러냈다. 일본의 루쉰 연구가 다케우치 요시미(竹內好, 1910-1977)는 역작 『루쉰』에서 이렇게 말한다.

루쉰 문학의 근원은 무(無)라고 불릴 만한 어떤 무엇이다. 그 근원적인 자각을 획득한 것이 그를 문학가이게 만들었고, 그것 없이는 민족주의자 루쉰, 애국자 루쉰도 결국 말에 불과할 뿐이다.•13

루쉰이 말하는 무를 간단히 허무 정도로 처리해서 안 되는 건 물론이다. 루쉰의 불교 영향은 인간 존재 자체에 대한 그의 물음과 관련된다. 이렇게 불교 문학은 불교를 노래하는 것이 아니라 인간의 삶에 대한 이해와 깊이에 근거한다. 깨달음도 아마 이런 맥락에서 이해해야 하지 않을까. 불교만의 무엇이 있는 양 읊어대는 것들은 모두 가짜다. 한 인간, 한 존재자에 대한 처절한 물음과 고민으로 저런 근원에 도달한다. 루쉰은 그것을 해냈다.

불교계 인물 가운데 유독 '시승(詩僧)'으로 세상에 알려진 인물이 있다. 팔지두타(八指頭陀)로 더 유명한 고승 징안(敬安, 1851-1912)이다. 시승 징안은 후난(湖南) 상탄(湘潭)에서 태어났다. 집안은 대대로 농사를 지었다. 속성은 황(黃)이었고, 이름은 두산(讀山)이었다. 당나라 시인 두보는 『백학사모실(柏學士茅屋)』에서 "부귀는 반드시 힘써 노력하고 고통을 극복하는 가운데 획득하고, 사내라면 모름지기 다섯 수레 분의 책을 읽어야 한다."고 읊었다. 두산이란 이름은 산만큼 책을 읽겠다는 다짐처럼 보인다. 상탄 출신 인물 가운데 징안보다 20여 년 뒤 출생한 양두(楊度, 1874-1932)가 있다. 그는 유명한 정치가이자 불교 거사였다. 위안스카이의 복벽(復辟)을 돕기도 했고, 호선사(虎禪師)로 자칭하며 무아교 운동을 펼치기도 했다. 그는 징안이 입적한 후 그의 시집을 묶어냈다. 다시 20여 년 뒤인 1893년 중국 공산 혁명을 이끈 마오쩌둥이 상탄에서 태어났다. 혁명가와 정치가의 고장이라 불리는 후난에서 시승이 한 명 출현한 셈이다.

두산은 일곱 살에 어머니를 잃었고, 열한 살에는 아버지마저 잃었다. 날벼락이었다. 코흘리개 동생을 보듬고 얼마나 울었을까. 그전까지 서당에서 글공부를 했지만 부친을 잃자 학업을 계속할 처지가 못되었다. 그때 한참 『논어』를 배우고 있었다. '학이시습지(學而時習之)'로 시작한 『논어』 공부는 마지막 「요왈편(堯曰篇)」을 마치지 못하고 멈추었다. 배운다는 것에 막 재미가 들었는데 끝나버렸다. 신처럼 책을 읽겠다는 포부는 기댈 곳 없는 허망한 꿈이었다. 의지할 곳 없는 그는 이웃 농가의 소를 대신 치면서 생활했다. 11살 어린 목동은 여전히 책을 품고 다니면서 공부했다. 비록 혼자서지만, 비록 미덥지 못하지만 "배우고 때마다 익혔다." 나중에 징안은 당시 심정을 시로 노래했다.

더구나 하루아침에 부친마저 돌아가시니

텅 빈 집에 동생과 나만 남았다.

슬픔과 쓰라림으로 오랫동안 몸을 가눌 수 없었고

머리를 감싸 쥐고 하늘에 물었지만 하늘은 아무 말 없었다. •14

슬픔과 쓰라림으로 평생 살 수는 없는 노릇이다. 두산은 그것을 가슴에 묻었다. 누구도 이런 이별 하나 정도는 가지고 있으리라. '애별리고(愛別離苦)'라 하지 않았나. 1868년 열여덟 살 어느 봄날이었다. 그날도 들녘에서 소를 돌보고 있었다. 그는 물끄러미 저쪽 울타리를 바라보고 있었다. 그러다가 울타리 사이로 활짝 핀 하얀 복사꽃이 비바람에 몰락하는 것을 보았다. 목구멍 속에서 울컥하고 넘어오는 게 있었다. 그는 북받치는 감정을 억누르지 못하고 통곡했다. 도대체 무엇을 보았길래. 그 몰락은 또 무엇이었을까?

두산은 곧바로 상양(湘陽) 법화사로 가서 동림(東林) 화상을 은사로 출가했다. 그때 그가 받은 법명은 징안(敬安)이고, 자(字)가 지찬(寄禪)이었다. 그해 겨울에 남악(南嶽) 축성사(祝聖寺)에서 셴카이(賢楷) 율사로부터 구족계를 받았다. 이후 헝양(衡陽) 인서사(仁瑞寺)에 가서 헝지(恒志) 선사를 스승으로 모시고 전심으로 참선했다. 5년여를 참선에 몰두했고, 그제야 선승의 모습을 갖출 수 있었다.

시승의 운명

시승으로 이름 높은 징안이었지만 처음부터 문학에 심취한 것은 아니다. 오히려 그 반대였다. 그가 참선을 한참 할 때 일이었다. 당시 선방의 유나(維那)를 맡고 있던, 징이(精一)라는 수좌가 시 짓기를 즐겼다. 그것이

 선승과 수행의 부활

영 못마땅한 징안은 선배 수좌에게 달려들었다. "출가 수행자가 본분사(本分事)를 참구하지 않고, 세간의 언어나 배웁니까?" 징안의 힐난에 그 수좌는 대꾸했다. "자네는 젊은 나이에 이렇게 열심히 하니, 언제가 깨달음을 이룰 것이네. 하지만 아직 문자반야를 통한 삼매를 알지 못하는구려. 아마 금생에 인연이 없을지도 모르겠네." 징이 수좌는 징안이 기특해 보이기도 했고, 딱해 보이기도 했을 것이다. 참선하는 자가 참선이 세상 모두라고 생각하지 않고서 무엇을 이루겠는가? 이런 마음으로 기세등등한 것은 어쩌면 당연하다. 하지만 그게 정답은 아니었다.

징안은 스물한 살이 된 1871년 고향 외숙부를 방문했다. 그 참에 외숙부와 동정호 유람에 나섰다. 동정호는 남쪽이 후난(湖南)이고 북쪽이 후베이(湖北)일 정도로 거대하다. 중국 남부를 가로지르는 양자강이 문득 멈춘 곳이다. 징안은 곧 악양루(岳陽樓)에 올랐다. 중국 최고의 누각으로 수많은 문인과 예인이 자신의 예술 흥취를 뽐낸 악양루가 아니던가. 악양루 곳곳에 고인의 글귀가 있었다. 동정호가 어디쯤에 있는지, 악양루에 무슨 사연이 있는지도 모르는 우리도 그곳을 익히 알고 있지 않은가. 동아시아인에게 동정호와 악양루는 공동의 유산이다. 딩나라 시인 누보는 악양루에 올라 이렇게 노래했다.

오래 전부터 동정호를 들었건만,

이제야 악양루에 올랐구나.

호수는 오(吳)와 초(楚)를 동남으로 가르고,

하늘과 땅은 밤낮 물위에 떠 있구나.

(두보, 「등악양루」)

징안이 악양루에 올랐을 때, 주위 사람들은 마치 두보와 다투기라도 하듯 시를 지어 동정호의 풍광을 노래했다. 하지만 징안은 조용히 가부좌를 하고 호수를 내려 보며 선정에 들었다. 동정호의 아름다운 풍광이 미감을 자극하는 소재가 아니라 깨달음의 기연이길 바랐다. 선승의 당연한 처사다. 얼마나 지났을까. 끝없이 펼쳐진 푸른 동정호가 말을 건넸다. "동정호의 창파가 스님 한 분 보냈구려." •15 이 한마디가 심중에 꽂히자 징안은 특별한 깨달음이 있었다. 이것을 시적 체험이라고 해야 할지, 아니면 선적 체험이라고 해야 할지 모르겠지만 징안의 삶을 갈라놓은 건 분명했다.

시에 문외한이었고, 그런 것은 오히려 잡사(雜事)라 단정한 징안이었다. 저런 경험을 도대체 납득할 수 없었다. 친분이 있는 문인 궈쥐쑨(郭菊蓀)을 찾아 그 일을 소상히 알렸다. 징안은 그것이 무슨 인연의 실마리인지 알고 싶었다. 궈쥐쑨은 징안에게 이렇게 말했다. "숙세의 업력이 시 배우기를 권한 것입니다." 뉜들 쉬이 숙세의 업력을 간파하겠는가. 저 말이 턱없는 꿈풀이처럼 신통하기는 하지만, 한참 먼 이야기일 수밖에 없다. 결국 그것을 사실로 만드는 것은 본인의 믿음 아니겠는가. 징안은 일종의 운명처럼 그 말을 받아들였다. 그야말로 시가 왔다. 하지만 그냥 시가 술술 나온 게 아니다. 운명을 수용했다고 능력이 고양되는 것은 결코 아니다. 운명애는 노력을 요구한다.

징안은 궈쥐쑨에게 『당시삼백수(唐詩三百首)』를 받고 한 수 한 수 읽기 시작했다. 이 책은 중국 시문학의 고갱이다. 당나라 때 활동한 기라성 같은 시인들의 주옥같은 시구가 거기에 있었다. 『논어』를 다 떼지 못하고 글공부를 멈춘 징안이었다. 당시(唐詩)는 중국문학의 가장 화려한 장을 차지한다. 화려한 만큼 징안은 이해하기 힘들었다. 시문을 이해하

 선승과 수행의 부활

○

시승 징안은 문학이 한낱 감정을 희롱하는 하릴없는 자의 소일거리가 아니라 삶을 개척하고 깨달음에 육박하는 수행의 방법임을 당당히 보였다. 그에게 문학은 그저 불교였다.

기에는 그의 글공부가 한참 모자랐다. 한때 시 짓기를 비웃은 그가 아 닌가. 그런 그였기에 시 공부를 대충하지 않았다. 그는 화두를 참구하 듯 글자 하나하나 의미를 새겼고, 그 깊이를 가늠하려 침잠했다. 언젠 가 자신의 입으로 토할 수 있을 만큼 꾸역꾸역 삼켰다. 그리고 되새김 질했다. 문학의 훈습이라고 할까. 유식학에서 말하는 종자처럼 그가 읽은 글은 자신의 몸속에 있다가 문학으로 현행할 것이다.

시 짓기란 어쩌면 무던히도 세속적인 일이다. 그것이 비록 자연을 노래하고, 탈속을 묘사할지언정 정녕코 감정의 한 기술이다. 만약 징 안이 이 정도에서 멈추면 옛날 자신이 비난한 세간의 언어 놀이 이상 아니다. 징안은 시 짓기를 통해서 자신을 담금질했다. 그가 시승일뿐 아니라 선승일 수 있는 이유도 여기에 있었다. 시는 세상을 만나는 방 식이었다. 과연 좌선이 무엇이던가. 성인의 깨달음으로 범부의 성품을 나타내는 것이라고 하지 않았던가. 그는 「가을 깊은 밤에 문득 짓다(中秋 夜偶作)」에서 이렇게 읊었다.

태허 떠가는 구름 깨끗해 삼경 이름에,
가부좌한 나 온갖 생각 끊어져 맑네.
꽃 맺힌 붉은 계수 차가운 그림자 내고,
이슬 머금은 푸른 오동 소리 없이 적막하네.[16]

징안에게 시는 늘 오도송(悟道頌)이나 임종게(臨終偈)같이 절실한 무엇 이다. 칼날처럼 벼린 시어는 살을 베듯 자신을 경책했고, 무딘 살점을 떼어내듯 망상을 끊었다. 말을 쌓아 광휘로운 성전을 만드는 게 아니 라, 오히려 그 말로써 의식에 쌓아 올린 성채를 부수었다. 그것은 깨

   선승과 수행의 부활

달음을 향한 단단한 발걸음이었다. 징안은 1881년 첫 번째 시집『작매음(嚼梅吟)』을 닝보에서 간행했다. '작매음'은 매실[梅]을 씹고[嚼] 그 맛을 노래한다[吟]는 의미다. 징안은 매화를 특히 사랑하여 이와 관련된 시가 많다. 1888년에는 자신의 시작을 모아서『팔지두타시집』다섯 권을 간행했다. 10년 뒤인 1898년에는 10년간 작품 다섯 권을 보태『팔지두타시집』열 권을 간행했다.

팔지두타의 선승

1877년 징안은 저장 닝보의 아육왕사를 방문했다. 닝보는 고대부터 수많은 사찰이 있었다. 아육왕사는 불사리를 모신 곳으로 유명하다. 고려의 고승 대각국사 의천도 이곳을 방문한 적이 있다. 물론 절 이름에 등장하는 '아육왕'은 고대 인도의 아쇼카왕을 의미한다. 전설에 따르면, 동진시대 승려 혜달(慧達)이 저장 회계산(會稽山)에서 불사리탑을 구한 후에 이 절을 건립했다. 당시 사람들은 그것을 아쇼카왕이 조성한 팔만사천 불사리탑 가운데 하나라고 생각했다. 아쇼카왕 관련 고사는 동아시아 곳곳에서 발견된다.『삼국유사』「탑상편」에서는 이렇게 말한다.

신라 제24대 진흥왕이 즉위 14년 계유(553) 2월에 대궐을 용궁 남쪽에 지으려 하는데 황룡이 그곳에 나타났으므로, 이에 고쳐서 절로 삼아 황룡사라 했다. 30년 기축년(569)에 담을 쌓고 17년 만에 겨우 완성했다. 얼마 안 있어 바다 남쪽에 큰 배 한 척이 떠와 하곡현 사포에 닿았다. 배를 검사해보니 공문이 있었다. 인도 아육왕이 황철 5만 7천 근과 황금 3만 푼을 모아서 석가의 불상 셋을 주조하려다 이루지 못했다. 그래서 그것을 배에 실어 바다에 띄우면서 "인연 있는 국토에 가서 장육존상을 이루어달라"고 축원했다는 것이다. •17

이것은 다소 과장하여 구성한 이야기겠지만 불상 하나하나에도 인연을 부여하려는 불교인들의 노력을 엿볼 수 있다. 징안은 엄청난 시간 동안 불교인의 숭배와 염원의 대상이었던 사리탑에 참배했다. 그는 불사리가 아니라 부처님을 친견하는 듯한 감동에 휩싸였다. 격동했다. 징안은 이때 왼쪽 손가락 둘을 태워 불전에 공양했다. 경내에 있던 대중이 징안을 둘러싸고 불호를 염송하며 기도했다. 징안은 이른바 '소지공양(燒指供養)'을 행했다. 일반인들에게는 다소 낯설지만, 몸의 일부를 태워서 불전에 공양하는 의식은 중국이나 한국에서 오래전부터 행해졌다.

유명한 김동리의 소설 『등신불(等身佛)』은 소신공양의 모습을 잘 보여준다. '등신불'은 사람의 몸[身]과 비슷한[等] 불상[佛]을 말하지만 때로 인간의 육신이 불상이 된 경우를 말하기도 한다. 소설에 등장하는 불상이 바로 이런 거다. 온몸을 태워 불전에 공양한 셈이다. 이것을 소신공양이라고 한다. 『등신불』에서는 이렇게 묘사한다.

오백을 헤아리는 승려가 단을 향해 합장을 하고 선 가운데 공양주 스님이 불이 담긴 향로를 받들고 단 앞으로 나아가 만적의 머리 위에 얹었다. 그와 동시에 그 앞에 합장하고 선 승려들은 입으로 일제히 아미타불을 부르기 시작했다. 만적의 머리 위에 화관같이 씌운 향로에서는 점점 더 많은 연기가 오르기 시작했다. 이미 오랜 동안의 정진으로 말미암아 거의 화석이 되어 가고 있는 만적의 육신이지만, 불기운이 그의 숨골을 뚫을 때는

 선승과 수행의 부활

저절로 몸이 움칠했다. 그리하여 그때부터 눈에 보이지 않게 그의 고개와 등가슴이 조금씩 앞으로 숙여졌다.[18]

소설의 화자가 처음 등신불을 보았을 때, 그 모습 때문에 형언할 수 없는 공포가 있었다. 하지만 위에서 보듯 만적이 등신불이 되는 과정은 오히려 숭고하다. 등신불에 걸친 여러 인연을 알았기 때문이다. 소설의 화자는 일본군에 징집된 조선인 청년이었다. 난징 근처에 주둔하고 있을 때, 탈출을 시도했다. 한 중국인에게 도움을 청했는데 손가락을 깨물어 혈서를 쓰고서야 도움을 받을 수 있었다. 손가락을 자른 것도 아니고 불전에서 행한 것도 아니라 무슨 공양이라고 말할 수는 없지만 자신의 마음을 절실하게 보인 행위임은 분명하다. 청년은 중국인의 소개로 도착한 절에서 등신불을 만났다.

'불살생'을 말하는 불교 교리에서 이런 육신의 상해 행위를 어떻게 볼 것인가는 논란이 될 법하다. 심하게는 이런 행위에서 고대 종교의 '희생제의'를 떠올려 봄직도 하다. 자기에게 가장 귀한 것을 내놓고, 초월자에게 복을 구하는 행위 같은 거다. 수십 년 전만 해도 소지공양(燒指供養)을 행하는 승려가 있었다. 스스로 신심을 담금질하려는 의도였다. 이제 그런 풍토는 국내에서 거의 사라졌다. 그것이 육근의 청정함을 해치는 짓일 수도 있기에. 넘치는 감정이 수행을 장애할 수도 있다. 하지만 징안은 불사리를 참배하면서 다시 한 번 발심했다. 이 일 이후 그는 '팔지두타'라는 이름을 얻었다. 두타라는 말은 의식주에 아무런 욕심이 없는 청빈한 삶을 의미한다.

불교계 수장

징안이 생활한 시기는 아편전쟁이 끝나고 중국의 중앙 정부나 지역정부가 나름대로 자기 개발 프로그램을 진행한 때였다. 이것이 청말 자강운동인 '양무운동(洋務運動)'이다. 양무운동은 교육과 산업 두 방면을 강조했다. 1898년 양무운동의 대표자 가운데 한 명인 호광총독(湖廣總督) 장즈퉁(張之洞, 1837-1907)은 『권학편(勸學篇)』을 써서 광서제에게 상주한다. 그는 여기서 "중국 학문을 본질로 하고, 서구 학문을 응용하자"는 이른바 중체서용론(中體西用論)의 기치를 내걸었다. 제목에서도 알 수 있듯이 학문만이 위급한 중국을 구할 수 있다고 생각했다. 장즈퉁은 정치인답게 대단히 구체적인 방안을 제시한다. 그는 『권학편』「설학(設學)」에서 '학교 설치'에 필요한 공간과 소요되는 경비를 불교나 도교 사원을 이용해서 해결할 것을 제안한다.

> 지금 천하의 불교 사원과 도교 사원이 어찌 수십만 정도에서 그치겠는가? 도회지에는 백여 곳, 큰 현(縣)에는 수십여 개소, 작은 현에도 십여 개소는 있다. 모두 전답과 재산을 가지고 있다. 그런데 저들 재산은 모두 보시 받은 것이다. 만약 그곳을 고쳐 학교로 만들면, 사용할 공간과 필요한 재산을 모두 갖추고 있으니, 이 또한 적절하고 쉬운 방책일 것이다.●19

장즈퉁은 불교와 도교의 건물과 재산 가운데 70퍼센트는 학교 시설이나 경비로 사용하고 나머지 30퍼센트는 승려와 도사가 사용하면 된다고 주장한다. 장즈퉁은 이런 이야기를 하기에 앞서 당시 불교나 도교의 상황이 우려할만한 수준임을 강조한다. 제대로 운영하지도 못

                                        선승과 수행의 부활

하면서도 의미 없이 소유하고 있는 그들의 재산을 유용하게 사용하겠다는 생각이었다. 이것이 이른바 '사묘의 재산을 이용해서 학문을 일으키자'는 '묘산흥학(廟産興學)'의 주장이다. 그는 이렇게 하면 "모든 학문이 하루아침에 흥기할 것"이라고 자신했다. 중앙 정부나 지방 정부의 재정으로 불가능한 사업을 민간의 재산을 활용해서 해보겠다는 속셈이었다. 전시에 흔히 발생하는 물자 징발과 유사했다.

장즈퉁은 사원이나 도관의 재산이 기본적으로 보시에 연원한다는 것을 강조했다. 그러니 결국 국가나 사회를 위해서 임의로 사용해도 된다는 논리를 펼친다. 사찰에 딸린 재산을 몰수하여 교육 사업에 사용하자는 의견은 일면 그럴싸해 보였다. 대중들은 교육사업이라는 매우 건전해 보이는 목적 때문에 사찰재산 몰수에 동조했다. 묘산흥학은 지방 정부가 담당해야 할 역할을 교묘하게 민간에게 떠넘기는 방식이었다. 묘산흥학은 여러 차례에 걸쳐 시행됐다. 급기야는 중앙 정부에서까지 이런 정책을 채택한다. 이에 대해 불교계는 대외적으로 정부에 항의했고 내부적으로 불교계 자체의 교육 사업을 실행했다.

징안은 1880년대 중반부터 대략 15여 년 동안 각지 여섯 개 사찰의 주지를 역임했다. 청말 혼란한 상황에서 사찰과 불교를 시키는 일로 이곳저곳을 뛰어다녔다. 우리가 절에 가서 사천왕문을 지날 때 보이는 우락부락한 사천왕이 무슨 역할을 하는가. 그들은 불교를 호위하는 자들이다. 징안은 주지를 하면서 수행자가 아니라 사천왕 같은 호위자로서, 절집을 지키고 불사를 일으켜서 퇴락한 청말 불교를 곧추세우려 노력했다. 1902년 닝보에 위치한 대찰 천동사(天童寺)의 주지를 맡았다. 천동사는 서진(西晉) 영강(永康) 원년(300)에 창건된 고찰이다. 남송대 대혜종고(大慧宗杲, 1089-1163)와 선 논쟁으로 유명한 굉지정각(宏智正覺,

1091-1157)이 오랫동안 머문 곳으로 유명하다. 아름드리 소나무가 납자들을 그곳으로 인도한다.

천동사는 중국 최고의 사찰 가운데 하나지만 당시는 많이 퇴락했다. 징안은 주먹구구식 사찰 운영을 정비하고 교육 사업을 일으켰다. 승속을 구분해서 소학교를 세우고 불교계 인재를 길렀다. 점차 천동사는 다시 총림의 옛 모습을 회복했다. 교육 사업과 함께 징안은 불교계의 조직화에 힘썼다. 급변하는 시대에 불교는 자칫 쓸모없는 골동품처럼 보일 수도 있었다. 아니면 무지몽매한 민중들에 빌붙는 미신쯤으로 취급되기도 했다. 불교계 대표로서 징안은 새로운 시대에 불교의 역할을 고민했고, 조직적으로 변화에 대응해야 한다고 생각했다. 1908년 그는 '승려교육회'를 설립했고 회장에 추대된다.

신해혁명으로 중화민국이 성립한 후 어수선한 분위기에서 불교계는 스스로 권익을 보호하고자 1912년에 상하이에서 '중화불교총회'를 설립했다. 이 모임은 중국 근대 최초로 설립된 최초의 전국 규모 불교조직이었다. 각지 불교계 원로는 의견을 모아 징안을 회장으로 추대했다. 신해혁명 이후 행정력이 취약한 지역은 그야말로 무법천지였다. 징안은 난징으로 가 대총통인 쑨원을 방문해서 사찰재산을 보호해 줄 것을 요청했다.

이후 베이징 정부가 들어서자 각지에서 사찰재산을 탈취하고 사찰 기물을 훼손하는 일이 빈번히 발생했다. 징안은 불교계의 대표로서 다시 베이징을 향했다. 이 문제의 시정을 요구하고자 했다. 그는 베이징에 도착하자 법원사에 머물렀다. 법원사 주지 다오제(道階)와 내무부에 가서 불교재산을 보호해 줄 것을 청원하였다. 하지만 돌아온 것은 담당자의 냉대였다. 불편한 마음으로 법원사로 돌아왔다. 절에 도착하자

   선승과 수행의 부활

마자 가슴 통증이 있었는데 시자를 물리고 휴식을 취했다. 다음날 날이 밝자 시자가 문안을 여쭈러 갔을 때 징안은 반듯이 누워서 입적해 있었다. 1912년 11월 2일 세수 예순둘이었다.

불교는 불법을 통해서 세속사회를 탈속의 경지로 이끌고자 한다. 하지만 늘 그렇듯 세속의 번뇌는 차고 넘친다. 심지어 그것이 탈속에까지 범람한다. 징안은 저런 번뇌 세계로부터 탈속을 지키고자 했다. 그렇다고 세속을 미워하지도 않았다. 평생 특별한 저술을 내놓지도 않았고 법을 강설하는 일도 드물었다. 그래서 그의 사상이나 불교관을 운운하기란 난처하다. 그러나 그는 수행으로 법을 강설했고, 또한 시를 통해서 법을 노래했다. 닝보 천동사는 지금도 시승이자 선승인 팔지두타 징안을 고이 기억한다.

03

천년사의 사자후, 에카이

문화혁명 기간 동안 사찰의 불상은 파괴되고 승려들은 죄인처럼 이리저리 쫓겨 다녔다. 그 무엇도 한 자리에 영원히 있을 수는 없다. 수행자도 마찬가지고 절간도 마찬가지다. 변화하는 역사 속에서 끊임없이 자신의 자리를 찾으려는 진지한 노력들이 새로운 자신을 만들어 낼 뿐이다. 선승 에카이는 그런 노력 속에서 풍상을 견디고 수행했다.

고찰의 풍파

모진 풍파를 견뎌야 하는 것은 사람만이 아니다. 산 중턱에 버티고 선 아름드리 장송(長松)도 말 못할 시간의 무게를 감당했다. 무심히 들락거리는 저 절집도 마찬가지다. 말끔한 돌계단을 보고서 새벽녘 비질을 떠올리고 발우에 얹힌 정갈한 반찬 몇 가지에 분주한 공양간이 스친다. 그런 시간, 그런 장면이 저 절집을 천 수백 년 건사했다. 사람의 삶처럼 저들도 늙고 병들고 사라지고 또 태어난다. 중국의 사찰도 어김없이 생·주·이·멸의 존재 원리를 우리에게 보여 준다. 수많은 전쟁과 정치적 혼란 속에 어떤 경우 사라지고 어떤 경우 연명했다. 그들도 상흔이 있지만 슬픔보다는 숭고로 우리를 맞는다.

산중에서 그럴싸한 절집을 만나면 일반인뿐만 아니라 불교인도 그 화려함을 나무라는 경우가 있다. 소박함에 대한 막연한 기대 때문이다. 그들은 외형보다는 내면의 성찰을 우선한다. 옳은 생각이다. 하지만 법당을 짓고, 불탑을 조성하는 일이 단지 외형의 일만은 아니다. 절집은 수행공동체를 꾸리고, 그들을 교육하고 생활하며, 신앙의 열기를 데우는 데 필요한 공간이다. 또한 불상을 안치하고, 경판을 보존하고, 불서를 간행하는 것은 교세 확장 이전에 불교라는 신념의 확산과 관계된다. 『고승전』 같으면 이런 것을 '불법을 일으킨다'는 의미에서 흥법(興法)이라고 하거나 '불법을 보호한다'는 의미에서 호법(護法)이라고 했을 것이다. 불교를 지켜야 하는 것은 출가자의 임무이다.

어느 고승이 흥법이나 호법을 위해 동분서주했다고 해서 그가 불교 수행을 모른 체했다고 생각하면 오해다. 입으로만 불사(佛事)를 감당할 수는 없다. 자신이 꺼내 놓을 게 없다면 그의 말에 귀 기울이는 사람은 별로 없을 것이다. 결국 그가 보인 노력과 열정에 감화되어 시주자가 나서고 인연이 한 데 모이게 될 뿐이다. 경전에선 불교 출가자를 '복 밭'(福田)이라고 표현했다. 아무리 봐도 복이라는 열매를 맺지 않을 것 같은데, 씨 뿌리고 물주는 이는 없을 것이다. 수행이나 학덕을 갖춘 고승이 천근만근의 무게로 떡하니 버티고 있어야 그 절은 가풍이 생기고 힘이 붙는다. 서늘한 분위기 속에서 차갑게 정진하는 수행자들이 있어야 높이 치솟은 대웅전이나 불탑도 무너지지 않는다. 전각(殿閣)을 올리는 것도 결국 사람이 아니겠나.

당나라 때 거대한 규모의 사찰이 등장하고, 많은 승려가 한 데 모여 생활했다. 이런 과정에서 총림(叢林) 제도가 발생했다. 하지만 그런 대규모 사찰이 단지 크기에 짓눌린 것은 아니다. 수행자들은 그곳에서 유용한 의미를 찾았다. 그래서 총림에선 공동체의 생활 윤리를 강조하기에 이른다. 명대 승려 대건이 편찬한 『선림보훈음의』에서 총림에 대해 이렇게 말한다.

총림은 여러 승려가 머무는 곳이자 행인이 마음을 깃들이고 수행하는 곳이다. 풀이 혼란하지 않고 가지런히 자라는 것을 총(叢)이라고 하고, 나무가 어지럽지 않고 가지런히 자라는 것을 림(林)이라고 한다. 그것들 내부에 나름의 규범과 법도가 있음을 말한다. •20

총림에는 스승이 있고 도반이 있으며, 경책이 있고 북돋움이 있었다. 그 속에서야 수행자는 올곧게 잘 자란다. 중국에선 총림을 특히 선종사찰을 가리킬 때 많이 사용한다. 우리나라 조계종의 경우는 선방이나 강원, 율원 등 수행기관과 교육기관을 갖춘 큰 규모의 사찰을 공식적으로 총림으로 지정한다. 현재까지 국내에는 해인총림, 조계총림, 영축총림, 덕숭총림, 고불총림이 있다.

고대 중국은 흔히 장강(長江)이라 불리는 양자강으로 남북이 나뉜다. 당 중기까지 불교는 시안이나 뤄양 등 북쪽 지역에서 비교적 발전했고, '안사의 난'을 거친 당말 이후 북방 불교는 그곳 중앙권력의 붕괴와 함께 급격하게 쇠락했다. 반대로 남부지역에서 불교가 급격하게 발전한다. 지금 행정 구역으로 보면, 장쑤 성(省)이나 저장 성이 여기에 해당한다. 난징, 전장, 양저우, 창저우, 우시, 쑤저우, 항저우, 닝보 같은 곳이 대표적이다.

양자강의 거대한 물줄기를 따라 강남의 유서 깊은 도시들이 들어섰고 인근의 높고 낮은 산은 고찰을 품고 있다. 역사의 풍상을 기억하는 고찰이 많다. 대표적인 사찰 가운데 하나가 창저우(常州) 천녕사(天寧寺)다. 창저우는 양저우와 쑤지우 사이에 위치하는 장쑤의 고도다. 창저우의 최고 사찰인 천녕사는 당나라 때 건립되었고, 북송대에 '천하를 안녕하게 한다'는 의미의 천녕사로 개명했다. 이런 이름에서 그곳이 국가적 차원의 사원임을 알 수 있다. 현재까지 중국 4대 선종 사찰로 꼽힌다. 천 수백 년 세월 부침(浮沈) 속에서 천녕사가 그나마 지금 모습을 갖출 수 있었던 것은 근대 시기 활동한 고승 에카이(冶開, 1852-1922)의 노력 때문이다.

에카이는 1852년 태어났다. 속성은 쉬(許)이였고, 속명은 알려져 있지 않다. 이해는 태평천국(1851-1864)이 정식으로 건국을 선포하고 남부 중국에서 본격적으로 활동하기 시작한 해다. 혼란의 시작이자 역사의 한 굽이였다. 그는 장쑤 성 양저우(楊州)가 원적지다. 양저우는 양자강과 대운하가 만나는 곳으로 청대에는 경제 중심지였고, 그에 따른 부를 이용해 학술과 문화가 크게 발전한 곳이기도 했다. 대운하를 기반으로 해서 염상(鹽商)들이 활동했고, 고증학 연구를 중심으로 하는 학술단체가 곳곳에 있었다. 양주학파(楊州學派)로 불리는 고증학 연구의 흐름을 형성하기도 했다. 에카이는 이런 유서 깊은 곳에서 유년기를 보냈다.

에카이는 어려서부터 병치레가 잦았다. 어쩌면 홍진세계에 대한 면역력이 없었는지 모른다. 불교도인 부모님은 불공을 드리며 아들의 건강을 기원했지만 별로 소용없었다. 에카이가 열두 살 된 해 부친은 아들이 출가하도록 했다. 아들에게 내린 부친의 마지막 명은 부모 자식 간의 연을 끊는 거였다. 에카이는 어린 나이에 속절없이 집을 나서야 했다. 시름시름 앓다가도 절에 가면 멀쩡해지고, 다시 집에 돌아오면 앓는 이도 있다. 이 때문에 어쩔 수 없이 출가했다는 사람도 있다. 이런 경우는 수행이 아니라 가녀린 한 몸 건사하기 위해서, 그야말로 살려고 불문에 깃든 것이다. 세속이 아니라 저 산속에서 더 건강할 수 있는 이들이었다. 그럴 땐 어쩔 수 없다. 가야 한다.

기봉의 발견

에카이가 처음 도착한 곳은 양저우에서 가까운 전장(鎭江) 구화산(九華山)이었다. 전장은 양저우와 양자강을 사이에 두고 위치한다. 전장은 그

선승과 수행의 부활

옛날 조조, 유비와 중국을 삼분한 손권(孫權)이 동오(東吳)의 기틀을 다진 곳이다. 이곳 구화산은 관음성지로 유명한 안후이(安徽)의 구화산과 다른 곳이다. 에카이는 이곳에서 밍전(明眞) 화상을 은사로 출가했다. 법명은 칭룽(淸鎔)이고 자(字)가 에카이(冶開)였다. 스승은 제자가 청정행(淸)으로 미몽을 녹이고(鎔), 대장장이의 망치질(冶) 같은 굳건한 수행으로 깨달음의 문을 열어젖히길(開) 바랐다. 에카이는 이후 그리 살았다.

에카이는 열일곱 살이 된 해에 장쑤(江蘇) 기수사(祇樹寺)에서 인원(隱開) 화상으로부터 구족계를 받았다. 이후 저장 보타산, 안후이 구화산, 산시 오대산, 시안 종남산, 쓰촨 아미산 등 전국의 불교 성지를 찾아 다녔다. 관음 신앙지 보타산, 지장 신앙지 구화산, 문수 신앙지 오대산, 보현 신앙지 아미산. 에카이는 명산의 경치를 유람한 게 아니라 그곳에 깃든 여러 사찰을 찾아 수행자의 신산한 삶을 엿보았다. 그리고 참배객의 뜨거운 신앙심에서 자신의 역할을 다짐했다.

1871년 에카이는 창저우 천녕사로 왔다. 당시 방장 딩녠(定念, 1807-1874)은 수행에 대단히 철저했고, 이 때문에 천녕사는 수행 가풍이 뛰어났다. 에카이는 딩녠 화상을 시봉(侍奉)하기 시작했다. 누구를 시봉한다는 게 어떻게 보면 참 힘들고 하기 싫은 일이다. 어른을 모시는 게 영광처럼 보이지만 자신의 수행이 아니라, 타인의 수행을 보조하는 것 같기도 하다. 수행자로서 본분사(本分事)를 다해야 하거늘 내가 지금 뭐 하나 싶기도 하다. 그래서 급한 마음에 얼른 선방으로 야반도주라도 하고 싶다. 하지만 총림의 대중 생활은 수행자로서 심지를 기르는 과정이다. 만약 급하게 선방에 앉으면 훈련 없이 시합에 나간 선수처럼 허무한 실패만 있을 뿐이다. 승리의 영광 같은 게 있을 턱이 없다. 그래서 무미건조하고 지겨운 시간이 필요하다.

출가자가 큰 절에서 다른 수행자들과 함께 사는 것을 두고 '대중(大
衆)' 생활이라고 한다. 산스크리트로는 마하상가(mahā-saṃgha)이다. '대중'
에서 중(衆)은 상가(僧伽), 즉 수행자 공동체를 가리킨다. 상가의 번역어인
한자 중이나 승(혹은 승려)은 이렇게 복수적 의미이다. 수행자는 비록 혼
자 서 있지만 그는 복수이다. 혼자 출가하는 일은 없다. 스승이 있고,
도반이 있어야 한다. 그곳에서 수행이 가능하다는 일종의 명령인 셈이
다. 그래서 한 수행자는 집단적 신체인 셈이다. 그는 출가 수행자로서
공통의 리듬을 가져야 한다. 그 리듬을 만드는 과정이 바로 대중생활
이다. 물론 집단생활 속에서 도리어 한계와 인습을 발견할 수도 있다.
대중생활 자체를 거부할 수는 없는 노릇이다.

에카이는 천녕사에서 시봉 생활을 시작하고서도 무던히 참선했
다. 이듬해 겨울 집중적인 참선 수행 프로그램인 선칠(禪七)에 참여했다.
'선칠'은 붓다가 보리수 아래서 7일 동안 명상한 후 깨달음을 얻은 것
에서 연원한다. 거기서 7이라는 숫자가 나왔다. 중국 선종 전통에서는
7일 동안 하루에 서너 시간만 자면서 집중적으로 참선에 매진하는 것
을 선칠이라고 했다. 주로 중국 불교에서만 사용하는 용어이다. 일종
의 결제(結制)라고 할 수 있다. 단지 7일만 하는 게 아니라 7일 단위로 여
러 차례 연속해서 행하는 경우도 있다. 총림에서 농사일이 없는 겨울
에 주로 이런 집중적인 참선 프로그램을 진행했다.

선칠 기간이 끝나고 에카이가 목욕을 할 때였다. 선칠에 참가한 도
반들이 옆에서 선칠 기간 동안 성취한 것에 대해서 이야기하는 걸 들었
다. 에카이는 그들이 하는 말을 도통 알아들을 수 없었다. 자신은 체험하
지 못한 경지를 저들이 말하고 있었다. 그 이야기는 너무도 멀었다. 에
카이는 부끄러웠다. 그는 7일간 용맹정진하고 나서도 내놓을 게 없었다.

　　　　　　　　　　　　　선승과 수행의 부활

내가 뭘 했나 하는 생각에 부끄러워 견딜 수 없었다. 그는 목욕을 하다 말고, 선당(禪堂)으로 달려갔다. 젖은 발로 선당으로 들어가 가부좌를 했다. 목숨을 바치겠다는 각오로 참선에 임했다. 깨달음은 이렇게 죽기를 각오해야 하는지도 모르겠다. 붓다도 보리수 아래 앉았을 때 "깨달음을 얻기 전에는 이 자리에서 죽어도 일어서지 않겠다"고 다짐했다.

에카이는 '염불하는 자는 누구인가(念佛是誰)' 하고 참구했다. 이것은 화두이다. 한참 열중할 때 에카이는 자신의 몸이 어디 있는지도 알 수 없었다. 그때 선당의 규율을 담당한 유나(維那)가 에카이의 황당한 짓을 보고 법도에 어긋난다고 생각하여 향판으로 그를 경책했다. 향판이 몸을 두드리는 순간 안갯속에서 벼락소리를 들은 듯 칠흑 같은 어둠이 걷히고, 눈앞이 갑자기 환해졌다. 에카이는 자신의 경험을 방장 딩니엔 화상에게 소상하게 고했다. 딩니엔은 에카이가 이미 불안(佛眼)이 열렸음을 인정하고, 더 큰 깨달음이 있을 것임을 기별했다. 법제자를 맞은 딩니엔 방장은 한 해 뒤 입적했다.

선종 용어 가운데 '기봉'(機鋒)이라는 말이 있다. 여기서 '기'는 기틀로서 참선할 때 스승이나 주위 사람이 행하는 격발을 받아들이는 능력이다. '봉'은 칼끝의 날카로움인데 예리함을 비유했다. 그냥 신기라는 말도 사용하다. 선종사에서 보면 기봉이 뛰어난 선사들이 많이 등장한다. 그들은 온갖 기연(機緣)으로 대오한다. 저들의 깨달음이 대단히 우연적인 사건 같지만 실은 그 사건을 만들기 위해서 많은 인연이 동원됐다. 조건이 무르익어 탱탱해졌을 때야 비로소 선기가 작동한다. 그러기 전에는 선사의 고함소리나 방망이질도 부질없다. 에카이에게 닥친 사건도 마찬가지다. 필연 가운데 발생한 우연이었다.

이후 에카이는 장쑤 전장의 금산사(金山寺)로 갔다. 금산사는 중국 동진(東晉)시대 창건된 절이다. 양자강에 인접하여 예부터 여러 문인이 풍광을 노래했고, 많은 고승을 배출했다. 또한 중국 동남지역 선종 4대 사찰 가운데 하나로 불렸다. 에카이는 그곳에서 다시 선당에 들어 정진했다. 한번은 시자(侍者)가 발[簾]을 감아올리는 것을 보고, 유나가 '내려놓아라'(放下着)는 말을 뱉었다. 그 소리가 에카이의 선기를 두드렸다. 의식에 여전히 남아있던 찌꺼기를 말끔히 씻었다. 천녕사의 깨달음에서 훌쩍 뛰어 마지막에 도달한 것이다. 이런 것을 두고 활연대오라고 하는 모양이다. 이젠 뭐든지 또렷했다.

천녕사 수복

에카이는 금산사에서 대오한 이후 다시 운수행각을 시작했다. 이후 그는 시안(西安) 남쪽에 위치한 종남산(終南山)에 도착했다. 에카이는 종남산에 초막을 짓고 혼자 수행을 했다. 숲이 깊고, 산세가 험한 종남산에는 호랑이가 자주 출몰했다. 어느 날 저녁 호랑이 한 마리가 에카이가 거처한 초막 앞에서 어슬렁댔다. 에카이는 결가부좌한 채 가만히 앉아 있었다. 호랑이도 에카이의 수행을 눈치 챘는지 숨을 죽이고 조용히 지나쳤다. 이후 그 호랑이는 곧잘 초막을 지나쳤고 지나칠 때마다 사람이 인기척 하듯 '어흥'하며 가볍게 소리를 냈다. 사람들은 호랑이가 에카이에게 인사를 하는 거라고 했다. 호랑이가 뭐 특별히 에카이에게 아는 척 했겠냐마는 그런 상황에서도 흔들리지 않는 에카이의 수행은 분명 놀라웠다.

또 한 번은 종남산의 동굴에서 수행을 하고 있을 때였다. 사람들은 그 동굴에서 계속 괴이한 일이 발생한다고 했다. 주문을 외워 막으려 해도 소용이 없었다고 하면서 그가 동굴에 드는 것을 한사코 말렸다. 에카이는 아랑곳하지 않고 오히려 이렇게 말했다. "이전에 그런 일을 당한 것은 사람들이 주문을 외워서 그것을 대적하려고 했기 때문입니다. 저는 마음을 허공같이 해서 맞이하지도 물리치지도 않을 것입니다." 그는 3년 동안 그곳에서 머물렀지만 아무런 일도 없었다. 그가 종남산을 떠나기 마지막 날 동굴 끝 쪽에서 뭔가 우르르 무너져 내리는 소리를 들었다. 등불을 들어 비춰보니 검은 여우 한 마리가 얼른 사라졌다.

에카이 이전에 동굴에 들었던 사람은 아마도 그 여우를 괴이한 무엇으로 착각했을 것이다. 그들은 사실에 관계없이 벌써 뭔가 나타나기만 하면 퇴치해야 할 무엇으로 여겼다. 그런 마음가짐이 두려움을 만들고 애꿎은 짐승을 괴물로 만들었다. 검은 여우는 별로 그럴 이유도 없이 나쁜 무엇이 되었다. 그러나 여우는 에카이를 만남으로써 비로소 그냥 한 마리 여우로 되돌아 올 수 있었다. 에카이가 동굴 속에서 가만히 수행하면서부터 녀석은 특별히 이상한 무엇이 아니었다. 그게 고마웠던지 여우는 자기 모습을 드러냈다. 우리는 상상으로 하얀 도화지에 많은 그림을 그린다. 그것에 스스로 놀라 뒤로 자빠진다.

1896년 에카이는 오랜 동안의 수행을 매듭짓고 창저우 천녕사로 돌아왔다. 그는 시작한 곳에서 다시 시작하고자 했다. 천년고찰 천녕사는 당시 태평천국 전쟁을 거치면서 이미 옛 모습을 상실했다. 예수의 동생으로 자처한 홍슈취안이 이끈 태평천국 봉기군은 유교나 불교, 도교 등 기존 관습과 전통을 혐오했다. 그런 것들이 억압적인 중국사회를 만들었고, 자신을 질곡의 삶으로 쑤셔 넣었다고 생각했기 때문이다. 그들이 강남 지역을 휩쓸고 간 후 불교 사찰은 많은 피해를 입었다. 심각하게 훼손된 천녕사에 돌아온 에카이는 30여 년 수행을 그곳에서 회향하고 싶었다. 그는 젊은 날 자신을 아낀 딩녠 방장을 떠올렸다. 그러곤 천녕사 중건을 발원했다. 그는 천녕사 방장으로서 역할을 시작했다.

천녕사는 당나라 정관(貞觀) 연간인 627년에 창건됐다. 선종 우두종(牛頭宗)의 초조인 법융(法融, 594-658) 선사가 고향인 창저우에서 모연을 하다가 기둥 여남은 개로 건물 한 채를 올린 것이 천녕사의 시작이다. 법융은 강남 우두산에서 철저하게 공(空)사상에 기반해서 선지(禪旨)를 펼친 것으로 유명하다. 법융은 미약하게 출발했지만 시작은 참으로 소중한 법이다. 나중에 유항(維亢) 선사가 창저우를 지나다가 법융 선사의 이야기를 듣고서는 절집의 규모를 갖추어 정식으로 불사를 했다. 이렇게 해서 세운 절이 '중생을 널리 복되게 한다'는 의미를 가진 광복사(廣福寺)다. 나중에 '온갖 혼란과 고통의 먹구름을 가지런히 한다'는 뜻으로 제운사(齊雲寺)로 개명됐고 북송 때인 1070년에는 황제의 칙령에 의해서 만수숭녕사(萬壽崇寧寺)로 다시 개명됐다.

만수숭녕사는 1111년 북송 휘종 황제의 칙령에 의해 천녕사로 개명되는 등 이후 여러 차례 이름이 바뀐다. 원나라 때가 되어서야 천녕사라는 이름을 회복했다. 지금까지 천녕사라는 이름을 지키고 있다. 천녕사는 당나라 말기부터 여러 차례 전화(戰禍)를 입었다. 오대십국(五代十國) 시절을 비롯해서 원나라와 송나라가 다툰 시절에도 천녕사는 엄청난 피해를 입었다. 명나라 때 중창불사가 크게 일어나 상당한 규모로 복구했지만 청말 태평천국운동 과정에서 다시 자신의 모습을 상실하고 말았다. 에카이는 천녕사로 돌아온 이후 사방으로 다니면서 모연(募捐)을 했다. '모연'은 사찰에서 불사나 자선을 위해서 기부금(捐)이나 물품을 모으는(募) 것을 말한다. 에카이는 모연을 하면서 중창불사를 하나씩 회향했다. 10여 년 동안 에카이의 노력으로 천녕사는 총림의 모습을 회복했다.

○

심산유곡에서 만나는 고색창연한 절집. 아름드리 기둥이 흔들림없이 천 년
을 버티는 까닭은 단단한 대지때문이 아니다. 바로 눈 푸른 납자의 서늘한
수행 때문이다. 고찰 천녕사는 고승 에카이의 수행에 깊이 뿌리박고 있었다.

전법과 각경 사업

에카이는 불사를 이끄는 와중에도 대중들의 공부에 대해서는 매우 엄격한 기준을 제시했다. 1913년 에카이는 팔지두타 징안이 급작스레 입적하자 중화불교총회의 회장을 맡았다. 당시 중앙 정부나 지방 정부에서 불교재산을 임의로 강탈하는 사태를 목도하고 불교계의 대표로 나섰다. 여전히 전통 속에 안주하고 있던 불교계는 봉건중국이 사라진 자리를 채운 중화민국이라는 근대국가에 적응해야 했다. 이런 혼란에서 선승 에카이는 다시 한 번 몸을 일으켰다. 불교계의 권익을 보호하는 것은 단지 정부와 벌이는 대결만으로는 불가능했다. 불교도를 결속하고 확대하는 것이 가장 중요했다.

이후 에카이는 상하이 옥불사(玉佛寺)에서 '거사염불회'를 조직했다. 그는 분명 선승이었지만 염불 신앙의 효용을 인정했다. 에카이는 이 조직을 통해서 거사들을 결집했다. 염불회는 거사들뿐만 아니라 출가자들에게까지도 크게 영향을 주었다. 1915년 에카이는 위에샤(月霞), 잉츠(應慈), 웨이콴(惟寬), 밍징(明鏡) 등 네 제자에게 법을 전했다. 이들은 이후 중국 불교를 이끈 수행자였다. 에카이는 자신의 저술을 남기지 않았다. 수행과 홍법을 위해서 고군분투했지만 자신의 말을 남기려들지 않았다. 문인들이 그의 법문을 모아서 『에카이 롱 선사어록(冶開鎔禪師語錄)』 3권을 출간했다.

아울러 에카이는 '불교자비회'를 설립했는데 빈곤 퇴치와 재난 구호 등의 사업을 주로 했다. 정치가 아닌 사회사업의 형식으로 현실에 본격적으로 참여한 것이다. 그는 여러 가지 방식으로 사회사업에 헌신했다. 빈궁한 사람들에게 저렴하게 쌀을 공급하기도 했고 천녕사 주변에 과일 나무를 심어 그 수익금으로 사람들을 돕기도 했다. 그리고 소학교를 설립하여 가정 형편이 어려운 아이들에게 배움의 기회를 부여했다. 에카이는 불교의 근대적 역할을 분명하게 깨닫고 실천했다. 현실적인 중생구제의 의미를 실천한 것이다.

에카이는 천녕사 중창불사를 지휘하는 와중에 각경 사업을 추진했다. 그는 흔히 '천녕사 각경처'라고 불리는 '비릉각경처(毗陵刻經處)'를 설립했다. '비릉'은 창저우의 옛 이름이다. 1866년 양런산 거사는 난징의 옛 이름을 딴 '금릉각경처'를 설립하여 본격적으로 불전을 유통시켰다. 비슷한 시기 각경승으로 자처한 미아오콩(妙空, 1826-1880)이 양저우 접인선원(接引禪院)에 '강북각경처'를 설립했다. 1908년 양런산은 금릉각경처 내에 불교 교육기관인 기원정사를 설립했고, 그의 제자 어우양징우는 1923년 교육과 연구를 겸한 지나내학원을 설립했다. 지나내학원은 근대 중국의 불교 연구를 선도했다. 중국 근대 불교가 일어난 것은 '각경처'의 설립부터라고 해도 과언이 아니다. 천녕사 비릉각경처는 수십 년 동안 경론 770여 부, 2,460여 권을 판각 출판했다. 근대 중국 불교계의 하나의 특징인 각경 사업은 불교 자체를 유지힐 수 있는 가장 중요한 바탕이었다.

1920년 봄날, 에카이는 상하이에서 계단(戒壇)을 열고 제자들에게 계를 전했다. 수계자는 거의 천오백 명에 달했다. 특정 지역에서 이렇게 많은 수가 수계하는 경우는 극히 드물었다. 에카이에 대한 대중의 존경이 드러나는 대목이다. 에카이는 그해 여름 가벼운 감기에 걸렸는데 이것이 큰 병으로 발전했다. 가을에 접어들자 병세가 다소 호전됐지만 에카이는 방문객을 사절하고 매일 『화엄경』을 독송했다. 1922년 겨울 병이 재발했지만 평정을 잃지 않았다. 병이 재발한 지 보름이 지

났을 무렵 에카이는 가부좌를 한 채로 입적했다. 세수 71세였고, 법납
은 59년이었다.

커다란 불사가 단지 교세의 과시욕만은 아니다. 사찰의 단단한 유
지와 장엄은 불교가 대중과 만나는 가장 일차적인 통로다. 자신의 역
할을 수행하는 데 필요한 최소한의 입각점이기도 하다. 에카이는 바로
이런 역할을 적절히 조화시켰다. 에카이가 온갖 노력 끝에 중창한 천
녕사는 문화혁명 기간 동안 다시 불행을 겪었다. 사찰의 불상은 파괴
되고 승려들은 죄인처럼 이리저리 쫓겨 다녔다. 그 무엇도 한 자리에
영원히 있을 수는 없다. 수행자도 마찬가지고 절간도 마찬가지다. 변
화하는 역사 속에서 끊임없이 자신의 자리를 찾으려는 진지한 노력이
새로운 자신을 만들어 낼 뿐이다. 천녕사 선승 에카이는 그런 노력 속
에서 풍상을 견디고 수행했다.

   선승과 수행의 부활

생사결택(生死抉擇)의 순간, 라이궈

1949년 국민당 군대와 공산당 군대가 막바지 전쟁을 벌였다. 라이궈는 대중과 직접 농사를 짓고 생필품을 만들었다. 선방 수좌들도 마찬가지였다. 경제적으로 대단히 어려웠다. 1950년에는 다시 상하이로 나가 모연을 했다. 일흔 나이에도 아랑곳 하지 않고 활동했다. 서너 살 적에 불상을 만지려고 불단에 오른 라이궈가 아닌가. 물론 그것이 엉뚱한 짓일 수도 있고, 한때 일일 수도 있지만 그에게는 그것이 특별한 일이 되고 말았다.

선근의 발견

어떤 사람은 정말 특별한 불연(佛緣)이 있는지도 모르겠다. 죽을 것 같은 사람이 산사에 들어서면 그냥 편해지고, 산을 내려가면 금세 병고가 닥치는 경우도 있다. 삭발염의한 출가승의 모습에 누구는 불편하고, 누구는 왠지 편하다. 이것이 우연이어도 좋고 인연이어도 좋다. 불교가 뭔지도 모르지만 적어도 그 사람의 삶에서 절은 특별할 수밖에 없다. 누구는 그곳에서 생사의 결박을 끊을 수 있는 특별한 도리를 발견하고, 누구는 어수선한 심중을 식힐 시원한 바람을 맞기도 한다. 이런 게 불연이나 선근(善根)인지도 모르겠다. 20세기 초엽 중국 불교를 이끈 수행자 가운데 일찌감치 선근이 드러낸 이가 양저우 고민사를 중창한 고승 라이궈(來果, 1881-1953)다.

라이궈는 1881년 후베이 성(湖北省) 황강(黃岡)에서 태어났다. 『신유식론(新唯識論)』으로 일약 근대 중국 철학의 대표 인물이 된 슝스리(熊十力, 1885-1968)도 이곳 출신이다. 슝스리는 황강(黃岡)을 필명으로 사용하기도 했다. 라이궈는 속성이 류(劉)였고 이름은 용리(永理)였다. 자(字)는 푸딩(福庭)이었다. 그는 일찌감치 불연을 보였다. 겨우 걸어 다닐 정도 나이에 불상을 만지겠다고 불단에 오른 적이 있었다. 보관을 쓴 금빛 불상이 임금님 같기도 했을 테고 어머니가 머리를 연신 조아리는 걸 보고 나이 많은 할아버지로도 보였을 테다. 그런 임금할아버지 곁에 가고자 겁 없이 불단을 오른 것이다. 주위에서 '자라서 스님이 되려나'하고 덕 담했지만 어머니는 그 말에 가슴이 철렁 내려앉았다.

모친의 걱정은 아랑곳 하지 않고 세 살 된 아들은 그 작은 손으로 꼼지락꼼지락 진흙 불상을 만들어 밭 가장자리에 있는 작은 동굴에 모셨다. 꼬마 불제자의 불사(佛事)였던 셈이다. 일곱 살이 되어서는 귀동냥한 『반야심경』을 주문처럼 외우고 돌아다녔다. 라이궈는 나중에 당시를 회상하면서 "일곱 살 때부터 매일 새벽 해뜨기를 기다렸다가 『반야심경』을 일곱 번 외고, 해질녘에 다시 일곱 번 외어 익숙하여 몸에 뱄다"•21고 말했다. 주위는 물론 자신도 의도하지 않았지만 자꾸만 불문에 다가서고 있었다. 그에게 불교는 운명이었는지도 모른다.

열두 살 꼬마가 하루는 출가한답시고 호기롭게 집을 나섰다. 길도 제대로 모르는 어린 불제자는 형에게 붙들려 돌아왔다. 하지만 아무리 해도 꺼지지 않는 불씨는 점점 타고 있었다. 용리는 계를 받은 것도 아닌데 육식을 거부했다. 부친의 꾸지람도 어찌할 수 없었다. 그는 불교도가 행하는 모든 것을 다 하고 싶었다. 몸은 속가에 있었지만 출가자의 흉내를 한껏 내고 있었다. 이해에 그는 노승 다즈(大智)에게 귀의했다. 불교가 뭔지, 수행이 뭔지, 깨달음이 뭔지 도통 알 수 없지만 호기심과 동경만은 대단했다. 그런 그기에 스승은 여름날 내리는 한 줄기 비처럼 반가웠다. 그는 궁금한 것을 쏟아냈다. 이후 라이궈는 자신의 생애를 기술한 『자행록』에서 당시를 이렇게 묘사했다.

나는 "어떻게 생사의 도리를 깨달을 수 있습니까?" 하고 물었다. 스승은 단지 염불 법문만을 가르쳐 주었다. 그리곤 "네가 꿈속에서도 염불을 할 수 있다면 불법을 알려주마"라고 말씀하셨다. 이렇게 하여 전심전력으로

　　　　　　　　　　　　　　　선승과 수행의 부활

불호를 염송했고, 밤낮으로 힘든 줄 몰랐다. 언젠가 꿈속에서도 염불을 할 수 있다면 스승이 불법을 일러준다고 했으니 기쁘기 짝이 없었다. •22

나무아미타불. ‘아미타불에 귀의합니다’라는 의미인 이 여섯 글자. 우리는 이것을 간단(間斷)없이 지송하기도 쉽지 않다. ‘염념상속(念念相續)’이라는 말이 있다. 무엇인가 매 순간(念)도 빈틈없이 이어진다는 의미다. 보통 한자 ‘염(念)’은 ‘생각하다’ 혹은 ‘외다’의 의미로 사용된다. ‘상념’이라고 할 때는 ‘생각하다’의 의미고, ‘염불’이라고 할 때는 ‘소리 내서 외다’의 의미다. 그런데 불교 용어로서 ‘염’은 순간을 가리키는 시간적 의미로도 쓰인다. 생각이 순간순간 진행되기 때문에 둘이 통한다고 할 수도 있다.

우리 의식은 한 순간만 틈을 주면 느닷없이 망상이 들이닥친다. 염불이 아니라 참선을 할 때도 마찬가지다. 망상은 빛의 속도로 달려들기 때문에 조금이라고 시간이나 공간을 주면 그것에 당하고 만다. 이렇게 염불은 망상이 들이칠 틈을 주지 않고 매 순간이 한 순간처럼 전일(專一)할 때 가능하다. 빈틈없이 아미타불이 들어서면 망상 없이 부처만 있게 된다. 스승 다즈도 바로 이것을 의도했다. 용리는 스승 다즈가 주서한 절에 들른 적이 있있다. 한밤중에 정좌를 하고 있었는데 그는 꿈속에서 큰 소리로 염불을 해서 스승을 놀라게 했다. 스승은 용리에게 “이것이 진정한 염불”이라고 일러 주었다.

용리는 곧바로 스승이 자신에게 한 약속을 떠올렸다. 꿈속에서도 염불을 할 수 있다면 생사 도리를 깨닫는 불법을 알려준다는 그 약속. 스승은 용리에게 곧바로 물었다. “염불하는 자 누구냐? 너는 아느냐?” 불법을 자상하게 일러 줄줄 알고 마냥 좋아 기다렸는데, 오히려 감당하기 힘든 커다란 질문을 던진다. “나는 이 질문을 받고 마치 찬물을 한 사발 삼킨 듯 얼굴을 붉히고 대답도 못하고 한참 동안 멍하니 앉아 있었다.”[23] 그리곤 다시 물었다. “이 법을 어떻게 사용합니까?” 스승은 용이에게 이른다. “나중에 네가 ‘염불하는 이 자’를 찾아내면 다시 말해주겠다.” ‘나무아미타불’ 염불이 여기서 다시 막혔다.

필사의 깨달음

1905년 용리가 결국 도착한 곳이 보타산이었다. 그곳에서 정식으로 출가하려 했다. 보타산은 저장 닝보에서 배를 타고 들어가는 섬이다. 곳곳에 박힌 사찰은 마치 보타산과 한 몸이 된 것처럼 익숙하다. 해수 관음의 성지이기도 한 이곳에는 옛날부터 참배객들이 끊이질 않았다. 그런 참배객에 섞여 도착한 용리는 마치 꿈에도 그리는 부처님 세상에 도달한듯 했지만, 이내 실망했다. 두타행을 하던 용리가 마주친 그곳 승려는 양산을 받히고 비단 같은 옷을 입고 손목에는 은제 시계를 차고 있었다. 용리는 ‘세상에 이런 승려도 있구나’ 하고 낙담했다. 불문(佛門)에 대한 엄청난 동경에 사로잡힌 그였다. 그런 그가 목도한 현실은 전혀 딴판이었다. 너무도 혼란스러웠다.

용리는 혼란 속에서 우연히 한 무리의 행각승을 만났다. 그들은 완전히 달랐다. 고행승이었다. 용리는 그제야 이 생에서도 출가할 수 있겠구나 안도했다. 그 후 보타산을 빠져 나와 우여곡절 끝에 닝보 보화산(寶華山)에 도착해서 출가했다. 법명은 미아오슈(妙樹)였고, 자(字)가 라이궈(來果)였다. 법호는 징루(淨如)였다. 그렇지만 아직 끝나지 않았다. 이제 막 승려로서 삶을 시작했는데, 그곳 선배 승려들에게 견디기 힘들 정도로 고

　　　　　　선승과 수행의 부활

통을 당했다. 절집의 시집살이가 이런 건가 생각도 해보았지만 도저히 견딜 수 없었다. 그는 절을 뛰쳐나왔다. 하기야 그 많은 행자가 모두 계를 받는 것도 아니고, 구족계를 받았다고 10년 뒤, 20년 뒤 여전히 절에 있는 것도 아니다. 어쩌면 그게 더 자연스런 일인지도 모르겠다.

마치 군대에서 탈영한 병사처럼 라이궈는 산속을 헤맸다. 갈 곳을 알지 못했다. 승려가 되겠다는 바람도 연기처럼 사라지는 듯했다. 여러 날 동안 나무 열매나 산나물로 배고픔을 달래고, 계곡 물로 갈증을 가셨다. 굶주림과 피로 때문에 정신이 혼미했다. 결국 이 생에서는 수행자로서 삶이 불가능한가 보다 생각했다. "곧장 가면 장강에 도달한다. 아무도 나를 구해주지 않아 출가할 수 없다면, 장강에 몸을 던져 죽음을 맞아 다음 생에 다시 오기를 서원한다."•24 불문에 들고자 했으나 문턱이 너무 높았다. 꼬마 때부터 그렇게 원하던 것이었는데, 결국 이렇게 끝이 나는가 싶었다.

지나가는 사람에게 장강이 얼마나 남았느냐 물으니 80여 리쯤 남았다고 알려 주었다. 라이궈는 전장(鎭江)에서 40여 리 정도 떨어진 곳에서 작은 암자를 발견했다. 그는 그곳에 들어가 먹을 것을 구걸했다. 그곳에 있던 사람의 소개로 나음 날 인근 미타사(彌陀寺)에 도착했다. 그곳에 도착하고 나서야 라이궈는 한숨 돌릴 수 있었다. 라이궈는 그곳 대중의 보살핌으로 기력을 회복했다. 그제야 불제자의 본분을 떠올렸다. "염불하는 자 누구인가?" 이 공부를 다시 시작했다. 악몽 같은 시간도 수행자에게는 수련의 기간일 수 있다. 그는 이전의 습속을 털어내듯 몸을 바꾸었다. 그리고 전장 금산사에서 계단(戒壇)이 열린다는 이야기를 들었다.

1907년 라이궈는 결국 전장의 대찰 금산사에서 정식으로 계를 받

았다. 보통은 계를 받고 출신 사찰로 돌아갔지만 라이궈는 계당(戒堂)에
그대로 머물렀다. 선종총림으로 유명한 금산사에서 제대로 공부하고 싶
었다. 그는 곧 선당에 들었다. 이제 제대로 수행할 수 있다. 선근이 있다
손 수행 없이 그것을 펼칠 수는 없는 법이다. 라이궈는 선당에서 죽을
지언정 바깥 처소에서 죽지는 않겠다고 다짐했다. '염불하는 자 누구인
가?' 흔들림 없이 이 공부에 매달렸다. 다른 일체 망념을 털어버렸다. 어
릴 적 다즈(大智) 노승이 말하지 않았던가. 이것을 뚫으면 불법을 일러준
다고. 1908년 음력 9월 26일. 여전히 선당에서 용맹정진하고 있었다.

저녁 여섯 번째 향을 사르고 좌선을 잠시 쉬라는 죽비가 짝하고 내릴 때, 돌
연 막힌 게 뻥 뚫렸다. 마치 천근의 짐을 부린 듯했다. '부모가 태어났을 때
네 콧구멍은 어디 있냐?'는 화두를 뚫은 듯 큰 울음을 그칠 수 없었다. •25

어느 가을날 라이궈는 '염불하는 자 누구인가?' 이 물음을 뚫었다. 그
는 개오(開悟)했다. 『경덕전등록』에 따르면 남전보원 선사(南泉普恵禪師)는 "한
승려가 '부모가 아직 태어나기 전 콧구멍은 어디에 있습니까?' 질문하자
'부모가 이미 태어났을 때 콧구멍은 어디에 있느냐?'"라고 받아쳤다. •26 이
것이 곧 하나의 화두가 되었다. 라이궈가 이렇게 한 경계를 뚫자 다음 날
참선을 지도하는 어른 스님에게 불려갔다. 이런저런 질문에 막힘없이 답
했다. 참선이 그리 쉬운 일은 아니다. 화두를 붙들고 있자면 긴 세월 별무
소득으로 시간만 보내는 것 같기도 하다. 라이궈는 출가한 지 오래지 않
아 수행자의 본분사를 뚫었다. 아마 이런 것 때문에 훗날 사람들이 선승
라이궈가 본래 선근이 있었다고 말한 것 같다. 선근 때문인지 각고의 노
력 때문인지는 몰라도 그는 죽지 않고 선당을 나올 수 있었다.

   선승과 수행의 부활

고민사의 대오

1910년 라이궈는 여전히 금산사에 머물고 있었다. 주위에서는 그가 선당의 중임을 맡아주길 여러 번 청했다. 하지만 라이궈 자신은 계를 받은 지 채 4년도 지나지 않았음을 잘 알았다. 화두를 뚫었다고 해서 갑자기 어른이 되는 것도 아니고, 공부가 끝난 것도 아니다. 그는 여전히 배워야 했다. 자신이 개오한 금산사에서는 상황이 여의치 않음을 알고 그는 달아나듯 양저우(揚州) 고민사(高旻寺)로 왔다. 고민사는 명나라 말기 임제종 선승 천은원수(天隱圓修, 1575-1635)와 옥림통수(玉琳通琇, 1613-1675)의 선맥이 시작된 곳이다.

고민사는 산림에 있는 게 아니라 너른 강변에 편하게 펼쳐져 있다. 금산사와 마찬가지로 경치가 뛰어나다. 그래선지 고민사는 청대 강희제가 강남 지역을 여행하면서 행궁으로 사용하기도 했다. 청 황실과 돈독한 관계를 유지했다. 강희제의 아들이자 원명 거사로 자처한 옹정제는 『어선어록(御選語錄)』을 편찬하는 등 불교에 적극적이었다. 그는 명말(明末) 선맥에 대해서 직접 평가하기도 했다. 특히 천은원수나 옥림통수의 법맥을 정법으로 간주했다. 정내 이후 고민사는 닝보 천동시, 전징 금산사, 창저우 천녕사와 함께 중국 동남 사대총림 가운데 하나로 꼽혔다. 지금까지도 선풍이 대단하다.

1910년 어느 봄날 라이궈가 고민사에 당도했을 때, 방장 유에랑(月郞)은 젊은 선승을 얼른 알아 봤다. 고민사가 선풍이 뛰어나다고 해서 선당에 들면 누구나 한 소식하고 뛰쳐나오는 건 아니다. 지난한 수행에도 빛을 발하지 못하고 병풍처럼 누구 뒤에서 우두커니 선 수행자들도 꽤 많다. 노력이 부족한 경우도 있고, 기연이 없어서 그럴 수도 있다.

○

라이궈처럼 특별한 인연으로 불문에 든 자도 있고, 우연히 산사에 몸을 기탁한 자도 있다. 하지만 선기(禪機)가 하늘 끝까지 충만하더라도 수행 없이는 소용없다. 선승 라이궈는 특별한 근기가 아니라 특별한 수행으로 수행을 이뤘다. 바로 이것을 선방에 든 수좌들에게 요구했다.

그렇기에 라이궈 같은 수행자가 나타나면 선배 선승은 놀랍고 반갑다. 고민사 어른들도 그랬다. 그래서 선당에서 소임을 맡아주길 바랐다. 한동안 고민사에 머문 라이궈는 이런 부탁을 뿌리칠 수 없었다. 비록 금산사에서 잡사를 피해 도망쳤지만 고민사에서도 그럴 수는 없었다.

지금도 그렇지만 절집 살림을 사는 경우나 선방에서 참선을 지도할 경우 늘 믿고 맡길 만한 수행자를 옆에 두고 싶다. 하지만 수행에 전념하는 수행자에게 그런 일들은 옛날에 떨치고 온 세상사처럼 부담스럽기도 하다. 자기가 갈 길이 아직 멀다고 생각하면 더욱 그렇다. 고민사에 있을 때도 금산사에서 사람이 와서 돌아와 소임을 맡아 줄 것을 여러 차례 부탁했다. 라이궈는 다시 길을 나섰다. 그가 도착한 곳은 시안(西安) 종남산이었다. 1914년 봄날 종남산에서 은거를 시작했다. 이렇게 수행자는 수행의 공간을 찾아 헤매기도 한다.

종남산은 예부터 초당을 짓고 전심 수행하는 곳으로 유명한 곳이다. 신라 고승 자장이나 원측, 의상 등도 이곳에서 오랫동안 수행했다. 근대에는 쉬윈(虛雲)이 그랬고, 에카이(冶開)가 그랬다. 근대 중국의 기라성 같은 선승이 대부분 이곳을 거쳐 갔다. 라이궈는 종남산의 한 동굴에서 수행을 시작했디. 이듬해인 1915년 여름 금산사 츠번(慈本) 방장이 사람을 보내 돌아오길 당부했고, 고민사에서도 유에랑 방장이 사람을 보냈다. 아직 마음을 정하지 못한 라이궈는 두 차례 사고가 있었다. 산세가 험한 종남산에서 두 번이나 바위가 굴러 하마터면 크게 다칠 뻔했다. 라이궈는 문득 생각했다.

반복해서 내 앞뒤로 바위가 굴러 떨어진 것은 종남산 산신령이 나를 받아주지 않으려는 게 아닐까. 혹 양저우로 돌아가라고 재촉하는 것은 아닐까. [27]

그때 종남산에 들른 불교 거사 까오허녠(高鶴年, 18712-1962)도 라이궈에게 돌아갈 것을 권했다. 까오허녠은 정토행자로 유명한 고승 인꽝(印光, 1861-1940)의 재가 제자이자 유명한 여행가였다. 라이궈가 고민사로 돌아오자 유에랑 방장은 라이궈에게 법을 전하고 주지직을 맡으라고 당부했다. 자신이 직접 가르친 제자는 아니지만 라이궈가 법이 높았고, 대찰을 맡을 적임자라고 생각했다. 고민사 방장 유에랑은 라이궈에게 법을 전하고 오래지 않아 입적했다. 유에랑은 안심했을 테다. 라이궈는 방장 유에랑 입적 이후인 1916년 창저우 천녕사에 머물렀고, 1917년에는 닝보 천동사에서 선풍을 익혔다. 1918년에는 푸젠(福建)의 설봉산(雪峰山)에서 공부했다. 각지의 선찰에서 보고 익혔다. 1919년 여름 고민사로 다시 돌아왔다.

선풍진작

선종은 이론이 아니라 수행으로 결판을 낸다. 그것은 쉽게 언어로 말할 수도 없다. 선종 사찰의 경우 특별한 사상을 내세우는 게 아니라 가풍(家風)을 내세운다. '풍'이라는 말은 쉽게 유형화되지는 않지만 모종의 힘으로 수행자를 이끄는 분위기를 가리킨다. 이런 것이 형성되면 아무 말 없이도 코끼리 떼가 대오를 정비하여 사자 무리와 맞서듯 수행자 본분을 다할 수 있다. 고민사를 책임진 라이궈는 대표적인 선종총림으로서 이런 수행 분위기를 만들고 싶었다. '풍'을 만드는 것은 법당을 한 채 올리고, 그 법당을 신도로 가득 채우는 것 못지않게 중요하다. 라이궈는 고민사가 그야말로 선찰(禪刹)이길 바랐다.

당나라 때 선사 백장회해(百丈懷海, 743-814)는 청규(淸規)를 만들어 선종 총림을 건설했다. '청규'는 대중이 청정하게(淸) 생활하는 데 필요한 규범(規)이다. 그것은 불교 윤리에 해당하는 계율과는 다소 차이가 있다. 계율이 불교인의 삶을 불교적인 것으로 만드는 방식이라면 청규는 총림이나 선원의 생활을 순조롭게 진행시키는 방법이다. 수백 명이 함께 생활하는 총림에서 규범이 없다면 일상을 유지하거나 수행 풍토를 일구는 것은 불가능하다. 라이궈도 청규를 통해서 선풍이 드높은 고민사를 만들고 싶었다. 그래서 갖가지 규약을 제정했다. 먼저 참선 수행자들에게 청규가 과연 어떤 의미인지 밝힌다.

참선하는 자는 가장 먼저 청규를 지켜야 한다. 그리고서야 참선을 할 수 있다. 청규는 공평(公)·올바름(正)·청정(淸)·엄정(嚴)의 기준이 된다. 공평은 개인적 왜곡과 억지를 없애고, 바름은 오류와 혼란을 없애고, 청정은 거친 태도와 더러움을 없애고, 엄정은 나쁜 버릇과 나태를 없앨 수 있다. 그래서 청규로써 총림을 건설하고, 청규로써 인격을 도야하고, 청규로써 인간 세상을 이롭게 하고, 청규로써 부처되고 조사된다. •28

무애행이 선사의 특징인양 이야기하는 사람도 있다. 그것으로써 걸림 없는 마음이나 법을 확인하려는 자도 있다. 하지만 선사도 불교의 가치와 수행자의 본분을 지켜야 하는 것은 물론이다. 살불살조(殺佛殺祖)를 말하는 선종이라고 해서 진짜 그것을 감행할 수는 없는 노릇이다. 그것은 자신을 속박하는 일체 관념과 습속을 타파하라는 명령이지만 불교가 제시한 윤리를 모두 파괴하라는 지령이 아니다. 오히려 반대라고 할 수 있다. 라이궈는 "규범(規矩)은 탈속의 계단이자 성불의 첩경이다. 규범을 저버리면 총림을 훼손하고 자신을 파괴한다"[29]고 말한다. 계율이나 청규를 단지 자신을 옭매는 무엇으로 간주한다면 그는 불교인으로 살 자격을 상실하고 만다.

라이궈는 지속적으로 사규를 수정하여 1932년에는 객당(客堂)·고방(庫房)·선당(禪堂)·장실(丈室) 등 사부 규약을 제정했다. 그것들을 합쳐서 『사료규약(四寮規約)』으로 편집해서 유통시켰다. 객당은 총림의 인사와 손님 접대를 담당하는 곳이고, 고방은 총림에 딸린 전답이나 출입하는 양식과 의복 등 온갖 재산을 관리하는 곳이다. 선당은 우리나라에서는 흔히 선방 혹은 선원(禪院)이라고 부르는 곳으로 집중적으로 참선을 하는 곳이다. 장실은 방장의 거처를 가리킨다. 이 네 곳은 총림을 구성하는 중요한 부분으로 장소라기보다는 직책의 의미에 가깝다. 한자 '료(寮)'도 공간적 의미뿐만 아니라 벼슬이라는 의미를 갖고 있다.

라이궈는 고민사를 명실공히 선종 전문 도량으로 만들고 싶었다. 온갖 불교 교파의 이론이나 수행법이 뒤섞여 있었던 당시 총림을 생각하면 독특한 생각이었다. 당시 한 사찰에서 강원을 열고, 정토결사를 하고, 밀교를 배우고, 염불을 했다. 동일한 사찰에서 수륙재를 열고, 참법(懺法)을 행하고, 전계를 하고, 강경을 했다. 그야말로 한 사찰이 종합 불교를 행한 셈이다. 현재 한국 사찰에서도 많은 경우 이러하다. 라이궈는 그게 싫었다. 그는 선종 사찰로서 기풍을 세우고 싶었다. 그는 저런 것 일체를 거부했다. 그가 고민사를 책임진 이상 한 발도 물러서지 않았다. 이런 노력 때문에 고민사는 지금도 중국에서 선종 기풍이 가장 강한 곳으로 남아 있다.

1922년 상하이에 들렀을 때, 한 부인이 라이궈에게 거금을 시주하여 수륙재를 부탁했다. 고민사의 중창 불사를 서원한 그로서는 대단

 선승과 수행의 부활

히 고민스러웠다. 대찰을 책임진 자로서 여기저기 힘써야 할 일이 많았다. 시주금을 꽤나 유용하게 사용할 수도 있었다. 하지만 그는 부인의 부탁을 정중히 사양했다. 라이궈는 이렇게 조금씩 선종 도량으로서 고민사의 기풍을 만들었다. 참선에 임한 선승들에게는 더욱 혹독하게 요구했다. 그는 고민사 선당에서 참선을 하고자 하는 선승들에게 목숨을 걸라고 말한다.

> 당신들이 이곳에서 일심으로 참선을 한다면 한 점 불편함이 없도록 하겠소. 하지만 먼저 큰 뜻을 세워서 길면 깨달을 때까지, 아니면 짧아도 삼년은 채우겠다고 각오를 해야겠소. 만약 이런 결심이 없다면 결코 선당에 들 수 없소. 선당에 들고 나면 낮부터 밤까지 당신들을 때려 죽이는 게 아니라 아예 뼈까지 부숴버릴 작정이요.[30]

이 얼마나 무서운 이야기인가. 하지만 선당에 들어 본분사를 깨닫겠다고 하면서 이만한 각오도 없다면 하나 마나일 것이다. 이렇게 라이궈는 고민사의 선풍을 곧추세웠다. 그는 선풍뿐만 아니라 고민사의 옛 모습을 회복하기 위해서 열심히 뛰어 다녔다. 고민사는 신종 전문 도량을 기치로 내걸었기 때문에 신도들의 신앙 활동은 쉽지 않았다. 이런 이유로 불사를 하거나 모연을 하는 것이 여의치 않았지만 라이궈는 개의치 않고, 양저우뿐만 아니라 대도시에 나가서도 모연을 계속했다. 선당의 선승들에게 죽기를 각오하라고 한 그가 아닌가. 저들을 뒷바라지하기 위해서 그는 선당 바깥에서 죽기를 각오해야 했다. 이렇게 보면 선승의 깨달음이 혼자의 노력이나 자신의 선기로서만 이룩되는 게 아님을 알 수 있다. 그 깨달음도 많은 인연과 노력이 필요함은 당연하다. 그게 불교적이다.

　　1949년 국민당 군대와 공산당 군대가 막바지 전쟁을 벌였다. 라이궈는 대중과 직접 농사를 짓고 생필품을 만들었다. 선방 수좌들도 마찬가지였다. 경제적으로 대단히 어려웠다. 1950년에는 다시 상하이로 나가 모연을 했다. 일흔 나이에도 아랑곳 하지 않고 활동했다. 서너 살 적에 불상을 만지려고 불단에 오른 라이궈가 아닌가. 물론 그것이 엉뚱한 짓일 수도 있고, 한때 일일 수도 있지만 그에게는 그것이 특별한 일이 되고 말았다. 라이궈는 금생에 선근종자(善根種子)를 잘 가꾸고서 1953년 상하이에서 입적한다. 세수 일흔셋이었고 승납은 48년이었다. 다음 생에도 아마 일찌감치 선근을 보였을 것이다.

　　　　　　　　　　　선승과 수행의 부활

II

승려 교육과
불교 근대화

05

청량학원과 화엄대학, 위에샤

근대 중국의 불교계 지도자들은 변화한 현실에 적응하기 위한 급선무가 승려 교육이라고 생각했다. 불교개혁에 앞장 선 타이쉬(太虛)는 '새로운 승려'[新僧]의 출현이야말로 '새로운 불교'[新佛教]를 건설할 수 있다고 생각했다. 그래서 교육 기관을 설립했고, 승려 교육 시스템을 정비했다.

근대 승려 교육

붓다가 다섯 비구에게 행한 첫 설법을 '초전법륜'이라고 부른다. 처음으로 불법의 수레바퀴를 굴렸다는 의미다. 바로 이 초전법륜으로 '불교'라는 거대한 역사는 시작된다. 붓다가 처음으로 자신의 깨달음을 언설로 표현한 것. 바로 여기서 붓다의 가르침이 시작됐다. 불교는 붓다의 깨달음이 아니라 붓다의 설법에서 시작됐다고 할 수도 있다. 왜냐하면 이 사건에서 종교학에서 흔하게 이야기하는 교주, 교리, 교도라는 종교의 세 구성 요소가 온전히 출현했기 때문이다. 사실 붓다는 초전법륜에 앞서 자신의 깨달음을 사람들에게 전해야할지 망설였다. 좋은 물건, 재미난 이야기, 맛난 음식 등도 그것을 쓸 수 있고, 즐길 수 있고, 먹을 수 있을 때 의미 있고 유용하다. 붓다는 사람들의 능력을 가늠할 수 없었다. 그래서 주저했고, 두려웠다. 붓다는 이와 관련해서 과거 부처님 가운데 한 분인 비바시(毗婆尸) 부처님 이야기를 통해 말한다.

> 나[비바시 부처님]는 이제 깊고 깊은 깨달음을 얻었다. 그러나 이 진리는 지극히 깊고 오묘하여 보기도 어렵고 이해하기도 어렵다. 고요하고 청정하여 지혜로운 사람이 알 수 있을 뿐 범부는 도저히 알 수 없을 것이다. …… 내가 만일 그들에게 이를 설한다면 그들을 필시 이해하기는커녕 한층 더 번거로움에 빠지게 될 것이다. [31]

붓다가 오랜 수행을 통해 얻은 깨달음이 어디 쉽기야 하겠는가. 아무에게나 한 마디 일러 준다고 그가 얼른 알아듣고 각자(覺者)가 되리라는 건 순진한 기대다. 붓다도 이런 상황을 아는지라 고민했다. 마왕은 와서 잘난척하지 말고 당신만 알고 치우라고 유혹한다. 하지만 붓다는 범천(梵天)의 간곡한 부탁을 받고 당당히 선언한다. "나는 그대들을 가엾이 여겨 천상의 감로수 같은 가르침을 설하리라." •32 결국 그는 자신의 임무를 떠맡았다. 대중 속으로 들어가길 다짐했다. 이것이 이른바 '전도선언'(傳道宣言)이다. 불법을 깨닫겠다는 다짐이 아니라 고통을 여의는 깨달음의 길[道]을 전하겠다[傳]는 자기 선언이다.

붓다가 첫 설법으로 다섯 비구를 제자로 받아들였을 때, 그는 더 이상 혼자가 아니었다. 가치를 공유하는 동행자가 생겼다. 불교사적으로 보면 다섯 제자의 출현은 불교 교단의 출현이기도 했다. 불교를 신앙하는 것이 아니라 불교를 수행하는 집단이 구성되었다. 그들은 붓다가 말하지 않더라도 불교를 말할 수 있고, 붓다가 없더라도 불교를 보일 수 있었다. 또한 붓다가 제자와 나눈 대화, 그들에게 행한 설법, 아니면 꾸지람, 칭찬. 이런 모든 게 마치 음식처럼 불교의 살이 되고 근육이 되었다. 붓다와 교단을 중심으로 불교인이 형성되고, 불교라는 거대한 가치가 생명력을 갖게 됐다. 이렇게 수행자를 받아들이고 가르치고 함께 생활하는 것은 불교의 가장 중심에 있는 행위라고 할 수 있다.

승가 구성과 승가 교육은 불교의 최후 보루 같은 거라고 할 수 있다. 승가가 불교를 전유할 수는 없지만 불교를 구성하는 결정적인 부분 가운데 하나라는 사실은 부인할 수 없다. 그러기에 승가는 끊임없이 노력해야 한다. 수행이라는 지고지순한 목표뿐만 아니라 수행 공동체를 유지하고 발전시키기 위한 다양한 기제가 존재한다. 단순히 전통을 묵수해서도 안 되고, 세태를 그냥 따라 다닌다고 될 문제도 아니다. 불교가 뿌리박고 있는 현실 사회를 관조하고, 또한 승가 자신을 반성해야 한다. 근대 시기 중국 불교계는 급변하는 사회 현실에 대처하기 위해 다양한 노력을 했다. 물론 그것이 모두 성공했다거나 모두 적절했다고 말할 수는 없다. 연신 실패와 성공을 오갔다. 하기야 그것을 가르는 기준도 모호하기 이를 데 없다.

당시 불교계 지도자들은 변화한 현실에 적응하기 위한 급선무가 승려 교육이라고 생각했다. 불교개혁에 앞장 선 타이쉬(太虛)는 '새로운 승려'[新僧]의 출현이야말로 '새로운 불교'[新佛敎]를 건설할 수 있다고 생각했다. 그래서 교육기관을 설립했고, 승려 교육 시스템을 정비했다. 19세기 말부터 시작된 이런 흐름은 전통 불교가 근대 불교로 전환하는 갈림길이자 두 가지가 겹친 것이기도 했다. '각경처'와 '불학원' 설립은 문서화한 불교 지식의 유통과 교육된 불교 지식인의 양성이라는 불교 발전의 토대를 마련했다.

위에샤(月霞)나 디셴(諦閑)은 각각 화엄대학(華嚴大學)과 관종학사(觀宗學舍)를 세워 젊은 승려를 교육했다. 그들이 화엄학과 천태학이라는 전통적 종파 구별에 근거했다면 타이쉬는 무창불학원(武昌佛學院)과 민난불학원(閩南佛學院), 한장교리원(漢藏敎理院)을 세워 전통적 종파불교를 거부했다. 타이쉬도 젊은 날 금릉각경처의 기원정사에서 위에샤와 디셴의 지도를 받았다. 그는 '불학원'이라는 형식으로 근대적 승려 교육과 불교 연구에 열중했다. 여러 교육기관은 근대 불교를 이끈 기라성 같은 고승을 배출했다. 타이쉬 아래서 근대의 대표적 학승 인순(印順)과 파쭌(法尊)이 성장했다.

교육기관이 아니라 불전의 유통을 통해 불교 지식을 확장한 경우도 있다. 쑨원(孫文)의 반청(反淸) 운동을 지원하여 훗날 혁명화상으로 이름 높았던 쭝양(宗仰)은 상하이에 '빈가정사'를 세워 '빈가대장경'을 출판했다. 빈가대장경은 일본에서 간행한 축쇄판 대장경을 가져다 복각한 것이다. 여기에는 오래전 중국에서 사라진 많은 양의 중국 불교문헌이 존재했다. 쭝양은 승려로서 현실 사회에 대해 직접적으로 발언했다. 그는 근대 시기 새로운 승려 모델을 보여 주었다.

불이법문의 터득

1868년 난징에서 양런산이 금릉각경처를 설립했고, 1908년 그곳에 '기원정사'라는 근대적인 불교 교육기관을 설립했다. 기원정사는 중국 최초의 신식 불교 교육기관이다. 이듬해 '장쑤 성(省) 승려사범학당'이 설립됐다. 기원정사가 승속의 구분 없이 불교인재를 양성했다면 이곳은 최초의 근대적 승려 교육기관이었다. 이 승려사범학당을 이끈 인물이 선승이자 불교 교육가인 고승 위에샤(月霞, 1857-1917)이다. 물론 1920년 이후 정력적으로 활동한 불교 개혁가이자 교육가인 타이쉬 같은 인물도 있지만, 그보다 앞서 불교 교육에 정성을 기울였고 중요성을 역설한 인물은 바로 위에샤였다.

위에샤는 속성이 후(胡)였고, 이름은 셴주(顯珠)였다. 후베이 황강(黃岡) 사람으로 1857년 출생했다. 꼬마 때부터 당시 보통 아이들이 그러하듯 동네 서당에서 공부했다. 열 살이 좀 지나자 의술을 배우기 시작했다. 대단한 가학이 있었던 것도 아니고, 부모가 글공부로 입신양명을 재촉하지도 않았다. 주위에선 어지러운 세상에 자신의 앞가림이나 제대로 할 수 있기를 바랐다. 의술이 대단한 돈벌이는 아니지만 가족 건사하기에는 맞춤이었다. 그렇게 보통의 아이, 보통의 어른으로 살기를 바랐고 그렇게 될 듯했다. 하지만 언제나처럼 일은 그렇게 단순하지 않았다.

센주는 10대 후반 점차 세상에 눈떴다. 기껏 일신의 상처나 치료하는 의술이 왜소해 보이기 시작했다. 덧없는 세월에 꼬질꼬질 찌든 40대였다면 아마도 자신의 밥벌이를 위해 의술을 놓지 않았을 것이다. 하지만 그때 그는 자신도 감당할 수 없는 10대였고, 무지막지한 희망이 있었다. 그는 몸이 아니라 마음을 다스리고, 상처가 아니라 운명을 치료하고 싶었다. 그가 보기에 불교는 삶과 죽음을 다루는 기술이었다. 불전에서는 곧잘 붓다를 위대한 의사에 비유하곤 한다. 결국 의술을 배우던 소년은 더 큰 병을 고치러 출가를 감행한다.

센주가 열아홉 된 해, 난징 관음사(觀音寺)로 출가했다. 일설에는 관음사가 아니라 대종사(大鐘寺)라고 하기도 한다. 이듬해 구화산에서 구족계를 받았다. 구족계를 받은 곳이 퉁링(銅陵) 대통 연화사라는 설도 있다. 현존 자료로는 불분명하다. 구족계를 받고 나서 처음에는 천태교학을 배웠는데 적잖게 불편했다. 그리고 나선 금산사, 고민사, 천녕사 같은 장쑤와 저장 일대 선종 사찰을 방문했다. 그곳에서 고승을 친견하고 자신이 나아갈 길을 엿보았다. 출가한다고 해서 금방 수행의 길이 보이는 건 아니다. 말이 수행자지 불안함과 번민은 일반인들 못지않다.

1882년 위에샤는 시안 종남산에서 초막을 짓고 수행을 시작했다. 『화엄경』 공부도 시작했다. 총림에서 대중생활을 하는 건 아니지만 행동거지 하나 흐트러지지 않으려 노력했다. 위에샤는 종남산에서 시주받은 밭을 일구었다. 주위에서 수행하던 승려들과 함께 자신의 심전(心田)을 개발하듯 농사를 지었다. 근 6년에 걸쳐 참선과 농사일을 병행했다. 고된 노동은 단순히 신체적 고통이 아니라 자신을 연마하고, 수행의 단단한 바닥을 만드는 방법이었다. 봄이 되자 겨우내 내린 눈이 녹고, 대지는 몸을 풀고 다시 산야에 꽃이 피었다. 농부들은 다시 밭을 갈고 씨를 뿌리고, 다시 수확을 하는, 어쩌면 뻔한 반복이지만 그것이 늘 경이로웠다. 자연 앞에 인간의 왜소함을 절감하는 게 아니라 싹트는 씨앗을 보면서 오히려 존재의 위대함을 배웠다. 거기서 종교적 경건함을 맛보기도 했다.

1888년 32세가 된 위에샤는 허난 성(河南省) 중저우(中州) 동백산(棟柏山) 태백산정에서 랴오천(了塵) 화상에게 3년 동안 참선을 배웠고, 함께『유마경』을 공부했다. 알듯 모를 듯한 '불이법문'의 도리를 붙잡고 화두 풀듯 공부했다.『유마경』「불이법문(不二法門)」에서 유마거사는 마치 선승이 선문답을 시작하듯 문병 온 보살들에게 질문을 던진다. "어떻게 하는 것이 보살이 불이(不二) 법문에 깨달아 들어가는 것입니까?" 보살들은 온갖 대답을 내놓지만 옆에 있던 문수사리는 그런 게 결국 언어에 걸리고 말았다고 비평한다. 그리곤 유마거사에게 이 질문을 돌려준다. 그때 유마거사는 결국 침묵한다. 유명한 '유마의 침묵'이다. 만동자의 질문에 붓다가 침묵으로 답한 이후 불교사에 등장하는 두 번째 침묵이다.

『유마경』의 불이법문은 공사상을 기반으로 성립한다. '둘 아니'라고 하니 그럼 '하나'구나 생각하면 안 된다. 이 속에 하나도 아님이 포함되어 있다. 풀어 말하면 '같지도 다르지도 않다'는 불일불이의 원리다.『중론』같은 대승 반야계 불전에 자주 등장하는 논리다. 예를 들면 '존재와 비재'도 마찬가지다. 여기에도 불이법문은 해당한다. 불교에서 말하는 제법(存在者)은 연기한다. 그래서 연기된 그 녀석에게서 실체 A를 발견하여 A가 존재한다고 말할 수 없다. 그럼 존재하지 않는가? A가 존재하지 않는다고 하더라도 실체를 인정한 격이다. 연기법을 인정한

 승려 교육과 불교 근대화

다면 존재하지 않는다고 말할 수도 없다. 그래서 A는 "존재도 아니고 비존재도 아니다."[非有非無] A에서 존재와 비존재는 구분되지 않는다.[不二] 위에샤는 이 불이법문의 도리를 체득하였고, 랴오천 화상은 선승이 견성을 인가하듯 경전 공부의 체험을 인정한다.

랴오천 화상을 따라 3년간 공부한 후 위에샤는 1890년 난징 적산(赤山) 진여사의 파런(法忍, 1844-1905) 선사를 친견했다. 파런은 천녕사 에카이와 함께 당대 최고의 선승으로 추앙됐다. 위에샤는 고승 파런을 친견한 이후 여러 곳을 옮겨 다니면서 참선을 하고 경전 강설을 했다. 파런 선사를 따라 후베이 성 한양(漢陽) 귀원사(歸元寺)에 머물 때는 『능가경』을 강의했고, 안후이 취봉(翠峰)에서는 참선했다. 이후 몇 년 동안 80권 『화엄경』을 주로 강설했다. 위에샤는 42세가 된 해 안후이 안칭(安慶) 영강사(迎江寺)에서 안후이 성 승려교육회를 설립하고 학생을 모집하여 3년 동안 가르쳤다. 이곳은 당시 저장 성 닝보 천동사에서 팔지두타 징안이 설립한 저장 성 승려교육회와 더불어 근대 시기 가장 이른 승려 교육 단체였다.

1906년 위에샤는 일본 도쿄에서 유학생 초청으로 『능가경』, 『유마경』, 『원각경』 등을 강의했다. 당시 청중 가운데는 동맹회 기관지 『민보』의 주편이자 사상가인 장타이옌(章太炎), 유학 생활을 하던 비승비속의 쑤만수(蘇蔓殊), 국학 연구로 유명한 류스페이(劉師培) 부부가 있었다. 1908년 불교 거사 양런산이 난징 금릉각경처에 '기원정사'를 설립하고 위에샤를 초청하여 강의를 맡겼다. 하지만 경제적인 문제로 오래지 않아 문을 닫자 위에샤는 양런산 거사 등의 추천으로 장쑤 성 승려교육회 부설 승려사범학당을 담임하게 된다. 그는 조직적으로 승려 교육을 실천했다.

○

붓다의 깨달음과 그의 가르침. 여기서 불교가 출발한다. 스승과 제자 생기고 수행과 학습이 진행된다. 세월이 어수선하지만 배움이 건실하면 미래를 기획할 수 있는 법이다. 위에샤는 바로 불교 교육이야말로 인연을 키우고 심화하는 작업임을 알았다. 사진은 위에샤가 설립한 화엄대학이 있던 상하이 허퉁위안(哈同園) 모습이다. 지금은 도심 속에 묻혀 버렸다.

화엄대학의 설립

불교인이라고 해서 불교의 숱한 경전을 모두 섭렵하거나 지송할 수는 없다. 초인의 능력이 있더라도 아마 불가능할 것이다. 하기야 굳이 그럴 필요도 없어 보인다. 불교 경전을 모두 읽어야만 불교를 이해한다거나 깨달음이 가능하다고 하면 불교 자체에 문제가 있는 거다. 주위에 널린 작은 물건 하나에도 정성을 들이고, 우물에서 물 긷듯 그것에서 의미를 길어 올리는 자가 현인이 아니겠나. 신라 화엄 전통을 시작한 고승 의상은 『화엄법성게』에서 '한 티끌에도 온 우주를 담고 있다'[一微塵中含十方]는 엄청난 법계연기의 도리를 설파했다. 뿐이겠는가. 경전 한 구절을 깊이 음미할 때 벌써 한 인생 역정을 맛볼 수 있고, 광대무변한 불법을 만날 수도 있다.

도서관에 틀어박혀 현미경이나 돋보기를 들고 경전을 뒤지는 학자들보다 출가 수행자들이 경전을 훨씬 깊고 천천히 읽는다. 마치 화두처럼 들고 다니면서 그것을 삶에, 수행에 견주어 보면서 거기에 살을 붙이고 윤기를 더한다. 이것이 아마 학자의 글 읽기와 수행자의 글 읽기 차이일 것이다. 위에샤의 글 읽기도 그랬다. 참선을 열심히 했지만 불립문자라는 말로 경전 읽기를 핍박하지 않았다. 오히려 자신의 신수행을 그런 경전 공부를 통해서 완성하고자 했다. 그가 특히 공을 들인 경전은 『능가경』과 『화엄경』이다. 둘 다 유명한 대승경전이고, 중국에서 영향력이 아주 컸다. 이런 텍스트는 『대승기신론』과 더불어 선종의 형성과 발전에 깊이 관여했다.

금릉각경처를 설립한 양런산은 미타신앙와 화엄교학을 두 기치로 했고, 지나내학원을 설립한 제자 어우양징우는 『섭대승론』이나 『유가사지론』을 중심으로 한 인도 유식학을 중심으로 했다. 전통적인 용어를 사용하자면 그들은 일종의 교판을 행했다. 그들은 '소의경론'을 가지고 학생을 가르친 셈이다. 여기서 '소의(所依)'란 한자 그대로 '의지하는 바'이며 '의지하거나 근거하는 표준이 된다'는 의미다. 위에샤는 『화엄경』을 소의경전으로 삼았다. 그는 1913년 상하이에서 '화엄대학'을 설립했다. 이 대학이라는 표현을 '화엄'이라는 말 뒤에 붙이기가 못내 쑥스럽지만 바로 이런 말이 시대를 반영했다. 우리나라에서도 깊은 산중에서 무슨 무슨 '승가대학'을 만날 수 있다. 이런 것에 어색해할 필요 없다.

신해혁명 이후 상하이에서 경전 강설을 하던 위에샤는 1912년 상하이의 유명한 불교도인 하둔(Hardoon) 부인 뤄자링(羅迦陵)을 만났다. 그녀의 남편이 당시 상하이 최고 거부이자 사업가인 사일러스 아론 하둔(Silas Aaron Hardoon, 1851-1931)이었다. 하둔은 이라크 바그다드 태생으로 영국적의 유태계 상인이었다. 부인 뤄자링도 프랑스인과 중국인 사이에서 태어난 혼혈로 알려졌다. 뤄자링은 위에샤를 초청하여 불경 강의를 부탁했다. 뤄자링은 강의에 감동했고, 당시 교류하던 캉유웨이(康有爲) 등과 상의하여 위에샤에게 그녀가 거쳐하던 대저택 허통위안(哈同園)에 화엄대학을 설립할 것을 건의했다. 이 건의를 위에샤가 받아들였다. 이렇게 해서 1913년 화엄대학을 개교했다.

위에샤는 화엄대학 장정(章程)에 "본교는 불교를 제창하고 화엄을 연구하며, 대승불교 여러 경론을 공부하며, 자리이타를 종지로 삼는다"고 밝혔다. 불교 연구뿐만 아니라 불교의 사회적 실천도 염두에 두었다. 그는 자신의 법제자 잉츠(應慈, 1873-1965)와 함께 대학 전체 실무를 담당했다. 학제는 세속의 대학처럼 4년제를 시행했다. 예비반 1년과 정규반 3년으로 운영했다. 전통 교육 내용을 상당히 수용했다. 독경, 경전, 논서, 계율, 참선, 글짓기, 서예 등 일곱 개 과목이었다. 단지 입이 아니라

 승려 교육과 불교 근대화

자신과 한 리듬으로 읽어내는 독경에서부터 부처님 말씀 한 구절을 옮겨 적기 위한 글쓰기까지 모두 '승려의 격'[僧格]을 갖추기 위한 공부였다.

『화엄경』의 「보현행원품」 같은 화엄교학뿐만 아니라 『유마경』 같은 대승경전을 배웠고, 『사분율』 같은 계율학으로 승려의 자세를 다잡았다. 『대승기신론』이나 『팔식규거송』 같은 논서를 통해서 불교철학의 정수를 맛보기도 했다. 위에샤는 비교적 전통적인 과목을 중시했다. 전통사회를 전부 폐기할 듯한 분위기에서 그는 속도를 유지하면서 천천히 움직이며 균형을 잡았다. 특히 위에샤는 학교 장정에 학생들의 학비나 주거비용, 책값 등 일체 경비를 학교에서 부담하도록 명시했다. 비록 출가한 승려지만 배우려고 하면 돈이 들었다. 이런 상황은 우리나라도 마찬가지였다. 수십 년 전까지만 해도 선방에 들 때면 쌀 몇 말씩은 짊어지고 가야했다.

우수한 인재를 배양할 요량으로 설립한 화엄대학은 학생 선발에 엄격했다. 당연한 일이다. 이런 엄격함이 학생의 가능성을 무시하는 것으로 보일지는 모르나, 학생 이전에 출가자로서 자신의 신분을 되새기게 하는 방도였다. 입학 자격을 "선당에서 참선 경험이 있고, 품행이 단정하며, 세속의 기호가 없는 자"로 규정했다. 세속의 '기호'는 술 담배 등 대중 생활을 해칠만한 나쁜 습속을 가리킨다. 세속에서 그런 긴 시실 별문제가 되지 않는다. 그냥 풍류를 즐기는 좋은 사람일 수도 있다. 하지만 출가자 집단 내에서 그것은 버젓이 계율을 부수는 행위가 된다. 근본적인 부분을 우습게 여기면서 불법을 운운한다는 건 역설이다.

나이 제한도 두었다. 20세 이상 35세 이하. 불법을 배우는 데 나이 제한이 왜 필요할까마는 힘들여 불교계의 인재를 키우는 데는 그들이 불교계에서 활동하고, 현재 불교를 개혁하여 좀더 나은 상황으로 발전시키길 바라는 마음이 있다. 자신의 생각을 가지고 단체 생활을 할 정도의 나이는 돼야 하고, 미래를 이끌 젊음도 필요했다. 80여 명의 지원자 가운데 선발시험을 거쳐서 소수 인원을 뽑아서 개학했다. 중국 근대 최초의 화엄학 전문대학이 설립된 셈이다. 위에샤는 직접 화엄학을 가르쳤다.

인연의 결실

화엄대학의 발기인인 뤄자링의 남편 하둔은 사랑하는 아내의 신앙생활을 적극 지지했지만, 불교가 자신의 종교는 아니었다. 그는 유태인이었고, 상하이에 성지학원(聖智學院)을 설립하여 자신도 종교 활동을 했다. 주위 사람의 충동질로 하둔은 화엄대학 교사와 학생들에게 무리한 요구를 하기 시작했다. 이교도가 난입해서 화엄대학을 훼손하는 일도 있었다. 하둔 부인 뤄자링의 적극적인 지원으로 운영되던 화엄대학이지만 그 재정은 결국 남편 하둔에게서 나왔다. 위에샤는 비록 하둔이 재정지원을 했지만 부당한 요구에 대해서는 당당하게 맞섰다. 우여곡절 끝에 화엄대학을 항저우 해조사(海潮寺)로 옮겨 학업을 계속했다. 비록 낡은 선당과 법당을 이용했지만 교사나 학생들의 열기는 여전했다.

　불교에서는 흔히 불법을 만나기가 대단히 힘들다고 말한다. 그래서 만나면 열심히 배우고 익혀야 한다고 강조한다. 더구나 만나고서도 그것을 지속하기란 쉽지 않다. 심지어 불문에 든 출가자도 늘 혼란할진대 세속의 삶을 영위하는 자들은 오죽하겠나. 위에샤는 저런 우여곡절 속에서도 중심을 잃지 않았다. 때론 선배 승려들과 상의하고, 때론 제자들과 상의하면서 혼란을 뚫었다. 창저우 천녕사에 주석하고 있던 에카이 선사는 화엄대학 운영을 위해 동분서주하는 위에샤를 보고 해

　　　　　　　　　　　　　승려 교육과 불교 근대화

조사를 주선했다. 위에샤는 운영 경비를 마련하기 위해서 뛰어다니는
한편 교실에서 『화엄경』, 『능엄경』, 『대승기신론』 등을 강의했다. 그에
게 학생들은 중국 불교의 미래였다.

특별한 재정 지원도 없이 힘겹게 운영하던 해조사 화엄대학도
1916년 2년여 만에 문을 닫았다. 짧은 시간이었지만 그 영향은 길었
다. 츠쏭(持松. 1894-1972), 창싱(常惺. 1896-1939), 츠저우(慈舟) 등 이름 난 고승
들이 화엄대학을 졸업했다. 츠쏭은 일본 고야산에서 일본 밀교를 배우
고 귀국해 근대 중국 밀교 부흥에 앞장섰고, 창싱은 1925년 타이쉬를
도와 샤먼(廈門)에 '민난불학원'을 설립했고, 1930년에는 '백림교리원'(柏
林敎理院)을 설립했다. 츠저우는 1933년 푸저우 법해사에서 법계학원을
설립해 화엄교학을 가르쳤다. 젊은 승려들은 화엄대학에서 긴 여행을
위한 체력을 길렀고, 그 길을 일러줄 지도를 얻었다. 그들에게 화엄대
학에서 공부는 소진되지 않는 양식이었다.

항저우 해조사 화엄대학이 수업을 멈춘 이듬해인 1917년 위에샤
는 이싱(宜興) 경산사에서 화엄학의 교과서로 불리는 법장의 『화엄오교
장』을 강의했고, 이해 여름 천녕사 에카이 선사의 명에 따라 창수(常熟)
우산(虞山) 흥복사 주지를 맡았다. 이곳에서 다시 화엄대학을 설립을 시
도했다. 하지만 같은 해 가을 항저우 서호(西湖)에 닿아 있는 옥천사(玉泉
寺)에서 입적했다. 그는 마지막까지 학교를 설립해 불교계 인재를 키우
려는 마음으로 동분서주했다. 붓다의 45년 설법도 제자를 만나고, 가
르치는 과정이었다. 팔만사천의 법문은 실은 붓다와 제자의 대화이자
교육의 내용이다. 위에샤는 승가교육이라는 큰 서원으로 참선 수행을
대신한 교육자였다. 그런 교육을 통해서 불설은 현실에서 실험되고 구
체가 된다. 그리고 사람으로 남는다.

06

혁명화상과 빈가대장경, 쭝양

격변의 근대 중국에서도 맨몸으로 역사와 맞서려는 승려가 있었다. 선승이면서 중국 근대혁명에 투신한 오목산승 쭝양(宗仰, 1865-1921)이다. 그는 승려로서 쑨원이나 장타이옌 등의 혁명운동을 지원했고, 변화에 굼뜬 청나라 정부를 비판했다.

오목산승

중생이 사는 속된 세계를 저 멀리 달아난 이들이 출가 수행자 아닌가. 그런 그들도 흙탕물 튀기는 이 사바세계를 모른 척할 수 없어 연신 발을 들여놓는다. 당연한 일이다. 그들은 뼈를 깎는 수행뿐만 아니라 중생 제도라는 천형을 안고 살아야 하기 때문이다. 유마거사는 문병 온 문수사리가 어떻게 병에 걸렸냐고 묻자 이렇게 일러준다. "중생이 병들면 보살도 병들고, 중생의 병이 나으면 보살도 낫습니다. 병이 무슨 원인으로 생겼냐고 물었습니까? 보살의 병이란 대비심에서 나옵니다."•33 그렇다. 사랑하는 자가 아프니 어찌 아프지 않을 수 있겠는가. 유마거사는 아마 모든 중생이 번뇌 없고 아프지 않을 때까지 아플 것이다. 이런 대답을 듣고 문병 온 보살들은 머쓱해진다. 그들은 건강했기 때문이다.

유마거사가 말하는 보살처럼 출가자로 살아가려면 탈속의 원심력과 입속의 구심력이 함께 작동해야 한다. 한 몸에서 역설이 발생하지만 그렇게 해야 힘의 균형을 맞춘다. 『유마경』에서는 불이법문(不二法門)으로 이런 것을 설명한다. 출가자라고 하더라도 어떤 식으로든 세속에 참여해야 한다. 그렇지만 정도나 방법에서 차이는 있는 법이다. 누구는 한 발을 들여 놓고, 누구는 절반쯤 몸을 담그고, 누구는 그 속이 불구덩인지도 모르고 온몸을 다 던진다. 때론 그것이 주제넘은 참견으로 보이고, 때론 섣부른 정치로 보인다. 하지만 그들에게 그것은 절실했다. 일제에 맞선 조선의 승려만 해도 그랬고, 『아리랑』의 작가 김산이 '금강산에서 온 붉은 승려'라 묘사한 운암 김성숙(1898-1969)도 그랬다. 그들은 왜곡된 세상과 싸워야 했다.

격변의 근대 중국에서도 맨몸으로 역사와 맞서려는 승려가 있었다. 선승이면서 중국 근대혁명에 투신한 오목산승 쭝양(宗仰, 1865-1921)이다. 그는 승려로서 쑨원이나 장타이옌 등의 혁명운동을 지원했고, 변화에 굼뜬 청나라 정부를 비판했다. 출가자가 정치인은 아니지만 분명 시대의 일부다. 그들의 고민에 당연히 현실이 있어야 한다. 하지만 시대의 질문에 내놓은 대답은 여느 정치가와 같을 수 없다. 그의 목소리는 수행자의 것이어야 한다. 쭝양은 불교가 현실에서 갖는 정신적이고 문화적인 역할에 주목했다. 불교 교육 기관을 설립하고 불교 지식의 계승과 확산을 위해서 『빈가대장경』을 간행하기도 했다.

쭝양은 1865년 장쑤 성 창슈(常熟)에서 태어났다. 속성은 황(黃)이었다. 고향 창슈는 장강(長江) 하구로서 쑤저우(蘇州)나 우시(無錫)와 가깝다. 상하이에서도 그리 멀지 않은 곳이다. 부친은 작은 쌀가게를 운영했다. 어머니는 인근에 있는 우산(虞山) 청량사 신도였다. 청량사는 명나라 만력(萬曆) 연간(1573-1620)에 창건된 절로, 삼봉선원(三峰禪院)이라고도 불렸다. 청대 강희제가 이 절에 '삼봉청량선사'라는 편액을 내리기도 했다. 청량사가 위치한 우산은 일명 오목산(烏目山)이다. 1880년 청량사로 출가한 쭝양은 나중에 이 산 이름을 자신의 필명으로 사용했다. 출가 당시 그가 받은 법명은 인렁(印楞)이었다. 말년에 그는 '인릉선사'라는 호칭을 사용했다.

청량사 주지 야오칸(藥龕, 1825-1909)은 불교뿐만 아니라 유가나 제자

 승려 교육과 불교 근대화

서 등 중국 전통 학술에 밝았다. 뿐만 아니라 시화(詩畵)에도 조예가 깊었다. 그는 창슈 출신 정치가이자 서예가인 웡통화(翁同龢, 1830-1904)와 교류했다. 야오칸은 제자들도 다양한 학문을 섭렵해야 한다고 생각했다. 그래서 지역의 저명한 학자를 불러서 불교와 세상의 학문을 가르쳤다. 쭝양은 불전을 배우면서 한편 중국이나 서양의 정치학 이론을 배웠다. 별로 어울릴 것 같지 않은 둘이 그의 몸속에는 한데 얽혀 꿈틀댔다. 시화에 대한 관심도 한쪽에서 자라고 있었다. 산속에서 변변치 않은 책으로 공부했지만 세상에 대해 멀리 상상하고 골똘히 생각했다.

쭝양은 1884년 스무 살에 전장(鎭工)의 대찰 금산사로 와서 따딩(大定, 1823-1906) 선사에게 구족계를 받았다. 그때 쭝양(宗仰)이라는 법명을 받았다. 그는 금산사에서 일본어와 영어, 그리고 범어를 공부했다. 열심히 책을 읽었고, 정성을 들여 시를 지었다. 이런 배움으로 당장 뭔가를 이룰 순 없지만 그것이 먼 여행을 위한 차비임을 잘 알았다. 이후 10여 년간 중국 각지 명산대찰을 유람했고, 베트남을 방문하기도 했다. 때론 여행지의 감상을 시로 적었다. 그는 혁명승이 아니라 시승으로 출발했다. 그에게 시는 감성을 기르는 클래식 음악이 아니라 치솟는 기개를 남금실 하는 망지질 같았다. 또한 거기에 중생의 고단한 삶과 자신의 우환이 있었다.

쭝양이 금산사로 돌아와 머물던 1832년 상하이의 유명한 사업가인 하둔(Hardoon) 부부가 절을 방문했다. 이때 하둔 부인 뤄자링이 쭝양에게서 귀의하여 재가 제자가 되었다. 금산사 이곳저곳 소개하던 젊은 승려 쭝양에게서 도대체 무엇을 보았길래 첫 만남에 제자를 자처했을까. 뤄자링은 독실한 불교도로서 불교계에 여러 가지 지원을 했다. 특히 상하이 불교계에 크고 작은 시주를 많이 했다. 쭝양과 뤄자링의 만

남은 양런산(楊仁山) 거사와 일본 학승 난조 분유(南條文雄, 1849-1927)의 만남처럼 중국 근대 불교에서 의미 있는 사건이었다. 이 인연은 훗날 『빈가대장경(頻伽大藏經)』 간행으로 발전했다. 뤼자링은 자신의 스승이 된 쯩양을 여러 차례 상하이로 초청했다.

혁명화상의 등장

1894년 7월 조선 내 주도권 다툼 때문에 청나라와 일본 사이에 전쟁이 발발했다. 서해에서 양국 전함이 맞붙어 싸웠고, 이듬해 초 일본 육군이 청나라 북양함대의 기지인 산둥 성 웨이하이(衛海)를 점령하면서 전쟁은 종결됐다. 1895년 4월 17일 청 정부를 대표한 리훙장이 일본 시모노세키에서 항복 문서에 조인했다. 일시적으로 서태후가 물러난 틈을 타서 1896년 광서제가 이른바 '무술변법'으로 불리는 정치개혁을 단행했다. 하지만 서태후의 정변으로 황제는 실각하고, 황제를 도운 젊은 개혁가들은 목숨을 읽거나 국외로 망명했다. 엄청나게 변화하는 국제정세 속에서 육중한 봉건중국은 조금도 변화가 없는 듯했다. 지식인들은 답답하기 이를 데 없었다.

　1899년 쯩양은 뤼자링의 초청을 받아 상하이에 도착했다. 각양각색의 인간이 우글거렸고, 그들의 요란한 주장이 이 거대한 도시를 가득 메우고 있었다. 이듬해인 1900년 쯩양은 리수퉁(李叔同, 1880-1942) 등과 함께 중국 최초의 서화(書畫) 단체인 '해상서화공회(海上書畫公會)'를 발기했다. 해상은 상하이를 가리키고, 공회는 요즘 말로 동아리 정도가 될 것이다. 예술 귀재로 알려진 리수퉁은 20여 년 뒤인 1918년 출가하여

　　　　　　　　　　　　　　　　　승려 교육과 불교 근대화

고승 홍이(弘一)가 된 인물이다. 이렇게 청년들의 어울림은 언제 뛰쳐나올지 모를 인연을 만들었다. 쭝양은 동인들과 함께 작품 활동을 하거나 품평을 했고, 서화보를 발간하여 서화 보급에 앞장서기도 했다. 근대 시기 문화계몽의 일환이었지만 거기서 그치지 않았다. 그의 가슴은 너무 뜨거웠다.

1898년 산동 서북지역에서 '청나라를 지키고 서양 오랑캐를 멸하자'(扶淸滅洋)는 구호로 '의화단' 운동이 일어났다. 배운 것 없고, 가진 것 없는 농민과 노동자들이 해준 것 하나 없는 청나라를 호위한답시고 칼이나 창을 들고 나섰다. 1900년 이 운동은 최고조에 달하고 서양인을 살해하는 사건이 발생했다. 서구 열강 8국 연합군이 자국 인민의 생명과 재산을 지킨다는 명목으로 의화단 진압에 나섰다. 신식 총포로 무장한 서양 군대는 의화단의 본거지인 텐진으로 들이닥쳤고, 가까운 베이징까지 진입하여 의화단을 몰아냈다. 은근히 의화단을 지지하던 청 정부는 서구 열강과 평화협정을 맺고 엄청난 배상금 지불을 약속했다. 무능한 정부였다.

이후 청 정부가 러시아에 중국 동북지역 점령을 밀약했다는 소식이 알려지자 지식인들은 격렬하게 항의했다. 심지어 러시이 공격 의용대를 조직하기도 했다. 상하이 여러 곳에서 시국 강연회나 연설회가 개최되었다. 쭝양은 1901년 4월 1일 상하이 '장위안'(張園)에서 개최된 연설회에서 격렬한 발언을 쏟아냈다.

산승은 세속을 버린 사람입니다. 하지만 오늘 감히 진심으로 한마디 고하고자 합니다. 어찌해도 참지 못하고 여러분들께 한마디 하고자 합니다.

…… 사태가 아주 급박하게 되었습니다. 동북 세 성(省)을 잃으면 중국은 장

차 망하고 말 것입니다. 동북 세 성의 상황은 동남쪽에서도 일어날 것입니다. 우리 중국 민족은 노예로 전락하고 버러지가 되는 날이 멀지 않았습니다.●34

장위안 연설 이후 어떤 이는 그에게 환속을 권유하기도 했다. 이런 열정으로 산승의 삶은 힘들 듯했다. 하지만 그에게 불법과 사회 참여는 둘이 아니었다. 무술년 변법유신을 이끈 탄쓰퉁(譚嗣同)이나 량치차오(梁啓超)가 불법으로 사회를 구제하고자 한 것과 마찬가지였다. 1902년 쭝양은 차이위안페이(蔡元培, 1867-1940) 등과 중국교육회를 공동 발기했다. 차이위안페이는 근대 중국의 대표적인 지식인 가운데 한 명으로 1919년 5·4운동 때 베이징 대학 교장으로 근무하면서 신문화운동을 지원하기도 했다. '중국교육회'는 표면적으로는 교육 계몽을 위한 단체였지만 실은 봉건정부를 전복하는 정치 혁명을 지향했다.

1902년 말 중국교육회는 상하이 남양공학(南洋公學)에서 자퇴한 학생을 모아서 애국학사(愛國學社)를 설립했다. 애국학사는 학교의 성격과 단체 성격을 함께 갖고 있었다. 쭝양은 매주 한 차례 불교 강연을 했고, 만주족 황실에 반대하는 혁명을 설파했다. 그는 점점 '혁명승'이 되어 갔다. 1903년 쭝양은 중국교육회 회장으로 선출되었다. 더욱 선명하게 정치 현실에 대해 발언했다. 3월에는 차이위안페이의 초청으로 장타이옌(章太炎, 1868-1936)이 애국학사에서 강의를 했고, 이후 애국학사의 교원이 되었다. 장타이옌은 고증학자이면서도 반청(反淸) 혁명의 선동자였다. 오래지 않아 일본에서 귀국한 젊은 혁명가 쩌우룽(鄒容, 1885-1905)도 애국학사에 가입했다. 애국학사는 반청 혁명의 기지처럼 변했다. 아울러 중국교육회와 애국학사와 긴밀하게 관련된 『쑤바오(蘇報)』에

　승려 교육과 불교 근대화

글을 발표했다. 쫑양은 적극적으로 불교 구세를 주장했다.

관세음보살은 중생들의 고통을 구제하기 위해서 "만약 내가 칼로 된 산을 향하면 그 칼산은 저절로 꺾이고, 내가 만약 끓는 물[火湯] 속에 들어가면 화탕은 저절로 마르고, 내가 만약 지옥에 들면 지옥이 저절로 소멸할 것입니다"고 서원한다. 지장보살은 "지옥이 텅 비기 전까지 부처가 되지 않으려 합니다"고 발원했다. 이 얼마나 대단한 원력이며, 이 얼마나 대단한 자비인가! 이 얼마나 대단한 기상이며, 이 얼마나 대단한 장엄인가!

쫑양의 이런 언설은 무술변법 실패로 형장의 이슬로 사라진 탄쓰퉁의 불교 구세 의식을 떠올리게 한다. 1903년 5월 쩌우룽이 청정부를 성토하고 혁명의식을 고취하는 『혁명군』이라는 작은 책자를 발간했다. 쫑양이 이 책의 발간을 재정적으로 도왔다. 쩌우룽은 "나는 우리가 내적으로는 만주족의 노예로서 폭정에 시달리고 외적으로는 열강에 의해 고통 받고 있으므로 이중의 노예라는 사실을 거듭 이야기하는 데 거리낄 것이 없다." 애국학사에서 강의하고 있던 장타이옌이 「혁명군서」을 씨서 『쑤바오』에 발표했다.

내가 듣기로 동족이 왕조가 서로 바뀌는 것을 혁명이라고 하고, 이족이 왕조를 선양하거나 뺏는 것을 멸망이라고 한다. 동족이 제도를 개혁하는 것을 혁명이라고 하고, 이족을 아예 몰아내는 것을 광복이라고 한다. 지금 중국은 이미 오랑캐 역적에게 멸망당하였기 때문에 마땅히 광복을 도모해야 하지 혁명을 말 할 게 아니다. 쩌우룽이 『혁명군』이라는 서명을 붙인 것은 무슨 까닭인가? 그 의도는 단지 이족을 몰아내는 것만이 아니라

정치나 학술, 풍속이나 품성까지 개혁하고자 해서다. 그래서 '혁명'이라는 거대한 이름을 붙였다.[36]

쩌우룽과 장타이옌이 애국학사에 소속됐을 뿐만 아니라 글이 실린 『소보』를 거의 애국학사가 운영하고 있었기 때문에 청 정부는 애국학사에 대한 대대적인 탄압을 가했다. 이 사건이 당시 반청 혁명의 신호탄이 된 이른바 '『쑤바오』 사건'이다. 그 결과 관련 인사에 대한 검거령이 내려졌다. 차이위안페이는 독일 조차지인 칭다오로 피신했지만 장타이옌과 쩌우룽은 체포됐다. 둘은 3년형을 선고 받았지만 쩌우룽은 1905년 옥사했다. 그때 나이 스무 살이었다. 쫑양은 처음에는 체포된 두 사람의 구명 활동을 펼쳤지만 자신도 위험하게 되자 일본으로 피신했다. 쑨원은 일본 요코하마에 도착한 쫑양에게 자신의 거처에 숙소를 마련해 줄 정도로 각별하게 대우했다.

빈가대장경 간행

쫑양은 '『쑤바오』 사건'이 진정되자 1904년 봄에 상하이로 돌아온다. 든든한 후원자인 하둔 부부의 저택인 애려원(愛儷園)에 머물렀다. 그해 쫑양은 부부의 부탁을 받고 애려원 중수에 참여했다. 그는 『홍루몽』에 등장하는 건물과 정원 양식을 모델로 하고 서구풍을 가미해서 설계했다. 중수는 1904년 시작하여 1910년에야 끝났다. 완공 이후 애려원 내에 빈가정사(頻伽精舍)라는 불당을 마련했다. 하둔 부분의 개인 도량이라고 할 수 있다. 쫑양이 이 도량의 주지를 맡았고, 이후 불경을 강의하고 사람

          승려 교육과 불교 근대화

들을 맞았다. '빈가'라는 말은 불경에 등장하는 가릉빈가(迦陵頻伽)라는 새 이름에서 나왔다. 가릉빈가는 극락정토에 살면서 고운 목소리로 노래 한다. 하둔 부인의 이름이 뤄자링인데 한자 '가릉'(迦陵)도 여기서 왔다. 뤄자링과 빈가정사가 만나 천상에서 노래하는 새가 된 것이다.

애려원 중수 공사가 한창이던 1908년 여름날 쭝양은 큰 발원을 한다. 바로 대장경 간행이다. 혁명화상이라 불린 그였지만 단지 정치 투쟁만으로써 세상을 바꿀 수 있다고 생각하지는 않았다. 인간의 심성 이나 사회적 기풍이 진보해야만 세상이 바뀐다고 생각했다. 불법을 전 파하는 것은 세상을 가장 깊은 곳에서 혁명하는 것이라 확신했다. 대 장경 간행도 마찬가지였다. 몽고군이 연방 들이닥칠 것 같은 상황에서 도 고려인들은 느릿느릿 대장경을 판각했다. 그 노력으로, 그 돈으로 무기를 만들고 적의 목을 베는 게 조국을 위해서 훨씬 효과적일 것 같 았지만 그렇게 하지 않았다. 그들은 시대의 거대한 정신을 만드는 작 업을 했다.

양런산 거사가 난징에 금릉각경처를 설립한 이후 양저우, 창저우, 창사, 베이징, 톈진 등 곳곳에서 각경처가 설립됐다. 하지만 그곳에서 는 일부 전적에 대한 교감과 출판이 위주였다. 쭝양은 보다 완진하게 불교 전적을 출간하여 유통시키고자 했다. 그래서 대장경 간행을 기획 했다. 불교인으로서 대장경 간행은 아마도 가장 큰 공덕일 것이다. 삼 천대천세계를 일곱 가지 보배로 장엄한 공덕보다 나으리라. 중국에서 최초로 등장한 대장경은 북송(北宋) 개보(開寶) 4년(971)에 시작해서 태평 흥국(太平興國) 8년인 983년 완성한 『개보장(開寶藏)』이다. 당시까지 중국에 서 번역되어 유통된 전체 불교 전적을 망라한 엄청난 작업이었다. 두 차례 걸쳐 간행된 우리나라의 『고려대장경』도 기본적으로 이 『개보장』

○

사회변혁이 그저 어수선한 세간사가 아님을 확철대오한 혁명화상.
어깨 걸고 세상사에 관여했지만 대장경 간행이라는 거대한 불사를
담당했다. 세상은 구호로만으로는 바꿀 수 없음을 알았고, 내면의
삶을 개척해야 했다. 그는 거리에 있었고, 산사에 있었다.

을 저본으로 했다.

청대에는 옹정 13년(1735) 시작하여 건륭 3년(1738) 완성한 『용장(龍藏)』이 있다. 간행 부수가 제한적이라 당시 대장경을 수장한다는 것은 극히 어려운 일이었다. 정부에 여러 가지 방식으로 요청하고 황제가 허락하고서야 가능했다. 그리고 일반인들이 접근하는 것은 거의 불가능했다. 빈가정사에서 간행한 대장경은 흔히 『빈가장』으로 불린다. 정식 명칭은 『빈가정사교간대장경(頻伽精舍校刊大藏經)』이다. '빈가정사에서 교감하여 간행한 대장경'이라는 의미다. 중국 최초의 납활자본 대장경이다. 경율론 삼장으로 뼈대를 잡고 대승을 앞에 두고 소승은 뒤에 두는 방식을 취했다. 대승 경장은 화엄·방등·반야·법화·열반 다섯으로 분류를 했다.

『빈가장』의 저본은 일본 도쿄 홍교서원(弘教書院)에서 1880년 시작하여 1885년 완성한 『대일본교정축쇄대장경』이다. 의미는 "위대한 일본에서 교정하고 축쇄하여 간행한 대장경"이다. 흔히 『축쇄장』 혹은 『홍교장』으로 불린다. 근대적 출판기술에 힘입어 간행된 최초의 대장경이라고 할 수 있다. 이 『축쇄장』 이후 일본에서는 『만정장경(卍正藏經)』(1902-1905), 『만속장경(卍續藏經)』(1905-1912)이 간행됐고, 『대정신수대장경(大正新修大藏經)』이 일본 다이쇼(大正) 13년인 1924년 시작하여 1934년에 완성된다. 『축쇄장』과 『대정장』은 모두 『고려대장경』을 저본으로 해서 당시까지 유통된 다양한 판본과 비교하여 정본을 만들고 거기에 구두를 가해 편찬했다.

『축쇄장』은 명나라 지욱이 쓴 『열장지진(閱藏知津)』을 근거로 하여 천태종의 교판에 따라 경전을 분류했다. 『열장지진』은 글자 그대로 대장경[藏] 열람[閱]을 위한 정보[知]이자 나루터[津] 같은 역할을 한다. 『빈가장』도 『열장지진』의 분류법을 따랐다. 간행위원회에서는 『홍교장』을 저본으로 해서 그것을 『가흥장』이나 『용장』 등과 대교하였고, 1909년 겨울 교감을 완료하고, 1912년 봄 인행했다. 경전 교감은 대단히 고단한 작업이다. 한 텍스트를 교감하려고 하면 기본이 되는 저본을 확정하고 현존하는 여러 판본과 한 글자씩 대조하며 글자나 형식의 잘잘못을 따진다. 그렇게 해서 가장 정확한 텍스트를 만든다. 요즘 말로는 비판교정본이라고 한다. '교감'은 문헌고증을 의미한다.

근대 중국에서도 『빈가장』 이후 몇 차례 대형 불서 간행이 있었다. 베이징 거사림의 일원인 예공춰(葉恭綽)는 1923년 베이징 상무인서관(商務印書館)에서 일본에서 간행한 『만속장경』을 영인 출판했다. '속장경'은 기존 대장경에 포함되지 않은 다양한 주석서를 망라했다. 일본에서는 '정'장경과 '속'장경이라는 표현으로 구분했다. 비록 『만속장경』이 일본에서 출판된 것이지만 그 속에는 중국에서 이미 사라진 중국 불교 전적이 상당수 포함되어 있었다. 중국인들에게는 조상의 진귀한 글을 역수입한 격이었다.

1930년 시안에서 송나라 판본의 대장경인 『적사장(磧沙藏)』이 발견됐다. 예공춰와 장웨이차오 등이 발기하여 1931년부터 1935년까지 『적사장』 500부를 영인했다. 1933년 산시(山西) 자오청현(趙城縣) 광승사(廣勝寺)에서 금나라 대장경이 발견됐다. 이 대장경을 나중에 당시 국가 이름을 따서 『금장』이라고 하거나 발견된 지역 이름을 따서 『조성장』이라고 했다. 베이징 거사 조직인 삼시학회(三時學會)가 『적사장』에서 빠지거나 훼손된 부분을 이 『금장』에서 뽑아 『송장유진(宋藏遺珍)』(전3권)이라는 이름으로 따로 간행했다. 송나라 대장경[宋藏]에서 빠진[遺] 진귀한 부분[珍]을 『금장』을 통해서 되살렸다고 할 수 있다.

　승려 교육과 불교 근대화

섭산 서하사 중창

불교 전적은 끊임없이 간행하고, 교감하지 않으면 어느 순간 사라지고 만다. 꼭 불교 전적만이 아니라 모든 텍스트가 다 그럴 것이다. 불교사에서 보면 제목만 남고 텍스트는 사라진 경우가 엄청나게 많다. 눈길이 가지 않고, 손길이 닿지 않으면 그만 시들거나 잊히고 마는 법이다. 비단 책뿐이 아니다. 사람도 마찬가지다. 쉼 없이 배우고 또한 가르쳐야 한 사람이 또 한 사람이 되고, 그리고 또 한 사람이 되어 하나의 흐름이 된다. 쯍양은 1914년 위에샤(月霞)를 도와 애려원 내에 '화엄대학'을 설립한다. 상하이의 뜻있는 불교 인사가 참여했고, 뤄자링이 지원했다. 불교와 일반 학문을 병행했고, 수행과 경전 공부를 병행했다.

1914년 장쑤 전장 서북쪽에 위치한 금산(金山) 강천사(江天寺)의 소임자들이 합동으로 쯍양에게 강천사의 법석을 맡아달라고 부탁했다. 쯍양은 빈가정사의 일을 마무리 짓고 강천사 수좌(首座)가 되었다. 강천사는 고려시대 대각국사 의천이 머문 곳이고, 남송대 선승이자 『벽암록』의 저자인 원오극근이 머문 곳이기도 하다. 강천사는 전통적으로 법맥을 중시하는 신종총림이었다. 딩시 법맥을 이은 징고가 깅친사를 실제 장악하고 있었다. 쯍양이 사찰을 혁신적으로 운영하고자 했을 때, 충돌이 있었다. 일 년이 안 돼 자리에서 물러나고 금산 영사당(咏思堂)에서 폐관에 들었다.[37]

쯍양은 폐관 동안 다양한 불경을 읽었다. 어지럽게 뛰어다닐 때는 보지 못한 것들이 눈앞에 툭툭 뛰어나왔다. 그는 금산에 있는 동안 상하이에서 함께 활동하던 인사와 일체 연락을 끊었다. 1911년까지 그들은 중국혁명의 동지였지만, 혁명 이후 그들이 권력자가 되어가는 행

태에 적잖게 실망했다. 오로지 장타이옌과 서신 왕래로 불법을 이야기
할 뿐이었다.•38 장타이옌은 『쑤바오』 사건'으로 1903년부터 1906년까
지 상하이 감옥에 갇혀 있으면서 본격적으로 불교 공부를 했고, 그때
쯍양이 여러모로 지원했다. 승속으로 나뉘었지만 마치 형제 같은 우애
를 나누었다.

1918년에는 양런산의 제자 어우양징우(歐陽境無, 1871-1943)가 장타
이옌 등 불교계 인사들과 협의하여 난징 금릉각경처 내에 '지나내학원'
설립을 준비했다. 이를 위해서 쯍양은 직접 경비 모금에 나서기도 했
다. 뤼청이나 왕언양, 슝스리 등 지나내학원 출신자들은 보이지 않는
곳에서 쯍양과 연이 닿아 있었다. 그해 쯍양은 난징 섭산(攝山) 서하사(栖
霞寺)를 방문했다. 서하사는 중국 위진남북조시대인 489년 건립된 사찰
로 고구려 출신 고승 승랑(僧郎)이 삼론학의 기틀을 잡은 곳으로도 유명
하다. 하지만 쯍양이 서하사를 방문했을 때, 그곳은 태평천국운동으로
심각하게 훼손된 상태였다. 당시 서하사 주지 법의(法意) 화상은 쯍양이
서화사 중창불사의 적임자라고 생각하고 주지 자리를 맡아줄 것을 간
곡하게 청했다.

1920년 쯍양은 서하사 주지를 맡고 대찰의 옛 모습을 되찾기 위해
노력했다. 쑨원은 은(銀) 1만 원을 시주해서 옛 동지의 불사를 도왔다.
쑨원이 중국혁명을 위해 외국에서 동분서주하며 어려울 때 쯍양은 여
러 차례 도움을 준 적이 있다. 이런 것이 인연이리라. 굳이 빚을 갚는
다기보다 정성이 오고 가면서 의미가 확대되는 게 아닐까 한다. 쯍양
은 서하사의 중창불사를 완수하지 못하고 이듬해 과로로 쓰러진다. 수
십 년 열정으로 산 오목산승 쯍양은 섭산 서하사에서 입적한다.

혁명 동지이자 불교 도반인 장타이옌이 '서하사인릉선사탑명'이라

　　　　　　　　　　　　　승려 교육과 불교 근대화

고 부도탑의 탑명(塔銘)을 쓴다. 혼란한 시대를 살면서 격정이 없기란 참 힘들다. 격정 속에서도 자신을 잃지 않기란 더욱 힘들다. 출가자의 신분으로 정치 일선에 뛰어들었고, 매우 구체적인 언급을 서슴지 않은 쫑양이었다. 하지만 언제나 불교의 마음 울타리 안에 있었다. 그것이 그의 한계이자 자랑이었다.

07

불교 혁신의 선봉, 타이쉬

1922년 9월 1일 타이쉬는 후베이 우창(武昌)에서 불교계 인사들의 적극적인 지원에 힘입어 '무창불학원'을 설립하여 수업을 시작한다. 무창불학원은 중국 불교 최초로 교육과 연구, 그리고 도서관과 출판부 등 종합적인 기능을 갖춘 근대적 불학원이다. 이곳은 어우양징우가 이끈 난징의 지나내학원과 쌍벽을 이루면서 발전했다.

신선의 꿈

'시대에 획을 그었다'는 말이 있다. 어떤 사건이나 어떤 사람이 한 시대를 매듭짓고 새로운 시대를 연다는 의미다. 이런 말을 사람에게 쓰면 대단한 찬사다. 아인슈타인은 고전물리학의 끝이었고, 현대물리학의 시작이었다. 이런 일은 각 분야마다 존재한다. 대단한 발명가나 아니면 위대한 정치가가 새로운 과학정신이나 새로운 시대정신을 이끌기도 한다. 이런 게 역사의 매듭이다. 하지만 저들이 허공에 내젓는 터무니없는 주먹질로 세상을 바꾼 것은 아니다. 마치 쇠 정으로 바위를 가르듯 엄청난 기세로 시대를 갈라놓았다. 그들에게는 앎이나 배려보다는 먼저 용기가 필요했다.

종교가도 마찬가지다. 백 척(尺)의 장대 끝에서 슬그머니 내려오고, 용맹정진의 마지막 순간에 두려움으로 물러선다면 만날 제자리일 것이다. 파도 없고 바람 없이 대양을 건너겠다는 꼴이다. 불굴의 의지로 자신뿐만 아니라 일체 습속을 돌파할 때야 종교적 성취를 맛볼 수 있다. 봉건중국의 끝자락에서 많은 사람이 구시대를 마감하고자 노력했다. 많은 이가 피를 뿌렸고, 이름 모를 숱한 인간들이 들판에 널브러졌다. 불교인들도 마찬가지였다. 봉건중국이 무너졌지만 여전히 구태에 사로잡혀 있던 불교계를 혁신하고 새로운 불교를 건설하고자 투쟁한 이도 있다. '인간불교'라는 이름으로 불교 근대화를 추동한 타이쉬(太虛,

근대 중국 불교의 상징인 타이쉬는 1890년 저장 하이닝현(海寧縣) 창안진(長安鎭)에서 태어났다. 속성은 뤼(呂)였고 이름은 깐썬(淦森)이었다. 아버지는 기와 공장 기술자로 일했다. 깐썬이 채 한살이 안 됐을 때 부친은 사망하고, 다섯 살 무렵 어머니는 개가했다. 이때부터 외할머니와 함께 생활했다. 외할머니는 도교를 신봉했다. 깐썬은 고향 근처에 있는 도교 암자에 거처하면서 외숙부에게 글을 배웠다. 아홉 살이던 1897년 외할머니를 따라 안후이 구화산과 전장 금산사를 방문했다. 이듬해에는 보타산, 천동사, 아육왕사 등지를 참배했다. 향 연기 때문에 잘 보이지도 않는 부처님을 향해 열 살 꼬마는 연신 머리를 조아렸다. 아이는 할머니가 그러하듯 불교인지 도교인지 알 수 없지만 불가사의한 힘에 귀의했다.

깐썬은 열세 살 때부터 창안진의 한 상점에서 일을 배웠다. 학질에 걸려 일을 그만두고 암자로 돌아와 휴양하면서 공부를 했고, 이듬해 다시 창안진으로 나가 상점에서 일했다. 열네 살 무료한 일상을 달래준 것은 소설이었다. 상점 주인이 읽고 던져둔 『칠협오의(七俠五義)』나 『수호전』 등 무협지를 읽었다. 책을 읽노라면 답답한 일상을 벗어날 수 있었고, 용기를 얻을 수 있었다. 왠지 모를 기상이 솟구쳤다. 고독함도 떨칠 수 있었다. 이렇게 10대를 보내던 깐썬은 1904년 열여섯 나이로 출가를 결심한다. 그는 나중에 『나의 종교 경험』이라는 글에서 자신의 출가 동기를 이렇게 밝혔다.

내가 처음 출가하려 했을 때, 비록 갖가지 이유가 있었지만 가장 주된 동기는 신선과 부처를 구분하지 못해서였다. 실은 신통력을 얻고자 출가했다. •39

깐썬은 여전히 어렸다. 소설 속에 나오는 협객처럼, 무협지에 등장하는 영웅처럼 구름을 타고, 바람을 일으키며, 비를 내리는 신선이 되고자 했다. 수많은 사람이 참배하는 저 거대한 사원의 주인은 이런 신통력을 부릴 수 있을 거라고 생각했다. 깐썬은 처음엔 저장의 보타산으로 가 출가하려 했지만 결국 쑤저우 무두(木瀆) 소구화사에서 스다(士達)를 스승으로 출가했다. 법명은 웨이신(唯心)이었다. 스다는 제자를 다시 닝보에 있는 자신의 스승 장녠(奘年)에게 보냈다. 장녠은 병약한 깐썬에게 타이쉬(太虛)라는 법호를 지어 주었다. 그 무엇에게도 붙들리지 않는 허공 같은 신체를 당부했다. 장녠은 이후 줄곧 타이쉬에게 단단한 버팀목이 된다. 겨울 타이쉬는 닝보 천동사에서 팔지두타 징안을 계사로 구족계를 받았다.

이듬해인 1905년 천동사 주지 징안의 소개로 영풍선원(永豊禪院)에서 슈이위에(水月)에게 『법화경』을 배웠고, 그곳에서 『지월록』이나 『고승전』, 그리고 『능엄경』 등을 읽었다. 1906년 천동사로 돌아와서 다오제(道階)에게 『법화경』 강의를 들었다. 다오제는 천태학을 기본으로 했지만 화엄학과 유식학까지 포섭하여 강의를 했다. 당시 징안의 초청으로 천동사에 머물면서 대승경전과 중국 불교의 핵심적 교학을 가르쳤다. 타이쉬는 영풍선원과 천동사를 오가면서 1907년까지 『능엄경』 등 다양한 강의를 들었다. 이해에 타이쉬는 위안잉(圓瑛)의 소개로 닝보 원시(汶溪) 서방사에서 공부했다. 서방사 장경루(藏經樓)에 자리를 잡고 경전을 열심히 읽었다.

불교혁명의 선동

1908년 봄 화산(華山)이라는 법명을 가진 승려가 서방사를 방문했다. 그는 신학문의 세례를 받았고, 혁명사상에 경도되어 있었다. 약관의 나이로 아직 삶이 뭔지, 세상이 어떠한지, 중국은 어떠한 나라인지 알지 못하는 타이쉬에게 화산은 세상으로 난 통로였다. 화산은 세계정세와 중국의 처지, 불교계의 피폐와 개혁의 필요성, 불교 근대화의 방법 등을 타이쉬에게 연설했다. 승려로서 이제 겨우 모양을 갖추려는 타이쉬에게는 무서운 이야기였다. 세상이 그리도 위태롭고, 불교계가 그토록 부패한가? 화산은 타이쉬가 이전까지 접하지 못한 책들을 던져 주었다.

화산의 품에서 나온 책은 캉유웨이의 『대동서』, 량치차오의 『신민설』, 장타이옌의 『불자에게 고하는 글(告佛子書)』과 『거사들에게 고하는 글(告白衣書)』, 옌푸의 『천연론』, 탄쓰퉁의 『인학』 등이었다. 타이쉬는 이런 책을 읽고 나서 심중에 불덩이가 하나 생겼다. 불교로써 세상의 모든 질곡과 속박을 물리치자고 외친 탄쓰퉁. 불교로써 중국을 계몽하자고 외친 량치차오. 불교로써 중국을 혁명하자고 외친 장타이옌. 불교로써 세상을 구하겠다는 불교구세 사상의 대표자들이 타이쉬 한 몸에 겹쳤다. 같은 해 타이쉬는 소구화사에서 혁명승 시윈(栖雲)을 만난다. 시윈은 팔지두타 징안의 제자로 일본에서 유학할 때 혁명단체인 동맹회에 가입한 인물이다. 타이쉬는 그를 통해서 동맹회 기관지 『민보』나 량치차오가 일본에서 간행한 『신민총보』, 쩌우룽이 쓴 『혁명군』 등을 읽었다. 불교로써 세상을 구제하겠다는 불교구세 정신은 커져만 갔다.

1909년 봄에 화산과 시윈의 권유에 따라 양런산 거사가 난징 금릉각경처 내에 설립한 '기원정사'에 입학했다. 타이쉬는 승속의 도반과 함께 약 반 년간 이곳에서 공부했다. 그는 근대 최초의 신식 불교교육을 경험했고, 이곳에서 훗날 불교계를 이끌 인물들을 만났다. 타이쉬는 그해 연말을 서방사에서 보냈다. 이듬해 봄 시윈과 함께 광저우로

　　　　　　　　　　　　승려 교육과 불교 근대화

갔다. 쑨원 세력의 근거지이기도 한 광저우에서 짙은 혁명의 기운을
감지할 수 있었다. 광저우 불교계 인사들과 교류했는데, 특히 양런산
거사의 제자이자 당시 광저우 사법기관에 근무하고 있던 메이광시(梅光
羲, 1880-1947)를 만났다. 메이광시는 새로 간행된 중국 법상종의 주요 텍
스트인『성유식론술기』를 타이쉬에게 선물했다.

1911년 10월 10일 후베이 성 우창(武昌)에서 혁명군이 봉기했다.
뜻밖에도 각 성은 독립을 선언하여 청 정부가 무너졌다. 이른바 신해
혁명이었다. 1912년 1월 1일 쑨원이 난징에서 임시 대총통에 취임하
고 중화민국이 건국됐다. 타이쉬는 정치적 변화와 맞물려 불교계 혁신
을 시도했다. 그는 난징으로 가서 불교협진회(佛敎協進會)를 조직하고, 비
로사(毘盧寺)에 사무처를 마련했다. 불교계가 협력하여 진보를 도모하겠
다는 취지였다. 타이쉬는 기원정사 동학인 런산(仁山, 1887-1951)과 함께
전장의 대찰 금산사에서 성립대회를 치르고자 했다. 하지만 대회 당일
불교계 신구 세력 간 대립으로 충돌이 일어났다. 불교협진회는 전혀
활동할 수 없었다. 그는 나중에『나의 불교 혁명 실패사』에서 당시 상
황을 이렇게 묘사했다.

나의 불교 혁명 명성은 이 일로 퍼져나갔다. 어떤 사람들은 존경했고, 어
떤 사람은 놀라고 두려워했고, 어떤 사람은 혐오했고, 어떤 사람은 안타
까워했다. •40

불교 개혁을 향한 타이쉬의 첫 시도는 보기 좋게 실패했다. 4월 천
동사의 고승 징안이 불교계의 권익을 보호할 요량으로 상하이에서 중화
불교총회를 조직하고 타이쉬를 불렀다. 징안은 금산사 사건을 듣고 제

자 타이쉬의 무모함을 나무랐다. 불교협진회 활동을 멈출 것을 권했다. 1913년 1월 중앙 정부에 불교계 재산을 보호해 줄 것을 요구하던 팔지 두타 징안이 베이징에서 돌연 입적했다. 1913년 2월 2일 상하이 정안사(靜安寺)에서 개최된 징안 추도회에서 타이쉬는 '불교3대혁명'을 발표했다. "교리혁명(教理革命)·교제혁명(教制革命)·교산혁명(教産革命)"이다. 당시 불교에 대해 사상, 제도, 경제 세 측면에서 전면적인 반성의 요구이자 새로운 불교에 대한 강렬한 염원이었다. 타이쉬는 나중에 『나의 불교 개혁 운동 약사』에서 자신의 불교 개혁 운동의 핵심을 말한 적이 있다.

> 중국에서 장래 불교를 대표할 승려와 사찰은 마땅히 봉건적 조건 아래 형성된 구습을 혁파하고 원래 부처님이 남긴 가르침[遺教]을 근본으로 해서 현 시기 중국 환경에 적합한 신불교를 건립해야 한다. •41

타이쉬는 불교 개혁 운동의 실패와 믿고 따르던 고승 징안의 죽음에 크게 동요했다. 과연 이 집단을 위해서 자신의 삶을 바쳐야 할지 회의했다. 결국 그는 폐관을 결심했다. 1914년 8월에 저장 보타산에 도착했다. 법우사 주지 랴오위(了餘)가 타이쉬를 위해서 석린선원(錫麟禪院)에 처소를 마련해 주었다. 10월에 폐관에 들었는데 법우사에 주석하고 있던 정토행자로 이름 높았던 고승 인꽝(印光, 1861-1940)이 와서 도왔다. 폐관 이후 참선하고, 예불하고, 독서하고, 글을 썼다. 수행자의 본분을 하나씩 짚으면서 때론 섣부르고, 때론 억지스러웠던 자신을 살폈다. 감당하지도 못할 불덩이를 품고 다녔던 그였다. 이제 그것을 다루는 기술을 배워야 했다.

처음에는 천태, 화엄, 선종, 정토에 관한 서적을 읽었다. 『능엄경』과 『대승기신론』에 특히 마음이 갔는데 여기서 중국 불교의 핵심을 파악했다. 세간의 학문으로는 신·구 서적을 함께 섭렵했다. 옌푸의 번역서나 장타이옌의 문장을 여러 번 정독했다. 그래서 폐관 중에 문장을 쓸 때 장타이옌과 옌푸의 영향이 자못 컸다. [42]

책읽기와 글쓰기는 자신을 벼리는 숫돌 같은 거다. 산사의 새벽 범종소리에 하늘이 하나씩 열리듯 볼품없던 책 한 권에 새로운 세계가 하나씩 열린다. 책읽기를 통해서 생각하고, 글쓰기를 통해서 생각을 다루는 방법을 터득했다. 이제 불덩이에 자신이 데지 않을 수 있었다. 타이쉬는 어우양징우를 위시한 지나내학원 그룹이 선종이나 정토 혹은 『능엄경』이나 『기신론』 같은 중국 불교 전통 자체를 회의하고 비판한 것과 달리 거기서 불교의 가치와 이론 근거를 찾았다. 지나내학원 그룹이 요즘 말로는 비판불교의 형식을 취했다면 타이쉬는 통합적이고 온건한 방식을 취했다고 할 수 있다. 그가 중국 불교 전통 속에서 생활하고 공부한 승려라는 점과 관련될 것이다.

1915년 중앙정부가 31개 조항의 『관리사묘조례(管理寺廟條例)』를 공포했다. 정부가 직접 승려와 사찰 재산을 관리하겠다는 의도였다. 청말부터 계속된 이른바 '묘산흥학'(사원이나 도관의 재산으로 학교를 짓자!)의 구호로 끊임없이 불교와 도교의 재산을 강탈했다. 타이쉬는 직접 나설 수는 없었지만 『정리승가제도론(整理僧伽制度論)』을 지어 자신의 생각을 정리했다. 그는 황제나 국가 권력이 실질적으로 종교 수장까지 겸하는 봉건적 행태에서 벗어나야 한다고 생각했다. 이 글은 1919년 『각사총서』에 발표되어 타이쉬의 불교론으로 간주됐다. 타이쉬는 중국 불교의 현실과 장래에 대해 조금씩 자신의 생각을 정리했다. 폐관 3년째인 1917년 출관을 선언하고 석린선원을 나온다.

승려 교육과 무창불학원

타이쉬는 출관 이후 본격적으로 활동에 나선다. 소년 때 신선 같은 신통력을 배우려고 삭발을 했던 그였다. 그는 3년간 폐관으로 고요와 견고함이라는 신통력을 얻었다. 용기만이 아니라 용기를 다루는 기술과 그것을 현실로 만들 지혜를 배운 셈이다. 1918년 8월 불교 거사인 장타이옌, 왕이팅(王一亭, 1867-1938)과 상의해서 '각사(覺社)'를 설립했다. 각사는 '전문서 출판, 총간 발행, 불교 강연, 수행 실습'을 종지로 했다. 11월에 계간인 『각사총서』을 발행했고, 1920년 2월 월간 『해조음(海潮音)』으로 전환하여 항저우에서 정식으로 간행했다.

『능엄경』이나 『법화경』 등 불교 경전에서는 부처나 보살의 자비로운 음성을 바다의 물결 소리로 비유하곤 한다. 타이쉬는 "해조음은 다른 게 아니다. 바로 인간의 바다[人海]에서 일어나는 온갖 생각의 파도[思潮] 속에서도 울리는 깨달음의 음성[覺音]"이라고 말한다. 아울러 "대승불교의 참된 의미를 드날리고 현대 사람들의 마음을 바르게 인도하는 것"으로 종지를 삼았다. •43 타이쉬 입적 후인 1949년 제자 따싱(大醒)이 『해조음』을 타이완으로 옮겨 가 계속 간행했다. 아직도 『해조음』이 간행되고 있으니 90여 년 풍상을 겪은 중국에서 가장 오래된 불교 간행물이다.

1919년 양런산 거사에 이어서 금릉각경처를 운영하고 있던 어우양징우가 '지나내학원' 설립 작업을 본격적으로 시작했다. 주비위원회에서 발표한 '지나내학원 간장(簡章)'에서 "본 내학원은 불교를 선양하고 불법을 홍포하고 사회에 도움이 되는 인재를 양성하는 것을 종지로 하지 출가하여 자신의 이익만을 기도하는 인사를 양성하고자 하지는 않는다"고 못 박았다. 분명하게 거사불교의 기치를 올린 셈이다. 타이쉬는 '지나내학원'의 설립 의도에 놀랐다. 자신이 보기에는 마치 출가자를 배제하려는 듯 보였다. 그는 "과연 출가가 자신의 이익만을 위한 것인지" 어우양징우에게 물었다. 결국 이 부분이 빠진 새로운 '간장'이 마련된다. 이 일을 계기로 타이쉬는 현대적인 불교 인재를 배양할 불학원 설립을 적극적으로 모색했다.

1922년 9월 1일 타이쉬는 후베이 우창(武昌)에서 불교계 인사들의 적극적인 지원에 힘입어 '무창불학원'을 설립하여 수업을 시작했다. 무창불학원은 중국 불교 최초로 교육과 연구, 그리고 도서관과 출판부 등 종합적인 기능을 갖춘 근대적 불학원이다. 이곳은 어우양징우가 이끈 난징의 지나내학원과 쌍벽을 이루면서 발전했다. 불교 경론뿐만 아니라 불교사, 중국철학, 인도철학, 중국어, 일본어, 영어 등을 가르쳤다. 스이루(史一如, 1876-1925), 탕따위안(唐大圓), 따용(大勇, 1893-1929) 등 승속이 함께 강의했고, 학생들도 승속 구분 없이 받았다. 승가를 개혁할 승려 학생도 필요했고, 재가불교회를 이끌 거사도 필요했다. 첫 입학생 가운데 파쭌(法尊, 1902-1980)같이 이후 불교계를 이끈 인물이 많았다. 타이쉬는 나중에 자신의 무창불학원 기획을 이렇게 말했다.

제1회 모집생은 속성으로 교사 인원으로 키우고 나서, 우수한 자는 불학원에 남겨 불교 연구에 매진토록 하고자 했다. 제2회는 출가자만 모집하여 율의로써 훈련하여 불학원을 새로운 개념의 사찰로 만들고자 했다. [44]

○

도사같은 신통력을 얻으려 출가했지만 수행으로 중국불교
혁신이라는 신통력을 발휘한 불교개혁의 상징 타이쉬. 그
가 바로 근대 중국 불교의 실험이었다. 중국 불교의 현재는
그를 기억한다.

타이쉬는 중국 불교가 좀더 안정된 체계를 갖추길 바랐다. 그가 보기에 교육을 통한 인재를 양성하는 게 급선무였다. 더구나 교사 자원을 확보하여 그들이 각지로 흩어져 교육사업에 종사하도록 하고 싶었다. 그가 이후 여러 곳에서 불학원을 설립하고 제자를 기른 까닭은 바로 이런 이유 때문이다. 열성적으로 무창불학원을 운영하던 타이쉬는 1924년 9월 돌연 원장직에서 사직한다. 운영과정에서 어려움과 위장병 때문에 더 이상 자리를 지킬 수 없었다. 1926년 이른바 '북벌'을 단행한 중국 국민당 군대가 우창에 입성했다. 우창은 전시체제 아래서 모든 것이 비정상적으로 운영됐다. 무창불학원을 지원하던 이사회도 작동하지 않아 결국 불학원 업무도 멈춘다.

1924년 7월 타이쉬는 뤼산에서 거행된 세계불교연합회에 참석하여 중화불교연합회를 발기했다. 이듬해인 1925년 10월 일본에서 개최된 동아불교대회에 불교대표단을 이끌고 참석했다. 일본불교의 주요사찰이나 기관뿐만 아니라 도쿄제국대학 등을 방문했다. 일본불교계 인사들과 여러 차례 회동하여 불교에 대한 자신의 생각을 밝혔다. 당시 일본불교학계를 대표한 난조 분유, 이노우에 엔료, 무라카미 센쇼, 스즈키 다이세즈, 키무라 타이켄 같은 학자들과 만났다. 속화된 일본불교에 실망했지만 유럽 유학을 통해 근대적인 불교학을 습득하고, 끊임없이 불교를 세계화하려는 그들의 노력이 인상 깊었다. 그는 귀국 후 중국에 국제적인 불교 조직 건설을 제안했고, 1926년 7월에는 먼저 세계불교도서관 설립을 추진했다.

1927년 4월 타이쉬는 샤먼(廈門) 남보타사 주지로 취임하였다. 남보타사 부설 '민남불학원(閩南佛學院)' 원장을 겸직했다. 민남불학원의 학생 모집 간장(簡章)에서 "불교계를 이끌 지도자급 승려를 배양하여 불법을 널리 펼치고 중생을 이롭게 하는 것을 종지로 한다"고 밝혔다. 자격 있는 승려를 배양하는 것을 목적으로 했다. 타이쉬는 무창불학원에서 못다 한 꿈을 민남불학원에서 펼쳤다. 불교계에서 민남불학원의 파급력은 대단히 컸다. 전국 각지 사찰에서 젊은 승려를 뽑아 보냈다. 중국 근현대 가장 뛰어난 학승인 인순(印順)도 출가한 지 오래지 않아 이곳에 온다. 인순은 타이쉬 입적 이후 그의 연보를 작성할 정도로 타이쉬에게는 특별한 제자였다.

1930년 9월 타이쉬는 세계불학원(世界佛學苑) 소속의 백림교리원(柏林敎理院)을 베이징 백림사에 설립했다. 또한 1930년 쓰촨 충칭(重慶)에서 티베트 불교와 한족 불교를 함께 연구하는 한장교리원(漢藏敎理院) 개원을 결의했고, 이듬해 이사회를 발족했다. 한장교리원은 1920년대부터 불교계에서 확대된 티베트 밀교에 대한 관심의 결과였다. 또한 정계에서는 티베트의 정치적 중요성을 강하게 인식하면서 어떤 식으로든 티베트 불교를 이해하고자 했다. 1932년 8월 20일 충칭 교외 진운사(縉雲寺)에 세계불학원 소속의 한장교리원을 개원했다. 중국 최초로 티베트 불교를 전문적으로 공부하고 연구하는 단체가 설립되었다.

당시 중국인들에게 티베트는 외국이나 다름없었다. 중국인이 티베트에 들어가려면 까다로운 절차를 거쳐야 했고, 티베트에 도달하더라도 대단히 힘들게 생활해야 했다. 티베트 유학을 준비하면서 쓰촨의 티베트 사찰에서 공부하고 있던 따용(大勇)이 1929년 입적했다. 타이쉬의 무창불학원 제자 파쭌(法尊)이 쓰촨의 티베트 사원에 수년간 머물다가 1931년 10월 기어이 라싸에 도착했다. 근대 중국 불교에서 최고의 번역승으로 불리는 파쭌은 이렇게 티베트 불교와 중국 불교의 교량이 된다. 그런 그가 1934년 가을 타이쉬의 부름을 받아 한장교리원에 도착한다. 파쭌이 오고 나서야 한장교리원은 본격적인 교육과 연구가 진행됐다.

　　　　　　　　　　　　　　　

인간불교의 제창

타이쉬가 승려 사회를 제도적으로 개혁하고, 불학원을 설립하여 자질과 품성을 갖춘 승려를 배양하려는 것은 궁극적으로는 불교의 가치를 사회에서 실현하기 위해서다. 훌륭한 승가가 형성되고, 뛰어난 승려가 출현한다고 해서 불교의 목적이 종결되는 건 결코 아니다. 그는 중생들이 사는 사회에서 불교가 분명한 의미를 갖기를 바랐다. 때론 종교로서, 때론 이상적인 문화로서 자신의 역할을 담당하길 염원했다. 이런 타이쉬의 불교관을 대표하는 말은 아마도 '인간불교'일 것이다. 어떻게 보면 너무도 당연하다고 할 수 있고, 어떻게 보면 "굳이 인간이냐? 차라리 중생불교라고 해야지 않느냐?"고 힐난할 수도 있겠다. 하지만 봉건사회가 근대로 전환하는 시기에 타이쉬는 불교의 역할을 보다 분명히 제시하고자 했다.

지금까지 연구자들 사이에 인간불교에 대한 여러 분석이 있었지만 "'인간불교'라는 개념으로 타이쉬의 불교 개혁운동 전체를 통칭한 것"[45]으로 보는 게 가장 적절하다고 본다. 그가 '인간불교' 개념을 꺼내기 선에노 사실은 그는 그렇게 활동했다고 할 수 있다. 1913년 불교 3대 혁명을 외칠 때도 이런 입장은 분명했다. 그는 "앞으로 불교는 사후 문제에 매달려 이러쿵저러쿵 할 게 아니라 응당 현생의 문제에 주의를 기울여야 한다"[46]고 생각했다. 불교가 실감의 영역인 현생을 문제 삼아야 한다는 것은 어쩌면 당연한 이야기다. 그런데 그때는 그렇지 못했다. 많은 승려들이 내생의 복락에 대해 이야기했다. 타이쉬는 그것을 거절했다. 그는 인간불교를 이렇게 정의한다.

인간불교는 인간이 인류사회를 떠나서 신이나 귀신이 되게 하는 게 아니
고, 또한 모두 출가시켜 산속에서 승려로 살게 하자는 것도 아니다. 그것
은 불교의 도리로써 사회를 개량하고 인류가 진보하게 하여 세계를 개선
하는 불교이다. [47]

타이쉬는 불교가 인류 사회에서 의미 있는 몸짓이기를 바랐다. 그
는 봉건사회의 습속을 일소하고 진보된 사회를 만들어야 한다는 계몽
가적인 꿈을 꾸었다. 승려로서 그리고 한 명의 불교도로서 타이쉬는
불교가 그 역할을 담당할 수 있으리라 확신했다. 하지만 불교계 현실
은 그리 녹녹치 않았다. 그는 끊임없이 불교계와 불화하면서도 끊임없
이 개혁을 시도했다. 비록 자신의 불교개혁 운동을 '실패'로 규정했지
만 이후 그의 노력은 중국 불교의 한 흐름을 만들었다. 불교를 통한 세
계주의적 입장에 서지만 그렇다고 현재 인간의 다양한 위치를 무시하
려 들지는 않았다. 구체적 사실은 사실로서 확인해야 했다.

1928년 여름 타이쉬는 상하이에서 행한 강연에서 자신의 불교관
인 '계리계기(契理契機)'의 원리를 제시했다. 불교에서는 '대기설법'이라는
말을 한다. '대기(對機)'는 상대방의 수준이나 상황(機)에 대응한다(對)는 말
이다. 이 능력을 방편이라고 말한다. 그래서 설법할 때는 상대방의 상
황에 잘 들어맞는 적절함이 있어야 한다.

불학은 불타가 깨달은 진리(理)와 중생의 각각 다른 상황(時機)이 구성한 것
이다. 그래서 불학에는 두 가지 원칙이 있다. 첫째, 진리에 계합해야 한
다. 둘째, 상황에 맞아야 한다. 진리에 계합하지 않으면 불학의 본질을 상
실하고, 상황에 맞지 않으면 불학의 작용을 상실하고 만다. [48]

　　　　　　　　　　　　　　　승려 교육과 불교 근대화

타이쉬는 자신이 주창한 인간불교의 내용을 '계리계기'라는 말로 단순명쾌하게 나타냈다. 타이쉬가 말하는 '시기'는 "지역, 시대, 생류, 민족 각각의 상이한 풍속 혹은 사상문화 등"을 가리킨다. 타이쉬는 철저하게 현실에 조응하는 불교를 말한다. 그렇다고 현실과 무턱대고 타협하라는 이야기는 아니다. 만약 그가 그런 식으로 조화를 생각했다면 그렇게 불교계와 불화하지 않았을 것이다. 그는 오히려 현재를 사는 중생들을 돌보지 않는 불교계를 비판했다. 저들의 삶에 직접 다가서지 않고, 보이지 않는 복락을 말하고, 사후 세계에 대한 두려움이나 희망을 턱없이 키우는 짓을 성토했다. 그래서 그는 '인승정법'(人乘正法)이라는 표현도 썼다.

타이쉬의 불교는 다분히 계몽적이다. 봉건적 습속에 젖어 있던 불교계를 개혁하고 새로운 불교를 건설하는 것을 자신의 임무로 삼았다. 1947년 입적할 때까지 쉼 없이 불교계몽가로서 자신의 역할을 수행했다. 이후 혼란 속에서 그의 기획이 성공했다고는 말할 수 없지만 분명하게 불교계를 각성시킨 것은 사실이다. 전통적인 불교 교육이나 제도에서 탈피하여 근대사회에 적합한 방향으로 조금씩 중국 불교는 변화했다. 1947년 3월 타이쉬는 상하이 옥불사에서 입적했다. 1949년 사회주의 중국이 들어서기 전 불교 근대화를 위해 동분서주한 고승 타이쉬. 비록 그의 불교개혁이 빛나는 결과로 완성된 것은 아니지만 거대한 인연이 되어 지금까지 작동하고 있다.

08

불교 현대화의 기수, 쥐잔

쥐잔은 승려 이전에 한 명의 지식인으로 그 시대를 살았다. 불교계의 여러 조직에 관여하여 꽤나 바쁜 일상을 보냈지만 읽고 쓰는 일에 게으르지 않았다. 쥐잔은 지나내학원에서 주로 인도 대승불교를 학습했다. 특히 중관학과 유식학에 많은 관심을 보였다. 이런 경향은 신중국 성립 이후에도 마찬가지였다.

은신과 현신

출가자가 방외지인(方外之人)이라고 해서 왜 풍파가 없겠는가. 어둠 속에서 나부끼는 자신도 볼 테고 현실에서 헛발질하는 자신도 볼 테다. 사그라지지 않는 번뇌를 붙들고 어찌하지 못하는 시간도 어쩌면 소중하고, 자꾸만 닥치는 세상사 어수선함도 때론 가치 있다. 하지만 그것은 수행의 장 안에서다. 그런 일들이 자신을 관통하고서도 별다른 변화가 없다면 숱한 인연에 스스로 답하지 못했음이다. 이런 상황에서 저런 인연은 살처럼 가슴 언저리에 꽂히고 만다. 영락없이 당한다. 하지만 예서 멈출 수는 없다.

어느 나라라고 크게 다르지 않겠지만 근대 중국도 참 많은 일이 있었다. 근대화를 겪으면서 온갖 지식과 생각이 넘쳤다. 그 가운데 재래의 것도 있고, 외래의 것도 있었다. 난무하는 앎과 생각이 사람들의 신념이 되고, 세계관이 되어 결국 커다란 구호로 메아리쳤다. 일신의 영광을 위해서 내달린 자도 있지만 많은 지식인들이 세상을 구하겠다는 열정으로 거리를 달리고, 산을 넘었다. 그 뜨거움이 지향을 갖게 되면 신념이 되고 세계관이 된다. 하지만 지식인들이 머리로 그리는 세계는 많이 달랐다. 지식인들은 함께 제국주의에 대항하기도 했지만 심장에 박은 신념 때문에 동족끼리 수백 수천만을 죽이는 전쟁에 앞장서기도 했다.

출가한 승려지만 눈 있고 귀 있는지라 세간사에 그냥 무심할 수는 없다. 깨달음이 존재의 목적 같지만 중생이 살아가는 세간을 모른 척할 수는 없는 노릇이다. 불법으로 세상이 굴러가지 않는지라 어떤 이념이나 정치체가 좀더 불교적인가 생각할 수밖에 없다. 출가자지만 때론 세간의 생각에 기대고, 때론 그것과 다툰다. 누구의 눈에는 황제의 전제정치가 불교적이고, 누구에게는 민주주의가 불교적이다. 누구는 자본주의가 더 불교적이라고 할 테고, 누구는 사회주의가 더 불교적이라고 할 테다. 무엇이 불교적인가. 불교로 무엇을 할 수 있는가. 따져 물어야 한다. 이럴 때면 또 한바탕 다투어야 한다.

중국에선 '10년 동난'이라 부르는 문화혁명 기간 많은 삶이 넘어지고 시들었다. 누굴 탓하겠는가. 종교의 가치를 인정하지 않는 풍조에서 삭발염의한 채 살아가기란 그야말로 고역이었다. 많은 승려가 환속당했고 고승은 선방이 아니라 옥방에서 입적했다. 어떤 이는 어둡고 긴 터널을 뚫고 나오기도 했다. 이런 이들은 옥살이를 선사의 무문관처럼 자신을 단련하는 시간으로 썼다. 하나 버릴 것 없는 시간이었다. 출가자가 자신을 지키는 건 그저 한 몸 건사하는 게 아니다. 승가라고 하지 않나. 승려(僧) 한 몸이 바로 공동체(衆)다. 자신을 지키는 것은 승가 공동체를 지키는 행위다. 그래서 꿋꿋하게 버텨야 한다. 이런 혼란을 옥방에서 꿋꿋하게 버틴 이가 있다. 타이쉬(太虛) 이후 불교개혁과 불교 근대화를 이끈 쥐잔(巨贊, 1908-1984)이다.

쥐잔은 1908년 장쑤 성 장인현(江蘇省江陰縣)에서 태어났다. 장쑤 성 창저우와 가까운 곳으로 양자강을 끼고 있다. 속성은 션(潘)이었고 이름은 추퉁(楚桐)이었다. 1927년 장인현 사범학교를 졸업했다. 같은 해 상하이로 나와서 상하이 다샤(大夏) 대학을 다녔다. 2년이 지나 다시 고향으로

　　　　　　　　　　　　　　　　　　　승려 교육과 불교 근대화

돌아와 소학교에서 아이들을 가르쳤다. 당시 정치적 혼란 속에서 그는 학교 교사 파업을 이끌었다. 토호세력이 그를 공산주의자로 몰아 국민당 정부에 고발했다. 국민당 지역정부는 추퉁에게 출두명령을 내렸다. 1930년 가을 그는 고향을 떠나 항저우로 피신했다. 그가 몸을 숨긴 곳은 서호(西湖) 근처 영은사(靈隱寺)였다. 예나 지금이나 절간이 세간사를 숨기기 좋은 곳임에는 틀림없다.

비래산(飛來山)에 위치한 영은사(靈隱寺)는 항저우를 대표하는 고찰이다. 동진시대 인도 승려 혜리(慧理)가 이곳에 와서 산세를 보고는 부처가 설법한 영취산(靈)의 봉우리며 선인(仙人)이 숨어 산다(隱)고 말했다. 그리고 절을 지었는데 바로 영은사였다. 이후 당나라 말기 영명연수(永明延壽, 904-975) 선사가 중창했다. 비래사 남쪽은 차(茶)로 유명한 롱징(龍井)이다. 여기서 좀더 가면 명대 고승 주굉(株宏, 1532-1612)이 은거한 운서산(雲栖山)이 있다. 굵은 대나무가 하늘을 덮고 있다. 이 산에 들어서면 운서주굉이 쓴 『죽창수필』이 어떻게 나왔는지 알 수 있다. 이렇게 비래산 영은사 주변은 숲과 계곡이 깊다. 예나 지금이나 몸을 숨기기엔 안성맞춤이다.

추퉁은 쫓기는 신세였지만 그에게 영은사의 경험은 특별했다. 그는 영은사 생활에서 자신에게 숨어 있는 무엇을 발견했다. 그것이 불심(佛心)인지 아니면 진한 호기심인지 모르겠지만 흉중에서 계속 꿈틀거렸다. 그런 차에 그는 영은사를 방문한 타이쉬를 만났다. 불교 개혁이나 세상사에 관심이 많던 타이쉬. 그런 그가 자신과 닮은 추퉁을 만났다. 이 만남으로 꿈틀대던 그것이 터졌다. 1931년 추퉁은 영은사 방장 추에페이(却非)를 스승으로 출가했다. 법명은 추안지에(傳戒)였고 자는 딩후이(定慧)였다. 나중에 쥐잔(巨贊)으로 고쳤다. 이렇게 추퉁은 불문에 자신을 영영 숨겼고 쥐잔이 몸을 드러냈다.

지나내학원의 학습

쥐잔은 사미계를 받고 나서 난징의 보화산(寶華山) 융창사(隆昌寺)에서 구족계를 받았다. 그는 배움에 남다른 능력을 보였다. 출가 이후 중국 승려들이 전통적으로 학습한 대승경론을 읽었다. 세간의 학자처럼 그의 공부는 대단히 정교했다. 이런 이유 때문에 쥐잔은 이후 불교 개혁과 불교 현대화에 앞장섰지만 오히려 학승이라는 이름이 따라 다녔다. 주위에서도 이 점을 잘 알았다. 쥐잔은 구족계를 받은 후 충칭의 한장교리원(漢藏敎理院) 초청으로 그곳에서 학생을 가르쳤다. 그가 비록 출가한 지 얼마 되지 않았지만 사람들은 출가 전 그의 학력과 교사 경험을 높이 샀다. 쥐잔은 한장교리원에서 한 학기 정도를 가르쳤다. 그리고 1933년 난징에 있는 지나내학원에 입학했다. 가르치는 것보다는 배움이 그에게 더 간절했다. 지나내학원은 양런산 거사가 설립한 금릉각경처 내에 있었다. 훗날 쥐잔은 이곳이 신불교운동의 전초기지였음을 말한다.

> 신불교운동의 발단은 마땅히 동치(同治) 5년(1866) 양런산 선생이 난징에 설립한 금릉각경처이다. 이곳이 있었기 때문에 불학의 기초임에도 천년 동안 사라진 유식학 문헌을 우리들이 볼 수 있었다. 또한 원(元)·명(明) 이래 비과학적 불교 연구 방법론을 그것으로 말미암아 일신할 수 있었다. 그후 양런산 거사께서 금릉각경처 내에 기원정사를 설립하여 새로운 인재를 기르고자 했다. 인재를 양성하여 산스크리트와 팔리어 원전을 연구하고 역대 번역본의 차이를 교감하여 전체 대장경을 판각·인행하고자 했다. [49]

  승려 교육과 불교 근대화

쥐잔은 출가자 위주로 운영되는 불학원을 마다하고 재가 거사가 운영한 지나내학원을 선택했다. 이유는 간단했다. 그곳이 당시 중국 최고의 불교 연구기관이자 교육기관이었기 때문이다. 지나내학원은 당대를 대표하는 불교학자 어우양징우(歐陽竟無, 1871-1943)가 이끌었다. 그는 스승 양런산의 유촉을 받아서 금릉각경처를 운영했다. 어우양징우는 경전 교감에 정성을 쏟았는데, 스승이 전반부 교감을 마친『유가사지론』의 후반부 50권을 마저 교감했다. 10여 년이 걸렸다. 1922년 어우양징우는 지나내학원을 설립했다. 엄밀한 문헌고증에서 출발해 이제 불교 이론 연구와 불교 인재 양성을 향해 큰 발걸음을 내딛었다.

1925년 어우양징우는 지나내학원 연구부에 법상대학(法相大學)을 설립했다. 꼭 유식학 연구만 행한 것은 아니지만 현장이 번역한 인도 유식학 중심으로 중국 불교와 대승불교 전체에 대해 비판적 연구를 진행했다. 1920년대 후반 국민당의 이른바 북벌전쟁으로 지나내학원이 점령당하는 바람에 한동안 업무가 중단되기도 했다. 쥐잔이 입학했을 때는 북벌이 끝나고 다시 수업을 시작한 시점이었다. 어우양징우와 뤼청(呂澂, 1896-1989)이 굳건히 버티고 있었다. 쥐잔은 당시 중국 불교계 상황을 평가하면서 말한다.

무창불학원 설립 조금 전에 어우양징우 선생이 금릉각경처의 불학연구회를 확대해서 지나내학원을 설립했다. 션쯔페이(沈子培), 장타이옌(章太炎), 천산리(陳三立), 예공춰(葉恭綽), 량치차오(梁啓超) 등 모두 열성적으로 도왔다. 높은 곳에 올라 한 번 소리치니 모든 산이 빠짐없이 호응한 격이었다. 이어서 법상대학이 출현했다. 장웨이차오, 량치차오가 가서 수업을 들었으니 그 성대함을 알 수 있다. 법상대학을 설립한 목적에 대해 보통 사람들은 교리에 대한 반성과 이해 정도로 알고 있을 뿐이다. 이런 것은 사실 그들을 작게 본 것이다. 그들은 법상대학을 졸업한 학생들이 전체 교육계에 자리 잡고 중국 전체를 불교화하길 바랐다. [50]

지나내학원은 바로 금릉각경처를 계승했다. 신불교운동의 정맥이라고 할 수 있다. 양런산 거사가 교감본 완성과 불경 유통이라는 목표를 세웠다면 어우양징우는 지나내학원 설립 이후 교리 연구에 집중했다. 지나내학원이 당시 사상계에 끼친 영향은 엄청났다. 량치차오, 탕융퉁, 량수밍, 슝스리, 멍원퉁 등 기라성 같은 학자가 지나내학원과 관련됐다. 량치차오는 유식 강의를 듣고 동년배인 어우양징우에게 스승의 예를 갖추기도 했다. 탕융퉁은 이곳에서 팔리어를 가르치고 어우양징우의 강의를 들었다. 량수밍은 어우양징우를 흠모하여 제자 왕언양을 지나내학원에 입학시킨다. 슝스리는 량수밍의 소개로 지나내학원에 입학해 배웠고, 멍원퉁도 이곳에서 배우고 나중에 베이징대학 교수가 된다.

어우양징우나 지나내학원이 당시 사상계에 영향을 미칠 수 있었던 까닭은 대단히 정교하게 불교를 이해했고, 정치권력이나 사회현실에 쉽게 부화뇌동하지 않았기 때문이다. 사회현실에 관심이 많던 쥐잔이지만 지나내학원 연구자들이 견지한 진지함과 비판정신은 대단히 존경했다. 금릉각경처에서 시작한 새로운 불교 흐름은 불교 연구의 합리적인 방법론을 제시했다. 지나내학원 그룹은 그것을 더욱 강화했다. 쥐잔은 지나내학원이 보인 불교 연구의 진지함과 건전성에 주목했다. 쥐잔은 「중관학파와 유가행파의 논쟁에 대한 간략한 평가(略論空有之諍)」(1940)에서 기존 학술에 대해 반성한다.

비록 하나 빠짐없이 다 지키고 싶지만 처한 상황 때문에 그렇지 못하는 것을 '상황에 맞춘다'[應機]고 한다. 장구한 시간을 거치고, 광대한 지역을 거치는 바람에 오염되고 견강부회하는 점이 끼어들기도 한다. 유가의 참위설이나, 도가의 점법, 선종의 태식법 같은 것이다. 하지만 '상황에 맞춘다'는 논리로 그것을 꾸며서는 안 된다. 상황에 맞춘다는 말은 우주의 진리를 진정 알아서 실천하여 스스로 획득하고, 상황의 요구가 있더라도 미혹된 점을 풀고 종지를 확정하며, 오랑캐가 오면 오랑캐로 중국인이 오면 중국인으로 나타나 그들을 만족시켜 불교의 진리 세계로 함께 향하도록 하는 것이다.[51]

아울러 유식학과 중관학이라는 대승불교철학의 핵심을 중시했다. 이런 영향 때문인지 그의 글은 대단히 정치했다. 현재도 대기설법이니 방편설이니 아름다운 말을 많이 한다. 엉터리를 이야기해놓고 그렇게 이야기하면 사기꾼이 아니겠나. 쥐잔은 불교를 어줍지 않게 편한 무엇과 결합시키는 전통에 반대했다. 이런 비판정신은 바로 지나내학원에서 배운 전통 불교에 대한 반성과 엄정한 불학 연구에서 연원했다. 쥐잔도 불교 현대화에 노력한 사람이다. 불교가 가급석 시내와 조응하여 의미 있기를 바랐다. 하지만 그것은 '불교'가 확보돼야 가능한 이야기다. 지나내학원 그룹이나 쥐잔이 보기에 중국화 된 불교 가운데 바로 '불교' 이 부분이 흔들리는 내용이 많았다. 이 점에 대해 분명하게 반성하고자 했다.

국학 연구와 불교 연구

쥐잔은 충칭(重慶) 한장교리원에 근무할 때 거사 쉬지꽝(徐季廣, 1902-1941)과 사귀었다. 쉬지꽝은 쓰촨 청두 출신으로 정토수행자였다. 쥐잔은 난징 지나내학원에 입학한 이후 쉬지꽝을 불러 어우양징우 거사를 소개했다. 둘은 다시 쑤저우 영암사(靈岩寺)에 주석하고 있던 고승 인꽝(印光, 1861-1940)을 친견했다. 정토행자 쉬지꽝에게는 커다란 감동이었다. 인꽝과 정토 수행에 대해 이야기했다. 아울러 쑤저우에서 국학강습소(國學講習所)를 열어 중국 고전을 강학하고 있던 국학대사(國學大師) 장타이옌(章太炎)을 만났다. 그는 지나내학원 설립에도 관여한 불교계 인물이기도 했다. 쥐잔과 쉬지꽝은 장타이옌에게 국학과 불학의 만남에 대해서 물었다.

근대 시기 '국학'이라는 개념이 등장한 것은 분명 국민국가의 형성과 관련된다. 일부 학술가는 다른 나라와 구분할 수 있는 자국의 학술 전통을 구성하려 했다. 이런 지향은 긍정적인 면도 있었고 부정적인 면도 있었다. 다양한 가치의 발굴이라는 측면도 있지만 학술을 민족주의라는 이념에 가둘 위험이 늘 도사리고 있었다. 때문에 이른바 국학 연구는 긴장 속에서 진행해야 한다. 중국에서 국학은 비록 유학이 주류지만 불교나 도가 등 고대 사상과 학문을 대단히 포괄적으로 다룬다. 그래서 불교는 국학 개념이 탄생한 근대 시기부터 국학의 영역으로 진입했다. 국학대사로 불리는 이들 가운데 불교 연구자가 꽤 있다. 대표적인 인물이 장타이옌이다. 이후 등장한 탕융퉁(湯用彤)이나 지이안린(季羨林)도 마찬가지다. 쥐잔도 이런 분위기 속에서 불교 연구뿐만 아니라 중국 고전에 대한 다양한 연구를 시도했다.

1936년 쥐잔은 지나내학원을 떠나서 푸젠 성 샤먼(廈門) 남보타산

○

공산중국에서도 불법은 지켜야 했고, 사회주의 인민이지만 수행은 해야 했
다. 그러하기에 모진 세월 겪은 고초는 그냥 여름날의 용맹정진이라고 치자.
쥐잔은 옥방에서 수행했지만 상하지 않고 멀리 갔다.

에 있던 민남불학원(閩南佛學院)에서 교사로 근무했다. 타이쉬 대사가 무창불학원에서 그곳으로 옮겨 와 있었다. 이때 그가 가르친 교과도 국학이었다. 쥐잔은 이 시절 『오가학안(五家學案)』을 썼다. '학안'이라는 말은 청초 황종희가 쓴 『송원학안』과 『명유학안』처럼 학술의 계통을 밝히는 형식이다. 쥐잔은 공자, 맹자, 장자, 육상산, 왕양명의 학문을 '오가'로 잡았다. 저들 다섯 학문을 국학 차원에서 다뤘다. 성리학의 중심 계보인 정이천과 주희가 빠진 게 특이하다. 10여 년 뒤 1945년 쥐잔은 중일전쟁 때문에 꽝시(廣西) 베이류(北流)로 옮겨 와 있던 우시국학전수학교에 교사로 근무하기도 했다.

우시국학전수학교는 1920년 청말 진사 출신이자 근대 교육가로 유명한 당원즈(唐文治, 1865-1954)가 국학전수관이라는 이름으로 설립했다. 첸무(錢穆, 1895-1990) 같은 이름난 학자들이 이곳에서 가르쳤고, 뛰어난 학자들을 배출했다. 쥐잔은 이 학교에 근무하면서 중국 전통 학술에 대한 깊은 애정을 갖게 됐다. 신식교육을 통해서 변화된 시대에 쓸모 있는 사람이 돼야 한다는 시대 풍조를 거부하고 전통 학술의 가치에 대한 흔들림 없는 믿음을 갖고 있던 교장과 교사들. 그리고 아무짝에 쓸모없어 보이는 공부를 하려고 모여 있는 학생들. 쥐잔은 비록 승려 신분이지만 그들에 뜨거운 지지를 보냈다.

쥐잔은 승려 이전에 한 명의 지식인으로 그 시대를 살았다. 불교계의 여러 조직에 관여하여 꽤나 바쁜 일상을 보냈지만 읽고 쓰는 일에 게으르지 않았다. 쥐잔은 지나내학원에서 주로 인도 대승불교를 학습했다. 특히 중관학과 유식학에 많은 관심을 보였다. 이런 경향은 신중국 성립 이후에도 마찬가지였다. 1940년 쥐잔은 『사자후월간(獅子吼月刊)』에 「중론탐현기」를 발표했다. 이 글은 용수가 쓴 『중론』의 '핵심적인 의

   승려 교육과 불교 근대화

미[회]를 탐구[探究]하고 그 내용을 기록한[記] 글이다. 그는 "『중론』은 진실한 반야바라밀을 드러내고, 유사 반야바라밀을 다스리기 위해서 지었다"고 말한다. •[52] 여기서 유사 반야바라밀은 이른바 소승불교인데 그들이 유사 반야바라밀인 이유는 외도의 견해에 대한 비판을 행했지만 정법에는 완전히 도달하지 못했기 때문이라고 말한다.

쥐잔은 1940년 「중관학파와 유가행파(유식학)의 논쟁에 대한 간략한 평가」를 발표한 이후 1955년 『현대불학』에 「중관학파와 유식학파에 관한 문제」를 발표했다. 이듬해인 1956년에는 「중관학파와 유식학파 논쟁의 초점에 대한 시론」을 발표했다. 그는 기본적으로 이 논쟁은 모든 존재자에 '자기로서 특성'[自性]이 있는가? 없는가? 하는 문제로 보았다. 물론 대승불교의 기본 입장은 연기법에 따라 자성 없음을 천명한다. 하지만 교리에 따라 미묘하게 달라진다. 인도 불교뿐만 아니라 중국 불교 내부에도 이런 문제들이 있었고, 쥐잔은 바로 이 문제와 다투고 싶었다.

1957년 쥐잔은 『현대불학』 1월호에 발표한 「중국 한족 지역에서 반야사상의 발전」에서 중관학에서 존재의 본질을 나타내는 방법으로 채택한 '차전(遮詮)' 개념을 중시한다. 표전(表詮)이 긍정적으로 사물을 표현하는 방법이라면 차전은 부정적으로 사물을 표현하는 방법이다. 『중론』 첫 구절에 등장하는 '여덟 가지 부정의 중도'[八不中道]가 대표적이다. 비록 공(空)이라고 말하지만 그것은 임의적인 말일 뿐이다. 용수는 여덟 가지 부정으로 사태의 본질을 표현했다. 실체 없음을 주장하는 중관학자들이 취할만한 당연한 방법이다. 쥐잔은 이렇게 말한다.

이른바 사구부정[離四句]이나 절대적 부정[絶百非]은 다른 게 아니라 순간순간 변화하는 사물 가운데 결코 동요하지 않는 견고한 자성은 존재하지 않으며, 우리는 사유 가운데 어떤 실체론적 고집을 행해서도 안 되며, 이렇게 할 때에야 연기하는 현상을 이해할 수 있음을 설명한다. 그래서 『반야경』 가운데 차전 혹은 부정어는 결코 허무주의자가 객관세계의 존재를 부정하는 용어가 아니다. [53]

쥐잔은 『중론』이나 반야경에 등장하는 부정적 표현에 대해서 명쾌하게 설명한다. 무자성이나 공(空)이라는 말이 눈앞에 펼쳐진 삼라만상이 모두 부재한다고 주장하는 게 아님을 알아야 한다. 공은 저런 것들을 무엇이라고 규정할 수 있는 저들의 본질은 존재하지 않는다는 말일 뿐이다. 연기법에 입각하면 그럴 수밖에 없다. 인용문에서 볼 수 있듯 쥐잔은 특히 불교를 허무주의나 염세주의 정도로 취급하는 것에 분명하게 반대한다. 그런 생각은 불교에 대한 오해에서 비롯됐다. 1949년 신중국 성립 이후 쥐잔은 불교가 결코 관념적이지 않고, 구체적 사실의 문제를 다룬다는 사실을 강조했다. 또한 인물, 종파, 경전, 사지(寺志) 등 중국 불교의 다양한 주제에 대해 연구하고 글을 썼다. 중국 한족 승려로서 자국의 불교에 대한 관심은 어떻게 보면 당연하다고 할 수 있다.

생산화와 학술화

쥐잔은 출가 전부터 지사적인 태도를 견지했다. 출가 이후에도 마찬가지였다. 현실 개혁뿐만 아니라 불교계 개혁의 필요성을 절실히 느꼈다. 더구나 일찌감치 불교혁명의 선동자 타이쉬를 만나고 이런 생각은 더 강해졌다. 쥐잔은 중일전쟁 기간 불교계가 적극적으로 국난에 대처

해야 함을 역설했다. 아울러 불교계 내부 개혁을 위해 노력했다. 그는 '생산화'와 '학술화'의 기치를 내걸었다. 이것은 실천과 이론 두 방면에서 시도한 불교개혁이라고 할 수 있다. 하지만 둘은 함께 작동해야 한다. 쥐잔은 1941년 발표한 『사자후월간』에 발표한 「신불교운동의 중심사상」에서 다음과 같이 말한다.

> 지금 "혁명적 이론이 있어야 비로소 혁명적 행동이 있다"는 한 마디는 모든 사람이 다 아는 격언이 되었다. 그렇다면 이론이 잘못되면 당연히 행동의 오류를 초래하고 만다. 그래서 신불교 운동은 중심사상이 있어야 한다. •54

당시야 사회개혁이나 사회혁명을 부르짖는 사람이 많았다. 혁명이라는 말이 꽤나 흔한 시절이었다. 그저 이리저리 뛰어다닌다고 혁명이되고 개혁이 이루어지는 것은 아니다. 사람들에게 뜨거운 심장이 될 이론이 있어야 하고, 밤낮으로 꿈꾸는 세계가 있어야 한다. 그것이 없이 행동을 추동할 수는 없다. 1940년 쥐잔이 꽝시 꾸이린에서 창간한 『사자후월간』도 바로 이런 새로운 불교를 건설하기 위해 이론올 도출하고 선전하는 역할을 했다. 그야말로 신불교운동을 추동하는 사자후가 되길 바랐다. 쥐잔은 사회 변혁과 함께 불교 변혁을 기획했다. 그는 이때 『신불교개론』을 저술하여 중국 불교의 방향을 제시했다.

꽝시(廣西) 사범학원 교수 완중원(萬仲文, 1911-1988)은 『신불교개론』 서문에서 쥐잔의 신불교 기획을 비교적 객관적으로 평가한다. 완중원은 일본 도쿄제국대학에서 정치학을 공부했고 국민당 내 좌파 진영에서 활동한 인물이다. 그는 쥐잔의 신불교는 기본적으로 봉건주의 요소가 농후한 기존 불교에 대한 반성이자 단절 선언임을 밝힌다. 불교 교리에 입각해서 불교는 변화하고 발전해야 한다. 학술화는 이런 취지에 입각해서 제시됐다. 미신 척결도 마찬가지다. 아울러 완중원은 쥐잔 불교의 지향을 요약한다.

> 승가제도와 승가교육에 대한 개혁, 승가 인재의 배양, 사찰의 관리와 정돈, 경전·문물의 보호와 정리, 불교계의 수구적 폐단을 어떻게 혁파할 것인가 등등. 이 책에서는 체계적이고 상세하게 기술했다. 쥐잔 법사는 대규모로 도량을 건립하고 대중을 모아서 생각 없이 염송만 하면서 불사를 통해서 의식주를 해결하려는 행위에 강하게 반대했다. 그는 한결같이 이렇게 주장했다. 불교도도 노동과 생산에 참여하여 자신의 힘으로 음식을 마련해야 한다. …… 이렇게 할 때야 불교는 도태되지 않고 시대의 요구에 적응할 수 있고 자신의 안신입명의 공간을 확보할 수 있다. 나아가 생산화와 학술화의 종지를 체현할 수 있다. •⁵⁵

학술화는 기존 불교에서 봉건적 미신을 척결하고 승려의 수준을 제고하여 수행자로서 또한 종교 지도자로서 유효한 역할을 하도록 하는 것이다. 승가제도 개혁이나 승가교육 개혁은 이와 관련 된다. 생산화는 승려가 시주에 의지해서 살아가는 기존 방식에서 탈피하자는 제안이다. 쥐잔은 노동의 필요성을 역설했다. 유럽 근대가 창안한 경제 체제인 자본주의와 사회주의는 서로 경쟁했지만 노동의 신성성에 대한 지지는 동일했다. 여기서 노동은 생산활동 혹은 경제활동이라고 돌려 말할 수 있다. 초기불교식으로 말하면 승려는 생산활동에 참여할 수 없다. 농사나 상업 등에 종사할 수 없지만 백장회해(百丈懷海, 749-814)

의 유명한 발언 "하루 일하지 않으면 하루 먹지 않는다"는 말에서 알수 있듯 특정한 시공에서는 승려들에게 노동을 요구했다.

쥐잔이 생활한 때도 근대 문명과 함께 노동은 특별한 의미를 띠었다. 승려도 노동해야 했다. 신중국 성립 이후에는 사회주의 영향으로 이런 경향은 더욱 강했다. 단지 종교인으로서 불교도 위에서 군림하거나특별한 지위를 보장받을 수 없었다. 어떻게 보면 쥐잔은 노동의 수용을통해서 불교의 사회화나 현실화를 기획했는지 모른다. 하지만 근대인으로서 임무뿐만 아니라 승려로서 정체성을 확보해야 한다는 생각은 분명했다. 특히 계율에 대한 강조를 통해서 승려나 불교도가 근대화 혹은사회화라는 이름으로 탈선하는 것을 경계했다. 1941년 쥐잔은 「신불교운동의 역사적 연구」(『사자후월간』 1942년 제1권 제2기)에서 불교사 내에서 보이는개혁운동을 다루었다. 여기서도 그는 생산화와 학술화라는 기치를 분명히 한다. 자칫 불교 개혁이 왜곡될까 염려하기도 했다.

> 생산화와 학술화는 승려제도가 속화되지 않도록 하여 승려 생활이 그로
> 인하여 장엄할 수 있도록 하는 것이다. 상세한 항목은 먼저 고대 여러 학
> 자들의 계본을 철저하게 대비 연구하여 다시 고대의 청규와 현재 환경을
> 참고해야 비로소 확정할 수 있다. 이론의 현대화와 통속화를 시작하는 것
> 은 무슨 일이 있어도 불교의 가장 기본적인 점에서 출발해야 한다. 그렇
> 지 않으면 현대화는 밀교가 힌두이즘으로 변해버린 것처럼 통속화는 오
> 히려 용속화가 될 뿐이다. •56

어떻게 보면 당연한 말이다. 이른바 시절인연을 따른다지만 그렇다고 자신을 상실할까봐 염려했다. 쥐잔은 승려가 승려일 수 있는 까

닭은 대단히 단순한 사실에서 출발한다고 생각했다. 바로 계율이다. 현실화나 사회화는 이 점을 다각적으로 고려해야 한다. 쥐잔은 신중국 성립 후 자오푸추(趙朴初, 1907-2000) 거사와 함께 중국불교협회를 발기하여 1953년 협회를 설립했다. 또한 중국불학원 설립에 주도적 역할을 했다. 비록 사회주의 중국이지만 쥐잔은 불교를 지키고 불교계의 권익을 보호하고자 노력했다. 1956년 베이징 법원사에서 중국불학원이 개원했다. 쥐잔은 부원장에 취임했다. 이후 오랫동안 그곳에서 가르쳤다. 중국불학원은 1961년 첫 졸업생을 배출했다. 사회주의 중국에서 불교를 가르치고 승려를 배출한다는 게 쉽지 않았을 것이다. 어떤 때는 타협하고 어떤 때는 부딪혔을 것이다. 소상하게 알 수는 없지만 곤혹스런 나날이었으리라.

이런 곤혹은 이후 발생한 문화혁명 때 극한에 이른다. 쥐잔은 예순 나이에 문화혁명을 맞았다. 옥방에서 7년여를 있었다. 시골에서 조용히 수행한 승려가 아니라 불교계를 조직하고 이끈 대표적인 승려인지라 그의 고초는 더욱 컸다. 당시 타도의 대상인 봉건적 권위의 대표격이었다. 일흔이 다 된 나이로 옥방에서 문화혁명의 종결을 맞았다.

불교 개혁과 불교계 보호에 대한 열정은 7년 옥방에서도 시들지 않았다. 불교계를 다시 조직하고 무너진 승려 교육을 복구했다. 1984년 세수 77세로 베이징에서 입적했다.

III

종파 불교의 계승과 학승

09

남산 율종의 소생, 홍이

근대 중국 불교는 정토 신앙과 참선 수행이 대세였다. 그런 분위기에서도 큰 세력은 아니었지만 천태학 연구나 화엄학 연구가 있었고, 1920년대 이후 밀교가 유행했다. 밀교 유행은 티베트 불교에 대한 관심으로 확장하기도 했다. 종파 불교의 계승과 부활 가운데 눈에 띄는 것은 남산 율종이다. 남산 율종은 일찌감치 맥이 끊어졌지만 근대 시기 죽은 전통에 온기를 불어 넣은 인물이 있었다. 고승 홍이(弘一, 1880-1942)다.

종파 불교의 근대 계승

근대 중국 불교 개혁의 상징인 타이쉬는 전통적인 종파 개념을 부수었다. 그는 '8종(宗) 평등'이라는 기치로 하나의 불교를 말했다. 이른바 '8종'은 중국 불교의 여덟 개 종파를 말한다. 꼭 여덟 개라기보다는 선종이나, 정토종, 율종, 천태종, 밀종 등 다양한 종파와 분파를 통칭한 말이다. 정토종에 속하면 정토 신앙이 가장 훌륭한 불법이라고 말하고, 선종에 속하면 참선만이 깨달음의 길이라고 외친다. 모두 불교인이면서 다른 쪽은 불교가 아니거나 부족한 것이라고 주장했다. 서로 부정함으로써 결국 서로 상처내고 말았다. 타이쉬는 불법의 다양한 면을 인정하지만 그렇다고 그것에 우열이나 높낮이가 있는 게 아님을 강조했다.

불교는 하나이고, 하나가 아니다. 대승불교 경전에는 다양한 부처가 등장하고, 그들은 성격과 능력이 다르다. 또한 그들이 그리는 세계도 다르다. 중생들은 어쩌면 자신에 맞는 부처를 고르고, 자신에 맞는 꿈을 꾸고 있는지 모른다. 누구는 극락정토를 염원하지만, 어떤 자는 극락이니 지옥이니 할 것 없이 일체의 속박도 다 부숴버린 절대 자유를 상상한다. 누구는 관음보살에 기대어 현생의 복덕을 구하지만 누구는 지장보살을 통해서 사후 세계의 평화를 기획한다. 불교의 다양한 이야기와 중생들의 다양한 바람이 한데 엉켜 여러 갈래 불교가 등장했다.

타이쉬는 이런 갈래가 보인 병폐를 해소하고자 종파의 독립성을 약화시키려 했다. 실제 근대 시기 무슨 무슨 종파라는 말은 있었지만, 실질적인 종단이 구성되지는 않았다. 하지만 승려든 불교도든 자신의 바람과 자신의 처지에 따라 갈래가 생기고 그것이 굽이치면서 물길이 되기도 했다. 수대나 당대처럼 종파가 분명하게 구획되지는 않았지만 종파 불교의 전통은 잔존했다. 통합 속에서 보인 개성이었다. 승려 가운데 염불 수행을 하면서 화엄학 연구에 매달리는 이도 있었고, 밀교 수행을 하면서 유식학이나 중관학에 전념하는 이도 있었다. 하나의 종파를 형성한 게 아니라 그것을 자신의 신념으로 또는 학문으로 선택한 셈이다.

근대 중국 불교는 정토 신앙과 참선 수행이 대세였다. 그런 분위기에서도 큰 세력은 아니었지만 천태학 연구나 화엄학 연구가 있었고, 1920년대 이후 밀교가 유행했다. 밀교 유행은 티베트 불교에 대한 관심으로 확장되기도 했다. 종파 불교의 계승과 부활 가운데 눈에 띄는 것은 남산 율종이다. 남산 율종은 당나라 때 장안 남쪽 종남산에 머문 도선(道宣)이 일으킨 종파이다. 율에 대한 전문적인 연구와 실천을 통해서 출가자 본분에 대해서 끊임없이 질문하고 대답한 그들이었다. 남산 율종은 일찌감치 맥이 끊어졌지만 근대 시기 죽은 전통에 온기를 불어 넣은 인물이 있었다. 고승 홍이(弘一, 1880-1942)다.

근대 중국 불교에서 가장 유명한 고승 가운데 한 명이지만 출가 전 속인(俗人) 리수퉁(李叔同)도 꽤나 유명했다. 3천 위의(威儀)로 유명한 남산 율종을 연구하고 실천한 홍이지만 출가 전 리수퉁은 중국 최고의 예술 귀재로 살았다. 시문과 서예에 능했고, 서양화와 작곡에도 능력을 보였다. 중국 최초의 서양극을 선보이기도 했다. 그는 다양한 예술 영역에서 최초 아니면 최고였다. 그런 그가 출가했기 때문에 세상은 놀랐

  종파 불교의 계승과 학승

다. 또한 너무도 엄격한 수행에 사람들은 또 한 번 놀랐다.

홍이는 1880년 산동 성 텐진(天津)에서 태어났다. 이름은 원타오(文濤)였으며, 자는 시솽(息霜)이었고 별호가 수퉁(叔同)이었다. 부친 리샤오러우(李篠樓, 1813-1885)는 53세에 진사(進士)가 되었다. 이후 잠시 관직 생활을 했지만 곧 그만두고 고향에서 소금상을 했다. 본처 외에 첩 한 명을 두었고, 그 밑에서 아들 둘을 보았다. 첫째 아들이 죽고, 둘째 아들이 병약하자 다시 젊은 첩을 들였다. 리수퉁의 생모였다. 부친이 68세 때 리수퉁이 태어났다. 대를 잇는다는 생각에 노년에 아들을 보았지만, 아버지는 아들에게 추억을 선물할 수 없었다. 리수퉁이 다섯 살 된 해에 부친은 사망했다.

서자인 리수퉁은 아비도 없이 젊은 어머니와 불안한 생활을 시작했다. 열두 살 많은 둘째 형을 따라서 공부하다가 여덟 살이 되어서는 선생에게 정식으로 배웠다. 『효경』을 읽고, 『시경』을 읽고, 『설문해자』 같은 고전을 공부했다. 신식학교가 한참 들어 선 19세기 말 이런 공부가 뭐 그리 쓸모가 있겠냐마는 별달리 빠져 나갈 길을 몰랐다. 뻔히 소용도 없어 보이는 봉건의 전철을 밟았다. 열일곱 된 해부터 시문과 전각을 배웠다. 고대의 서체에 관심을 가시면서 금석학을 배우기도 했다. 리수퉁의 공부는 일찌감치 학문이 아니라 예술의 영역에 있었다.

예술 귀재 리수퉁

1898년 산동 서북지역에서 의화단 운동이 일어났다. 그 중심지가 된 텐진은 정치적으로 대단히 불안했다. 일상적인 치안도 유지되지 않았다. 의화단은 서양 세력을 오랑캐로 간주하고 공격했다. 열강 8국 연합군이 의화단 진압에 나서자 톈진은 곧 전쟁터가 되었다. 1900년 리수퉁은 모친과 상하이로 피신했다. 단지 저런 위험을 피해서 톈진을 떠난 건 아니었다. 자유분방한 리수퉁은 숨 막힐 것 같은 집안 분위기에 견딜 수가 없었다. 신구의 다양한 문화가 넘실댄 상하이는 정녕 달랐다. 상하이에 도착한 리수퉁은 오목산승 쭝양(宗仰) 등과 함께 해상서화공회(海上書畵公會)를 조직했다. 이곳에서 리수퉁은 자신의 문화적 역량을 조금씩 내보일 수 있었다. 부잣집 귀공자 리수퉁은 사교계에 나서 염문을 뿌리기도 했다.

1901년 리수퉁은 남양공학(南洋公學) 경제특과에 입학했다. 남양공학은 청말 정치가이자 기업가였던 성쉬안화이(盛宣懷, 1844-1916)가 1896년 세웠다. 남양공학은 중국인이 세운 최초의 대학이라고 얘기되며 현재 상하이 지아퉁(交通) 대학의 전신이다. 남양공학에는 전문적인 번역 기관인 '남양 역서원(譯書院)'을 갖추고 서양의 근대 문명을 번역하여 소개했다. 당시 남양공학에서는 차이위안페이(蔡元培) 같은 몇몇 진보적 인사들이 학생을 가르쳤다. 교사들은 영어나 일본어 등 외국어를 가르칠 때 꽤나 진보적인 교재를 사용하여 은근히 학생들의 변혁 의식을 일깨웠다. 세상은 변하고 있었고 그들은 거기에 속도를 붙이고자 했다.

1905년 초 남양공학 내 분규가 일어나 많은 학생이 자퇴했다. 리수퉁도 학교를 나와 동학인 황옌페이(黃炎培, 1873-1965) 등과 '호학회(滬學會)'를 조직하고 보습반 설립을 제창하고 풍속 개량에 나섰다. 이때 보습반 활동을 위해「조국가(祖國歌)」를 작곡했는데, 이 노래는 크게 유행했다. 당시 음악은 사람들을 계몽하는 도구로 유용하게 사용됐다. 1906년 일본에서는『국학창가집(國學唱歌集)』을 펴내는데 중국 고대 문학작품인 『시경』이나 『초사』에서 작품을 뽑고 서양 곡조를 붙이는 방식으로 근대의 창가를 시도했다. 당시는 꽤나 괴이해 보였겠지만 이런 노력으로 새로운 문화가 창조되었다.

1905년까지 리수퉁의 상하이 생활은 비교적 안온했다. 자신도 나중에 "스무 살 때부터 스물여섯 살까지가 내 생애 가장 행복한 때였다"고 회상하기도 했다. 두 아들을 얻었고, 새로운 분위기에서 학업을 계속했고, 뿐만 아니라 문화 활동을 통해서 다양한 사람들과 교류했다. 1905년 4월 모친이 45세 길지 않은 삶을 마감했다. 리수퉁은 배편으로 모친을 고향 텐진까지 운구했다. 형은 '바깥에서 사망한 사람은 집안에 들이지 않는다'[外喪不進門]는 풍속을 들먹이며 운구를 본가로 들이길 거부했다. 결국 리수퉁의 생가인 구택에서 장례를 치렀다.

리수퉁은 모친의 장례를 서양식으로 치렀다. 직접 풍금을 치면서 추모곡을 불렀다. 상례에 참여한 사람들에게 서양식 음식을 대접했다. 리수퉁은 기존의 풍속을 완전히 바꿔 놓았다. 당시 텐진 『대공보(大公報)』에서는 리수퉁을 '신세계의 걸출한 인물'이라고 보도했다. 당시 리수퉁의 이런 모습은 일종의 기행(奇行)이었다. 하기야 신세계는 일반인들에게는 괴기스러운 법이다. 리수퉁은 파격에 더 익숙했다. 그럴수록 그는 집안사람들과 불화했다. 모친의 장례를 마치고 리수퉁은 일본으로 유학을 떠났다.

일본에 도착한 리수퉁은 일본어를 배우는 한편 유학생 잡지에 글을 기고했다. 예술 귀재 리수퉁에게는 일본 도쿄라는 공간은 대단히 흥미로웠다. 서양문화가 빠르게 유입됐지만 중국과 다른 일본의 전통문화도 여전히 존재했다. 리수퉁은 이런 생경함을 오히려 즐겼다. 1906년 9월 리수퉁은 도쿄미술학원 유화과에 입학했다. 이 학교는 현

예술귀재 리수퉁은 지계제일의 고승 홍이가 되었다. 3천 가지 계
행을 다 지키면서도 충분히 아름다웠다. 미(美)는 고운 음성이나
수려한 화폭에만 있지 않았다.

도쿄예술대학의 전신으로 메이지유신 이후 1888년 설립된 서양식 미술학교다. 리수퉁은 이 학교 최초의 중국인 유학생이었다. 그는 이때 음악학교에 가서 수업을 듣기도 했다. 개인적 취향이나 설익은 문화 소비가 아니라 제대로 뭔가를 배우고 싶었다.

1906년 말 리수퉁은 도쿄미술학교 중국인 동학인 쩡옌녠(曾延年, 1873-1937) 등과 활극단체인 '춘유사(春柳社)'를 조직하여 신극(新劇) 운동을 펼쳤다. 춘유사는 중국 활극단체의 시초가 되었다. 1907년 1월 춘유사는 중국 쉬화이(徐淮) 지역 수재민을 구호하기 위한 자선 공연을 했다. 프랑스 소설가이자 극작가인 알렉상드르 뒤마 피스(1824-1895)의 '동백꽃 여인'(La Dame aux Camelias)을 '꽃 파는 여인 이야기(茶花女遺事)'라는 이름으로 초연했다. 이 작품은 베르디(1813-1901)의 오페라 라트비아타(La traviata)의 원작이기도 하다. '동백꽃 여인'은 우리나라에서는 1948년 '춘희(春姬)'라는 제목으로 초연됐다. 국내 최초 오페라였다. 리수퉁은 여주인공이었다. 그는 서양 여성처럼 분홍색 드레스를 입고 나섰다. 오래 준비한 공연은 아니었지만 반응은 대단히 뜨거웠다. 훗날 중국을 이끈 젊은 유학생들은 이날 예술 귀재의 탄생을 보았다.

춘유사는 6월에 미국 소설가 해리엇 비치 스토우(1811 1896)의 '톰 아저씨의 오두막'(Uncle Tom's Cabin)을 '흑인 노예의 절규[黑奴籲天錄]'라는 제목으로 공연했다. 이때도 리수퉁은 여주인공으로 등장했다. 춘유사에서 공연한 작품은 사회성이 짙었다. 당시 지식인들은 중국인이 노예적 삶을 산다고 생각했다. 청 왕조의 노예였고, 서구 열강의 노예라는 이중노예의 불쌍한 처지라 생각했다. 루쉰이 『아큐정전』에서 그린 아큐처럼. 루쉰이 소설로 중국 인민을 계몽하고 인간에 대한 근원적 고민을 추동했듯 리수퉁은 연극으로 그것을 시도했다. 비록 어설펐지만 춘유사의 공연은 중국 근대 신극 운동의 신호탄이 되기에 충분했다. 리수퉁은 예술적 예민함으로 이렇게 문화의 전위가 됐다.

발심출가

1911년 3월 리수퉁은 도쿄미술학교를 졸업하고 중국 상하이로 돌아왔다. 그때 리수퉁에게는 일본인 아내가 있었다. 근대는 봉건적 결혼과 자유연애가 겹친 시절이다. 대처로 떠난 젊은 남편은 수년 후 여학교를 다닌 젊은 여성을 새 아내로 데려오기 일쑤였다. 리수퉁도 그랬고, 한국의 근대 지식인들도 많이 그랬다. 지금도 잘 쓰는 '신파(新派)'라는 말은 이렇게 등장했다. 그것은 충돌이 빚은 상처였다. 귀국한 리수퉁은 상하이에 일본인 부인을 두고 톈진으로 떠났다.[57] 이해 톈진고등공업학당 교사가 되어 그림을 가르쳤다. 이듬해인 1912년 항저우에 있는 저장 성 제1사범학교로 옮겨 음악과 그림을 가르쳤다. 1915년에는 난징고등사범학교 교사를 겸임하게 됐다.

리수퉁이 교사로 생활한 항저우는 저장 성의 문화 중심이었다. 남송 이후로 수많은 학자와 문인이 이곳에서 활동했다. 뿐만 아니라 불교 사원도 밀집해 있었다. 소동파가 시를 짓던 서호(西湖)를 중심으로 지식인이 교류했다. 이때부터 리수퉁의 예술 흥취는 발랄함보다는 삶의 깊이 쪽으로 전환했다. 1916년 겨울 서호 근처 정혜사(定慧寺)에서 17일 동안 단식을 한다. 그는 단식을 통해서 새로운 경험을 했다. 몸과 마음 구석구석 끼인 찌꺼기를 모두 씻어내고 너무도 단순하고, 너무도 편안한 몸뚱이 하나 덩그러니 남았다. 리수퉁은 단식을 마치자 마치 그전

    종파 불교의 계승과 학승

의 몸을 버리기나 한 듯 육식을 끊고 간경과 예불을 생활화했다. 이름
도 잉(嬰)으로 고쳤다. 이전의 리수퉁은 죽고 어린아이[嬰兒]로 태어났다.

　리수퉁은 불교 거사로서 생활을 시작했다. 틈만 나면 정혜사로 가
서 법문을 듣고, 참선을 했다. 당시 항저우에 은거하고 있던 마이푸(馬
一浮, 1883-1967)와 교류했다. 두 사람은 젊은 날 상하이에서 만났다. 그냥
사라질 듯한 인연이 항저우에서 다시 시작됐다. 마이푸는 독실한 불교
거사이자 유명한 유학자였다. 그는 량수밍, 슝스리 등과 현대 신유가
의 반열에 오르기도 한다. 1918년 마이푸는 리수퉁에게 친구 펑쉰즈
(彭遜之)를 소개했다. 리수퉁은 펑쉰즈와 정혜사에서 생활하기도 했는데,
펑쉰즈가 발심하여 급작스레 출가를 감행했다.

　리수퉁은 펑쉰즈가 마음을 한 번 내자 곧바로 몸을 던지는 과감함
에 놀라고 감동한다. 자신도 그곳에서 라로우(了悟) 화상의 재가 제자가
되고, 옌인(演音)이라는 법명과 훙이(弘一)라는 법호를 받았다. 부처님의 대
해와 같은 일음성[一音]을 크게 펼치[弘演]라는 뜻이었다. 여름 주변을 정리
했다. 자신이 소장한 미술 작품이나 물품을 박물관에 기증하거나 주위
사람들에게 나눠 주었다. 비울 시간임을 알았다. 평생 휘황찬란한 빛을
쫓고 산 그였다. 이제 길게 늘어진 인생의 그림자를 찾아야 했다.

　리수퉁은 출가 즈음 친구에게 부탁하여 일본인 처가 일본으로 귀
국하도록 했다. 하지만 그녀는 수용하지 않았다. 일본에서는 승려도
결혼했고, 가정을 꾸릴 수 있었다. 그녀는 리수퉁이 출가한다고 해서
둘의 관계가 끝난다고 생각하지 않았다. 리수퉁은 친구가 데려온 일본
인 처를 항저우 서호 변에서 만났다. 슬픔이었다. 십수 년 부부의 연은
그것으로 끝이었다. 결국 부인은 귀국했다. 7월 13일 리수퉁은 서호
근처 후파오(虎跑) 정혜사로 갔다. 그러곤 속세의 추함뿐만 아니라 아름

다움도 머리칼과 함께 모두 털어냈다. 39년 세속 삶을 마감하고 승려
가 되었다. 홍이의 탄생이었다.

남산 율종 귀의

1918년 9월 홍이는 항저우 고찰 영은사에서 구족계를 받았다. 마이푸
가 왔다. 계를 받은 홍이에게 마이푸는 명대 고승 우익지욱이 지은『영
봉비니사의집요(靈峰毗尼事義集要)』와 청대 견월(見月) 율사가 지은『보화전계
정범(寶華傳戒正範)』을 선물했다. 두 책은 계율과 관련된 것이다. 계율은 불
교도가 일상에서 실현해야 할 생활 규범 같은 것이다. 그 규범은 수행
의 방법이기도 하다. 홍이는 마이푸에게 다소 생소한 이 책을 받고 천
천히 읽었다. 그는 출가자에게서 계율이나 계행이 어떤 의미인지를 생
각했다.

깨달음이라는 지고지순한 경지가 아니라 오히려 계행을 지키는 불
교적 삶이 목표여야 하지 않을까. 이 사건을 계기로 홍이는 계율을 공
부하겠다는 서원을 세웠다. 이렇게 책 한 권, 말 한마디가 인연이 되어
한 사람의 인생에 길을 놓는 경우가 있다. 하지만 그 길을 밀고 나가는
것은 또 다른 힘과 인연이 필요하다. 계율이라고 흔히 붙여서 말하지
만 굳이 따져 말하면 '계'는 좋은 습관을 익히려는 맹서나 결의인데 반
해, '율'은 출가자가 집단적으로 지켜야 할 다소 강제적인 규정이다.

불교 교단이 커지고 많은 승려들이 함께 생활하면서 생활규범의
문제는 크게 대두됐다. 또한 출가 집단의 위상을 지키고, 수행을 계속
하는 데도 계율 문제는 대단히 중요했다. 이런 이유 때문에 계율 자체

　　　　　　　　종파 불교의 계승과 학승

에 대한 연구도 진행됐다. 중국에서는 몇 차례 율상이 번역됐다.『십송율』,『사분율』,『마하승기율』,『오분율』이 먼저 번역되고, 당나라 때 의정(義淨)이 인도 유학을 마치고 돌아와『근본설일체유부율』을 번역했다. 재미있는 점은 다섯 번 번역이 모두 소승율이라는 점이다. 이렇게 대승불교 지역인 동아시아의 율학은 기본적으로 소승율에서 출발한다.

중국에서 율장과 관련 문헌이 번역되자 율전 연구를 중심으로 한 집단이나 전통이 발생했다. 이른바 율종(律宗)의 성립이다. 처음에는 상부(相部) 율종, 남산(南山) 율종, 동탑(東塔) 율종 세 세력이 있었지만 이후 남산 율종 하나로 정리됐다. 남산 율종은 당나라 때 고승 도선(道宣. 596-667)에게서 시작한다. 남산 율종은 그가 시안 남쪽 종남산 풍복사에서 오랫동안『사분율』등 율전을 연구하고 체계를 세웠기 때문에 붙은 이름이다. 도선은 다섯 율장 가운데『사분율』이 중국에 가장 적합하다고 보았다. 또한 대승불교 이론을 근거로 해서 소승 율전인『사분율』해석을 시도했다.『사분율』에 대한 방대한 주석서를 저술한다. 그것은 소승율전을 대승불교 텍스트로 전환하는 과정이었다.

도선이 쓴『사분율』주석서 가운데『사분율함주계본소(四分律含注戒本疏)』6권,『사분율산보수기갈마소(四分律刪補隨機羯磨疏)』3권,『사분율산번보궐행사초(四分律刪繁補闕行事鈔)』12권은 남산 율종의 기본 텍스트가 된다. 흔히 남산 3대부(大部)라고 불린다. 눈에 띄는 점은 '번쇄한 부분[繁]은 깎아내고[刪] 모자란 부분[闕]은 보충했다[補]'는 표현이다. 도선은『사분율』을 주석하면서 거기에서 구체적 문장으로는 없지만 적극적으로 행간을 읽었다. 그는 거기서 의미를 도출했다. 그러고 나서 대승이나 소승 경론에서 계율 관련된 내용을 끌어와 그 의미를 부연하고 확대하여『사분율』이 결국 대승을 향하도록 길을 텄다. 대승율이 존재하지 않는 상황에서 소승율을 대승율로 전유하는 방식이었다.

남산 율종은 이후 중국 율종의 대표가 된다. 도선 이후 여러 율사들이 등장하여 율전을 주석하여 그것의 의미를 밝혔다. 하지만 다른 종파와 마찬가지로 당나라 회창(會昌) 법난과 당말 5대10국의 전란으로 엄청난 타격을 입은 이후 종파로서 역할을 상실했다. 송대 이후에도 간혹 율학에 뜻을 둔 고승이 출현하여 율전 주석서를 내놓기도 했지만 역부족이었다. 시간이 갈수록 남산 율종의 문헌들은 사라졌다. 남산 율종뿐만 아니라 중국 불교의 일반적 상황이 그랬다. 청말 상황은 더욱 열악했다. 태평천국 운동으로 강남의 많은 사찰이 파괴되면서 그나마 존재한 전적들이 장경루와 함께 불탄 경우가 많았다.

1920년 홍이는 항저우 옥천사에 머물면서 5부 율장 가운데『근본설일체유부율』을 읽었다. 7월 저장 신청(新城) 패산(貝山)의 한 암자에서 폐관에 들었다. 그는 그곳에서 빌려간『홍교율장』을 읽었다. 이 책은 일본 도쿄 홍교서원에서 1885년 완간한『대일본교간축쇄대장경』의 율장 부분을 가리킨다. 홍이는 이제『사분율』연구에 매달렸다. 남산 율종의 개산조인 도선이 쓴『사분율함주계본소』,『사분율산보수기갈마소』,『사분율산번보궐행사초』와 송대 령지(靈芝, ?-1116) 율사가 쓴『사분율행사초자지기(四分律行事鈔資持記)』등을 읽었다. 도선이 쓴 '남산3대부'를 통해서 남산 율종의 체계를 이해하고자 했다.

삼천계행의 율사

1921년 홍이는 저장 원저우(溫州) 경복사로 거처를 옮겼다. 저장과 푸젠

　　　　　　　　　　　종파 불교의 계승과 학승

의 여러 사찰로 옮겨 다녔다. 그러면서 남산 율종의 문헌을 읽었다. 남산 율종이 사라졌지만 혼자서 남산 율종의 종풍을 지키려는 듯 율전 연구뿐만 아니라 몸소 계행을 실천했다. 그는 계율의 연구자가 아니라 먼저 계율의 실천자였다. 불교 수행자의 오랜 전통인 오후불식(午後不食)을 철저히 지켰다. 납의(衲衣) 한 벌에 발우 하나로 운수행각을 했다. 남루한 행색이었지만 그 고요함과 청정함으로 위의(威儀)를 갖출 수 있었다. 고정된 거처도 없었다. 짐도 궤짝 하나면 충분했다. 가벼워야 떠날 수 있고, 떠나려면 가벼워야 했다. 겨울에도 옷을 세 겹 이상 걸치지 않았다. 홍이는 마치 계목(戒目)을 자신의 몸에 새기듯 그렇게 살았다.

1924년 음력 5월 저장 보타산에서 고승 인꽝(印光)을 친견하고 원저우 경복사로 돌아왔다. 인꽝은 홍이가 가장 닮고 싶은 고승이었다. 그래서 그는 인꽝의 제자가 되고자 했다. 1922년 편지를 보내 자신을 제자로 받아 주십사하고 청했다. 인꽝은 정중하게 거절했다. 다음해에도 홍이는 편지를 썼다. 인꽝은 일절 출가 제자를 받지 않았다. 뭣 하나라도 남기고 싶은 게 인간의 마음이다. 자식이나 아니면 이름이나, 그것도 아니면 자기 이름 박힌 건물이라도 하나 남기도 싶다. 인꽝은 그런 것두 모두 놓았다. 재물을 쌓듯 사림을 쌓으려는 싯을 경계했다. 1924년 초 인꽝이 홍이를 불렀다. 홍이는 보타산 법우사로 가 인꽝 옆에서 일주일 여를 보냈다. 다른 것 않고 그냥 옆에 있었다. 나중에 홍이는 고승 인꽝의 덕을 흠모하며 '인꽝대사의 성덕'(略述印光大師盛德)이라는 주제로 강연을 하기도 했다.

이제 홍이 자신도 인꽝처럼 묵묵히 가야 했다. 홍이는 수년 간 노력 끝에 그해 10월 『사분율비구계상표기(四分律比丘戒相表記)』 초고를 완성했다. 홍이는 출가한 이후 꾸준히 남산 율종 문헌을 정리했다. 『표기』

는 자신의 작업 가운데 가장 영향력이 큰 작품이었다. 그는 서문에서 이렇게 말한다.

『사분율』을 분석하고 아울러 중국의 여러 스님들의 관련 저작을 보았는데, 계상(戒相)이 너무 번거롭고 복잡하여 기억하거나 암송하는 것이 대단히 어려웠다. 심사숙고하여 그것의 핵심을 뽑고 배열하여 기록한다. 번번이 내 견해로 몇 장을 편집하였다. 그 분명함이 초학자들에게 도움이 됐으면 기쁘겠다. •58

『사분율』은 소승불교 부파 가운데 법장부(法藏部)에 전승된 율장이다. 내용과 무관하게 네 부분[四]으로 나뉘어[分] 있기 때문에 이런 이름이 붙었다. 여기에는 비구나 비구니가 지켜야할 계와 승가의 조직과 운영에 관한 규정이 있다. 비구 250조항이고 비구니는 348조항이다. 꽤 복잡하게 구성되어 있다. 당나라 때 도선의 제자 회소(懷素, 634-707)가 『사분율』에서 비구계 조항만 따로 뽑아서 『사분율비구계본』을 저술했다. 홍이는 이 책을 기본으로 해서 좀더 쉽게 재조직하고 『사분율』과 다른 주석서를 이용하여 체계적으로 재구성했다.

계상(戒相)은 사람들의 다양한 상황에 따라 규정된 '외형적 규범'[相]이다. 홍이는 계상에 대해서 집중적으로 다룬 것이다. 홍이는 『사분율비구계상표기』를 완성한 이후 본격적으로 남산 율종 연구와 전파에 나선다. 1931년 2월 15일 그는 불전(佛前)에서 서원한다.

제자 옌인(홍이), 삼가 부처님 전에 서원합니다. 오늘부터 남은 생이 다할 때까지 신명을 바쳐 남산 율종을 널리 알리고 지키길 서원합니다. 금생

　　　　　　　　　　　　　　　　　　　종파 불교의 계승과 학승

이 몸 이 목숨 다하도록 마음과 정성 다해 『남산율초』와 『영지기』를 읽고 연구하여 관통하고, 『사분율비구계상표기』를 후대까지 전해서 위로는 삼보의 은혜에 보답하고, 속히 무상정등정각을 성취하기를 서원합니다. [59]

불교인이 하는 맹서 가운데 '사홍서원'이란 게 있다. 네 가지 큰 다짐이다. 거기에 '법문무량서원학'(法門無量誓願學)이라는 조목이 있다. "무량한 부처님 가르침 배우렵니다" 정도로 풀 수 있다. 다 이루지도 못할 것 같은 서원을 한다. 하지만 비록 범부의 삶이지만 이것을 극복하겠다는 절실한 다짐이 없으면 불교에 대한 믿음은 시작되지 않는다. 이것이 없다면 불교 공부는 승려의 지겨운 일상 이상 아니다. 홍이는 충분히 절실했다. 대승불교의 백과사전이라 불리는 『대지도론(大智度論)』에서는 이런 간절함을 다음과 같이 묘사한다.

그대가 진정 불법을 아낀다면 살갖으로 종이 삼고, 몸과 뼈로 붓을 만들어 피로써 그것을 써라. 불법은 반드시 그대와 함께 할 것이다. [60]

불교에서 히는 이야기 치고는 다소 무서운 이야기다. 불법에 대한 진지함과 간절함을 말한다. 목숨을 바칠 수 있을 정도로 뭔가 간절하냐는 물음이기도 하다. 1931년 홍이는 원저우 금선사(金仙寺)에서 주지 이환(亦幻) 법사와 율학원(律學院) 설립을 발기하고, 11월에 남산 율학원 협의회를 구성했다. 하지만 몇 가지 문제로 율학원 설립은 실패했다. 함께하기로 한 이가 개인적 욕심을 부려 일이 어그러지고 말았다. 그는 당시 승려들의 수준이나 불교계의 상황에 대해 다시 한번 생각했다. 뼈저렸다. "이런 충격은 처음이었다. 한 달여 제대로 수면을 취할 수 없었고,

정신적으로 대단히 불안했다." *61 율학원 같은 교육기관의 설립은 쉽지 않다. 홍이는 율학원 설립이 아니라 자신이 인연 닿는 곳에서 율학을 강의하고, 율학을 제대로 공부하는 서너 명 인재라도 키웠으면 했다.

1932년 금선사에서 방을 한 칸 빌려 매일 『사분율』을 강의했고, 1933년 2월 8일 샤먼 묘석사(妙釋寺)에서 도선의 『사분율산보수기갈마소』 강의를 시작해 5월 8일에 회향했다. 그는 이곳에서 남산 율종을 배우겠다는 제자 십여 명을 얻어 '남산율학원(南山律學院)'을 설립했다. 교사를 마련한 것도, 체계적인 교과과정을 마련한 것도 아니다. 재정을 마련한 건 더더욱 아니었다. "이름을 세우지 않고, 경비를 받지 않고, 많은 이를 모으지 않고, 장소를 고정하지 않는다"는 원칙을 세웠다. 그럴 수밖에 없었지만 그것을 오히려 긍정해 버렸다. 그럴듯한 율학원을 설립하여 간판을 걸지 못하더라도 마치 수행결사처럼 홍이와 제자들은 함께 떠돌면서 공부했다. 이후 홍이는 샤먼 남보타사와 취안저우 개원사(開元寺) 등 여러 사찰에서 남산율을 강의하고, 제자들과 함께 공부했다.

홍이는 남산 율종을 부흥하기 위해서 문헌 발굴과 정리에 많은 노력을 기울였다. 흩어지고 잊힌 남산 율종 문헌을 종합하고, 그 체계를 다시 세우고 소개하는 것을 자신의 임무로 삼았다. 그런 과정에서 제자를 육성하고 남산 율종의 부흥이 단지 자신 한 사람 목소리가 안 되게 했다. 근대라는 시기에 기존 종파 불교를 부활한다는 것은 무모한 짓인지도 모른다. 그래서 그는 종파를 부활하는 게 아니라 남산 율종의 정신과 체계를 부흥하고자 했다. 더구나 자신이 직접 남산 율종의 계행을 실천해 보였다. 율전의 복잡한 계목은 홍이의 삶으로 현실이 되었다.

1942년 중국대륙은 태평양 전쟁으로 더욱 깊이 전쟁의 수렁으로

  종파 불교의 계승과 학승

빠저든 때였나. 혼란 속에서 훙이는 점점 여위는 몸을 이끌고 남산율을 강의하러 다녔다. 두타행 속에서도 그의 영혼은 맑았고, 늘 위의를 갖추었다. 10월 13일 오후 고승 훙이는 취안저우 원링(溫陵) 양로원에서 입적했다. 며칠 전 시자 미아오렌에게 '비흔교집(悲欣交集)' 네 글자를 적어 주었다. 세수 63세, 승납 25년이었다. 예술을 사랑하고, 끝없이 미의식을 추구한 리수퉁과 철저한 계행으로 이름 높았던 훙이. 이 극명한 대비 속에서 진정 아름다움이 뭔지 생각한다.

10

화엄종의 명맥, 잉츠

근대 중국 불교에서도 종파불교의 전통은 거의 사라졌다. 비록 지식인들에게
는 유식학이 광범위하게 유행했지만 여전히 많은 이들이 염불 신앙을 했다.
선방에 들어 화두를 붙잡고 다투면서도 『능엄경』이나 『원각경』을 열심히 읽었
다. 습관적으로 『법화경』을 읽고, 『화엄경』을 읽었지만 거기서 더 나가지는 못
했다. 그러다가 끊어진 화엄종 전통을 부활하고 화엄종 문헌의 교감과 출판을
시도한 고승이 출현했다. 대표적으로 위에샤(月霞)와 그의 사제 잉츠(應慈, 1873-
1965)다. 바로 이 두 사람 때문에 화엄종 전통은 근대 다소나마 부활한다.

『화엄경』의 세계

불교인들은 붓다의 가르침을 '대해일미(大海一味)'라고 표현하곤 한다. 붓다의 교설은 한맛이지만 천변만화하여 무량한 이야기로 중생 앞에 육박한다. 그런 변화와 다양함 때문에 불교가 숱한 시간과 공간을 뚫고서 21세기까지 당도할 수 있었다. 붓다의 교설은 중생과 연기하기 때문이다. 『화엄경』「십주품」에서는 '일즉다, 다즉일'(一卽多, 多卽一)이라는 말로 이런 광경을 묘사했다. 저 말을 풀면 "하나가 모두와 다르지 않고, 모두가 하나와 다르지 않네"라고 할 수 있다. 『화엄경』에서 말하는 '하나'는 '비로자나불'이다. 천차만별하는 세계는 모두 비로자나불이 현현한 것이라는 사유방식이다. 80권본 『화엄경』「여래출현품」에서는 대단히 환상적인 장면이 등장한다.

> 그때 세존께서 미간 백호에서 찬란한 빛을 내시니 이름하여 여래 출현이라. 가늠할 수 없는 빛으로 권속을 지었습니다. 그 빛 시방 허공 법계 모두 비추고 모든 세계를 오른쪽으로 열 번 돌아 여래의 무한한 자유자재를 보입니다. [63]

『화엄경』의 주인공 비로자나불은 '두루 비춘다'는 의미이다. 즉 광명불인 셈이다. 비로자나불은 빛을 내어 세계를 구현한다. 중생 구제나 깨달음의 성취도 실은 광명의 비추임이자 여래의 출현이라고 할 수 있다. '화엄'이라는 말도 이런 측면에서 이해할 수 있다. 이 세계에 존재하는 것들은 하나 빠짐없이 비로자나불의 현현이라고 한다면, 모두 진리이고 모두 영광이다. 그래서 세계는 온통 꽃[華]으로 장엄[嚴]된 것임에 틀림없다. 이런 점에서『화엄경』은 고통이 아니라 지복(至福)으로 세상을 묘사한다. 부정이 아니라 긍정이 우선이다.

얼핏 보면『화엄경』에서는 창조주처럼 절대자가 한 세계를 구현하는 것 같다. 충분히 그렇게 볼 수 있다. 그런데『화엄경』에서는 저 비로자나불을 내 안으로 들여버린다. 대단히 유심론적으로 세계의 구현을 설명한다. 유명한 유심게(唯心偈)에서 "마음은 뛰어난 화가같아 모든 세간 그려낸다"고 말한다. 또 말한다. "만일 누구라도 삼세 일체의 부처님을 깨닫고자 한다면 법계의 성품을 분명히 살펴라. 모든 것은 오직 마음이 지어낸 것일 뿐이다." •64 이렇게 보면 창조주가 아니라 마음이 세계를 쏟아낸다고 할 수 있다.

그런데 여기서 끝나지 않는다. 그 마음은 무엇인가. 바로 부처의 마음이다. 그것은 무엇인가. 진여심이며 자성청정심이며 여래장심이다. 대승불교의 한 사유형식인 불성론에서는 중생은 번뇌 속에서도 부처의 마음과 능력을 갖추고 있다고 말한다.『여래장경』에서는 불성을 이렇게 묘사한다.

모든 중생이 비록 증오·분노·무지의 번뇌 속에 있을지라도, 그들은 붓다의 지혜와 붓다의 눈, 선정 속에서 굳건하게 앉아 있는 붓다의 몸을 가지고 있다.…… 따라서 번뇌에 휩싸여 윤회하고 있을지라도 그들은 공덕이 있으며 항상 청정하므로 나와 다를 바 없는 여래장을 소유하고 있다. …… 이와 같이 관찰하면서 붓다는 번뇌를 제거하고 중생들에게 있는 불성을 나타내기 위해 법을 설하셨다. •65

　　　　　　　　　종파 불교의 계승과 학승

바로 이런 부처 마음 혹은 불성 개념이 『화엄경』 속에도 깃들고 있다. 결국 세계의 출현은 내 마음의 문제가 된다. 투명한 마음, 청정한 마음으로 세계를 보면 세계는 그냥 본디 그대로 보인다. 부처 마음으로 세계를 대하면 사물은 사실대로[如實] 드러난다. 그것은 『화엄경』에서 말하는 '해인삼매(海印三昧)'와 같다. "바다[海]에 바람이 잦아들어 물결이 고요하면 세상 모든 게 그대로 찍힌다[印]" 부들부들 떠는 사진작가는 아무것도 찍을 수 없는 노릇이다. 모든 중생이 갖춘 부처 마음이 작동하면 꽃으로 장엄된 세계를 여실히 볼 수 있다. 그래서 『화엄경』에선 "마음·부처·중생 이 셋 다르지 않네"라고 읊었다.

중국에 『화엄경』이 번역되자 불교인들은 이 경전을 철학적으로 신앙적으로 다양하게 변주했다. 이런 사상운동 집단을 화엄종이라고 불렀다. 화엄종은 초조 두순(杜順, 557-640)에서 시작하여 제자 지엄(智儼, 602-668)을 거치고, 그리고 법장(法藏, 643-712)에게서 완성됐다. 신라 고승 의상은 화엄종의 제2조인 지엄의 가장 뛰어난 제자였다. 화엄종은 현수(賢首)법장에 의해 완성됐기 때문에 현수종(賢首宗)이라고 부르기도 한다. 전하는 이야기에 따르면 법장은 당시 권력자 측천무후에게 초청받아 입궁했을 때, 황궁에 있던 황금사자로 화엄의 법계연기를 설명했다. 그 내용이 『화엄금사자장』으로 남았다.

또한 법장과 비슷한 시기 이통현(李通玄, 646-740)이 출현하여 그간 소홀히 다룬 80권본 『화엄경』을 연구하여 법장과 다른 이론을 제시했다. 화엄학 이론의 다른 한 축을 형성했다. 그는 유명한 『신화엄경론(新華嚴經論)』을 저술했는데, 이 책은 송대 성리학 형성에 많은 영향을 끼쳤다. 법장을 이어 화엄종을 이끈 인물은 청량징관(淸涼澄觀, 738-839)이다. 그는 법장에게 직접 배우지는 않았지만 실제 법장을 이론적으로 계승했다. 화엄학 이론은 선종에 진입하기도 한다. 이후 '화엄선'이라는 말이 등장할 정도로 둘은 강하게 결합한다. 그토록 번창한 화엄학은 당말 이후 선종의 압도적 우세 속에 거의 자취를 감췄다. 이론적 발전을 멈추고 선종의 일부로 편입되든지 아니면 아예 사라져버린 것이다.

근대 화엄종 전통

근대 중국 불교에서도 종파 불교의 전통은 거의 사라졌다. 비록 지식인들에게는 유식학이 광범위하게 유행했지만 여전히 많은 이들이 염불 신앙을 했다. 선방에 들어 화두를 붙잡고 다투면서도 『능엄경』이나 『원각경』을 열심히 읽었다. 습관적으로 『법화경』을 읽고, 『화엄경』을 읽었지만 거기서 더 나가지는 못했다. 그러다가 끊어진 화엄종 전통을 부활하고 화엄종 문헌의 교감과 출판을 시도한 고승이 출현했다. 대표적으로 앞서 소개한 위에샤(月霞)와 그의 사제 잉츠(應慈, 1873-1965)다. 바로 이 두 사람 때문에 화엄종 전통은 근대 다소나마 부활한다.

잉츠는 속성이 위(余)였고 이름이 뚜어(鐸)였다. 1873년 장쑤 동타이현(東台縣)에서 태어났다. 집안은 대대로 소금상을 했고 상당히 부유했다. 청대 소금상은 가장 부유한 직업군에 속했다. 부친은 가정교사를 불러서 아들을 교육시켰고, 아들은 향시에 합격하여 수재(秀才)가 되었다. 청말 소금 판매 관련 법령이 개정되면서 소금상은 크게 타격을 입었다. 뚜어 집안도 마찬가지였다. 여유로운 글공부를 더 이상 계속할 수 없었다. 열여섯 살 때, 모친은 뚜어가 생업에 나서도록 했다. 부친은 벌써 세상을 떴다. 뚜어는 10여 년을 일했고, 그간 결혼도 했다. 26세 때 부인이

  종파 불교의 계승과 학승

갑작스레 병으로 사망했다. 평온한 생활은 금방 금이 갔다.

1898년 스물여섯 위뚜어는 출가를 결심하고 저장 보타산을 향했다. 예나 지금이나 보타산에는 많은 사찰이 있고, 거기에는 숱한 수행자가 생활한다. 뚜어는 보타산에서 우연히 밍싱(明性) 화상을 만나 출가했다. 밍싱은 그에게 센친(顯親)이라는 법명과 잉츠(應慈)라는 자를 내렸다. 스승을 따라 난징 삼성암(三聖庵)으로 온 잉츠는 낮에는 농사를 짓고, 저녁에는 경전을 읽는 생활을 시작했다. 『유마경』을 읽고, 『법화경』을 읽고, 『능가경』을 읽었다. 사미 잉츠는 조금씩 승려로서 모양새를 갖췄다. 출가를 통해 탈속한 그였지만 세속에서 연마한 글읽기가 불경을 읽는 데 힘이 됐다.

1900년 잉츠는 닝보 천동사에서 팔지두타 징안에게 구족계를 받았다. 그때 잉츠는 선승 징안의 풍모와 천동사의 선풍에 감동했고 선 수행에 발심했다. 한동안 명산대찰을 찾아다니면서 고승을 친견하고, 힘들게 자신의 갈 길을 찾고 있는 수행자의 모습을 보았다. 1901년 전장의 금산사에서 당시 최고의 고승 따딩(大定) 선사에게 참선을 배웠다. 나중에는 창저우 천녕사에서 고승 에카이를 따라 참선했다. 선승 에카이는 공부에 남달리 뛰어난 잉츠를 단박에 알아봤다. 아직 설익고 갈 길이 멀지민 그 근기를 알아보았다. 비록 자신에게 출가한 것은 아니지만 자신의 법을 이을 제자로 받아들였다.

1906년 에카이는 밍징, 웨이콴, 위에샤, 잉츠 네 사람에게 법을 전했다. 에카이에게 법을 받은 네 명은 임제종 제42세(世)가 되었다. 당시 선종에서 법을 잇는다는 것은 당대나 송대처럼 엄격한 기준이나 분위기 속에서 이뤄진 것은 아니었다. 그야말로 견성(見性)하여 엄청난 도인이 된 자가 법을 이은 게 아니라 그럴만한 그릇이거나 능력을 보인 제자에게 장래를 맡기는 행위였다. 더구나 불교계에선 선종의 법맥 자체

○

『화엄경』의 바다에 빠지면 뉘라도 쉽게 빠져 나오지 못한다. 그 방
대함에 허우적 거리다 물러서기 일쑤다. 잉츠는 그 망망대해같은
화엄바다를 보기 좋게 건너서 그 맞을 우리에게 선물했다. 나무비
로자나불.

에 대해 심각하게 생각하지 않았다. 하지만 법을 이었다는 것은 수행자로서 막중한 임무를 떠맡았다는 말이다. 출가한 지 오래지 않은 잉츠는 사형(師兄)인 위에샤를 특별하게 생각했다.

위에샤는 잉츠보다 열다섯 살이 많았다. 출가자에게 연령이 꼭 중요한 것은 아니지만 삶의 두께나 깊이에서 연장자를 공경하는 것은 세간과 출세간을 불문하고 일반적이다. 잉츠는 위에샤를 스승처럼 대했다. 위에샤도 잉츠를 사제이지만 제자처럼 정성껏 가르쳤다. 재밌는 점은 위에샤와 잉츠는 선승 에카이로부터 임제종의 법을 이었는데도 화엄종을 부흥시키려고 동분서주했다는 사실이다. 하기야 규봉종밀(圭峰宗密, 780-841)도 있지 않은가. 그는 『선원제전집(禪源諸詮集)』 101권을 저술할 정도로 선종에 깊숙이 몸담았지만, 청량징관을 이어서 화엄종 5대조사가 되었다. 이렇게 화엄종과 선종은 일찌감치 수행론을 바탕으로 결합했다.

1907년부터 잉츠는 위에샤를 도와 승려 교육 사업에 투신했다. 1908년에는 안후이에서 승려교육회를 조직하여 『법화경』 강의를 했다. 1909년 장쑤 성 승려교육회에서 난징에 '승려사범학당'을 설립하고, 위에샤와 디셴(諦觀)을 초청했다. 잉츠도 위에샤를 따라서 승려사범학당에 도착한다. 신해혁명으로 학교가 해산할 때까지 그곳에서 학교 업무를 보조했다. 위에샤는 상하이에서 근대 중국의 최초 간행물인 『불학총보(佛學總報)』의 간행을 준비했다. 또한 위에샤는 하둔 부인 뤄자링과 캉유웨이 등과 상하이 애려원에 '화엄대학' 설립을 추진했다.

1912년 9월 상하이 애려원에서 화엄대학 예비과정 수업이 정식으로 시작됐다. 이때도 잉츠는 위에샤를 도와 화엄대학의 운영에 참여했다. 1914년 예비과 학생이 졸업하자 화엄대학 정과 수업을 시작했다. 개학한 지 2개월 남짓 됐을 때, 이교도의 침입이 있었다. 60여 세의 하둔은 주위 사람들의 이야기에 미혹되어 비정상적인 행동을 하기 시작했다. 그는 마치 황제나 사이비 종교의 교주나 된 듯 화엄대학 학생들에게 세 번 무릎을 꿇고 아홉 번 절하는 예를 요구했다. 이런 것은 청대 황제가 유럽 선교사에게 요구한 의례였다. 얼토당토않은 요구에 화엄대학 교사와 학생은 분노했다. 화엄대학은 애려원에서 더 이상 수업을 진행할 수 없었다.

1914년 겨울 스승 에카이 도움으로 위에샤와 잉츠는 60여 명 학인을 데리고 항저우 해조사(海潮寺)로 와서 수업을 계속했다. 1916년 창싱(常惺, 1896-1939), 츠쏭(持松, 1894-1972), 츠저우(慈舟, 1877-1958) 등 첫 졸업생을 힘들게 배출했다. 그들은 화엄대학의 처음이자 마지막이었다. 근대 시기 승가교육은 힘들었다. 재정적으로도 힘들었고, 교사를 찾기도 힘들었다. 더구나 끈기 있게 수업을 따라 올 승려도 많지 않았다. 하지만 교육은 확신이 아니라 당위로 하는 것 아니겠나. 창싱은 나중에 타이쉬를 도와 샤먼 보타사에서 민남불학원을 이끌었고, 츠쏭은 화엄학을 공부하다 일본 고야산으로 유학해 일본 밀교를 배웠다. 츠저우는 1936년 푸저우(福州) 법해사에서 스승을 이어서 '법계학원'을 다시 설립하여 화엄학을 선양했다.

청량학원의 성립

1917년 위에샤는 스승 에카이의 명으로 장쑤 성 창슈 흥복사(興福寺)에서 선풍을 일으켰다. 또한 그는 화엄학 선양을 위해 흥복사에 '법계학원'을 설립했다. 하지만 그해 11월 항저우 옥천사에서 입적했다. 늘 위에샤를 따라 생활한 잉츠에게는 적잖은 충격이었다. 위에샤는 잉츠에게 부촉했다. "잉츠 사제, 화엄학을 잘 선양하고, 방장을 맡지는 마시게." 위에샤의

 　　　　　　　　　　　　　　　　　종파 불교의 계승과 학승

유언이었다. 위에샤는 자신이 다하지 못한 화엄학 부흥을 잉츠에게 부탁했다. 또한 방장을 맡지 말라고 당부했다. 중국에서 '방장(方丈)'은 일반적으로 사찰의 주지가 거처하는 곳을 말한다. 그 의미가 확대되어 주지를 가리키는 말로도 쓰였다. 우리나라에선 이와 달리 해인사나 송광사 등 총림을 대표하는 선승을 가리킨다. 잉츠는 이후 주지 소임을 삼갔다.

위에샤 입적 이후 잉츠가 '법계학원'을 맡아서 운영했다. 1919년 잉츠는 창슈 흥복사 주지직과 법계학원 원장직을 츠쑹에게 물려주고 항저우 서호 근처에 있는 보리사에서 폐관 수행에 들어간다. 잉츠는 폐관 동안 화엄종 전적을 집중적으로 공부했다. 잉츠는 이전에 사형 위에샤의 화엄학 강의에 참여하기도 했고, 자신이 직접『화엄경』을 강의하기도 했다. 하지만 부족했다. 폐관 기간은 잉츠가 화엄학을 자신의 신체로 만드는 시간이었다. 단지 잉츠 한 사람에 그치지 않고, 근대 중국에서 화엄학의 전통이 들어서는 순간이기도 했다. 엄청난 양의『화엄경』, 그리고 그에 못지않은『화엄경』주석서와 연구서를 꼼꼼하게 읽었다. 그것은 화엄학을 통해서 광대무변한 이 세계를 엿볼 수 있었다. 하나의 파노라마였다.

1924년 11월 장쑤 성 창저우 청량사 징보(靜波) 화상이 '청량학원' 설립을 준비했다.『화엄경』에서는 동방의 청량산(淸凉山)에 문수보살이 있다고 한다. 이렇게 청량은『화엄경』이나 화엄종의 상징처럼 사용됐다. 고대중국에서 불교도들은 산시(山西) 오대산을 청량산으로 간주했다. 그래서 오대산에 문수신앙이 형성됐고, 이후 문수성지가 되었다.『삼국유사』에 따르면 신라의 고승 자장(慈藏)은 중국 청량산(오대산)에서 문수보살을 친견했다고 한다. 신라로 귀국한 그는 통도사를 짓고, 계율을 정했다. 만년에 태백산에서 초당을 짓고 다시 문수보살을 친견하길 바랐다. 그곳이 지금 강원도 오대산이다.

청량사 징보는 직접 항저우 보리사로 달려와 잉츠에게 폐관을 풀고

'청량학원'을 맡아주길 부탁했다. 잉츠는 두 가지 조건을 내걸었다. "첫째, 학인들은 일체 불사에 참가하지 않는다." 예나 지금이나 절집에서 학인들이 그렇게 한가롭지 않다. 공부뿐만 아니라 여러 가지 일을 맡아서 한다. 쉽지 않은 불교 경론과 친해지기에는 시간이 턱없이 부족하다. 이것을 개선하고자 했다. "둘째, 학인들은 반드시 하루에 세 차례 참선을 해야 하고, 조석예불 대신 '보현십대원'(普賢十大願)을 염송한다." 잉츠는 화엄학 공부를 위해선 교리 연구만이 아니라 참선 수행이 필수적임을 적시했다. 보현보살은 『화엄경』의 주인공 가운데 한 명이다. 문수보살이 지혜를 상징한다면 보현보살은 '실천과 서원'(行願)을 상징한다. 40권 『화엄경』에서는 보현보살이 열 가지 서원을 말한다. 일곱 번째 서원인 '중생 사는 세상에 오래 머무십시오'(住世分) 항목에서 다음과 같이 말한다.

저는 모든 법계와 허공계 시방삼세에서 반열반에 드시려고 하는 무수히 많은 부처님과 보살과 성문, 연각 그리고 배우는 이, 더 배울 것 없는 이와 모든 선지식께 진정으로 바랍니다. 제발 열반에 들지 마시고 가는 티끌 수만큼 많은 겁을 지나도록 모든 중생을 이롭고 행복하게 하십시오. •66

대승불교의 정신은 이렇다. 보살은 열반에 들지 말고 곁에서 그들을 제도하는 역할이다. 이것은 대승불교의 보살선언이라고 할 수 있다. 잉츠는 매일 아침 학인들에게 이 선언을 되뇌게 했다. 비록 화엄학 전적에 파묻혀 살지만 자신이 삭발염의한 승려이고, 중생구제의 보살정신으로 무장해야 함을 일깨웠다. 이게 없으면 그냥 글자에 빠지고 만다. 이렇게 되면 수행자의 글읽기가 아니라 학자의 글읽기로 전락하고 만다. 적어도 불교적 글읽기는 아니다.

  종파 불교의 계승과 학승

화엄전적의 간행

1925년 청량학원 예비과정을 설치했고, 1926년 청량학원을 정식으로 설립했다. 예과 2년 정과 3년 과정이었고, 학인 32명이 입학했다. 잉츠는 '청량학원'에서 『사십이장경』, 『대승기신론』 강의를 시작으로 해서 『능엄경』, 『법화경』 등 대승경전을 계속해서 가르쳤다. 이후 『화엄오교장』 등 화엄학 관련 문헌을 하나씩 독파했다. 1928년 청량학원 예과생 졸업생을 배출했다. 이해에 상하이로 학교를 옮겼다. 이듬해인 1929년 청량학원 정과가 수업을 개시했다. 잉츠는 청량국사 징관의 대저 『화엄현담^(華嚴懸談)』 강의를 시작했다. 이해 청량학원을 창저우 영경사^(永慶寺)로 옮겼다.

잉츠는 영경사에서 다시 80권본 『화엄경』 강의를 시작했다. 국민당 군대의 군벌토벌 작전인 북벌이 끝난 1930년이었지만, 장제스 측과 군벌 측의 전투는 계속됐다. 이 전쟁으로 수만 명이 쓰러졌다. 장제스 군대의 근거지는 장쑤와 저장 일대였다. 잉츠가 강의하고 있던 영경사에 장제스 군대가 주둔했다. 근대 중국에선 잦은 전쟁으로 걸핏하면 불교 사원에 군대가 주둔했고, 아무렇지도 않게 기물을 징발했다. 무창불하원도 그랬고, 지나내학원도 그랬다. 영경사에서 더 이상 수업을 진행할 수 없었다. 그래도 잉츠는 멈추지 않았다. 장쑤 성 우시^(無錫) 용화암으로 옮겨 수업을 계속했다. 수행자의 운수행각처럼 청량학원은 유행^(遊行)했다. 잉츠가 포기하지 않았듯 학생들도 포기하지 않았다. 30여 명 학승이 스승을 묵묵히 따랐고, 화엄학의 넓은 바다를 건넜다. 1932년 청량학원은 정과 졸업생을 배출했다.

1939년 봄부터 잉츠는 상하이에서 '화엄속성사범학원'을 설립해서 60권 『화엄경』을 강의했다. 당시 상하이 불교계에서 청량징관이 쓴 『대방광불화엄경수소연의초(大方廣佛華嚴經隨疏演義鈔)』를 편찬하려는 움직임이 있었다. 이 책은 흔히 『화엄경소초』로 불리는데 징관이 『화엄경』에 주석을 가한 『대방광불화엄경소(大方廣佛華嚴經疏)』를 따라서[隨] 다시 의미[義]를 심화[演]한 글이다. 일찍이 유명한 불교 거사인 쉬위루(徐蔚如, 1878-1937)가 교감을 시도하여, 교정본 출판을 시도했지만 1937년 그의 사망으로 완성하지 못한다. 그와 함께 활동한 장웨이차오(蔣維喬), 예공춰(葉恭綽), 리위안징(李圓淨) 같은 불교계 인사들은 1939년 5월에 『화엄경소초』 편인회'를 설립했고 잉츠를 이사장으로 추대했다.

편인회는 중국이나 일본, 그리고 티베트 판본 등 10여 개 유통본을 수집하여 교감 작업을 시작했다. 잉츠도 직접 교감에 참여했다. 여러 개 판본을 한 글자씩 대조하면서 엄청난 양의 『화엄경소초』를 헤집기 시작했다. 1941년 겨울 전체 교정원고가 마련됐다. 이후 출판 방법과 출판 경비 모금 등에 대해 고민했다. 매부 40책으로 500부를 인쇄했다. 아울러 『보현행원품별행소초(普賢行願品別行疏鈔)』를 부가했다. 1944년에야 비로소 전체 교감과 인쇄가 완료됐다. 말할 것도 없이 출판과정에서 지난한 교감작업이 진행됐다. 징관의 본의를 정확히 밝히고 화엄학의 전통을 다시 수립하려는 의도를 가지고 그런 시간을 감내했다. 잉츠의 명을 받아 문인 츠쑹이 쓴 『다시 교감 편집한 화엄경소초에 붙이는 서문』에서 말한다.

환란이 들끓고 경제적으로도 너무도 힘든 시절에 세상을 밝힐만한 뛰어난 공로이자 보기 드문 성과를 훌륭하게 완수했다. 이런 일을 생각이나 할 수 있었겠는가? 진실로 불가사의라 하겠다. •67

1940년대는 중국과 일본의 전쟁과 국민당과 공산당의 대립이 이

종파 불교의 계승과 학승

중으로 존재했다. 이런 상황에서 불교인들의 저런 작업이 한가하게 보일 수도 있겠다. 하지만 그들에게는 세상을 밝힌다는 사명감과 뜨거운 종교심이 있었다. 잉츠는 『화엄경소초』 간행을 준비할 때인 1943년 상하이 자운사(慈雲寺)에 주석했다. 자운사는 침향각(沈香閣)이라고 불린다. 이곳에서 화엄종 초조 두순(杜順)의 『법계관문(法界觀門)』을 강의했다. 이때부터 자운사는 화엄도량으로 변모했다. 시내 한복판에 위치한 침향각은 현재 비구니 스님들이 관리하고 있으며 여전히 건재하다.

1957년 잉츠는 85세 고령에도 불구하고 상하이의 옥불사에서 『화엄경』 전체를 강의했다. 화엄학을 주로 강의하고 선양했지만 잉츠는 매일 일정한 시간에 참선을 했다. 청량학원의 학인들에게 요구한 조건을 자신에게도 제시했다. 중국 근대 불교를 발동시킨 양런산 거사가 정토 신앙과 화엄교학을 바탕으로 했다면 잉츠는 참선과 화엄학 연구를 필생의 과제로 삼고 살았다. 잉츠는 『화엄경소초』 뿐만 아니라 『화엄경탐현기』 등 여러 편의 화엄전적을 판각했다.

근대 중국에 수당 불교에 있었던 것 같은 종파 불교가 복원된 것은 아니다. 과거처럼 강력한 구속력 같은 것은 전혀 존재하지 않았다. 단지 자신의 공부 태도나 취향에 부합하는 것을 선택했을 뿐이다. 때문에 화엄종 자체가 근대에 다시 나타날 수는 없었다. 화엄도량이 생기고 화엄학인이 생겼지만 그것이 곧바로 화엄종의 건립으로 이어지는 것은 아니다. 이미 그런 분위기는 불가능했다. 하지만 중국 불교의 정수로 꼽히는 화엄교학은 잉츠를 통해서 다시 한 번 세상에 메아리 칠 수 있었다. 화엄과 선의 만남을 다시 보인 잉츠는 1965년 자운사에서 입적했다. 세수 93세, 승납 67년이었다.

11

법화경 연구와 관종 강사, 디센

디센은 1932년 5월 19일에 단정히 앉아서 입적했다. 세수 75세 승납 55년이었다. 천태종의 전통대로 교(敎)와 관(觀)을 균형 있게 닦았고, 천태종 교의뿐만 아니라 다른 불교 교의에 대해서도 상당히 열린 자세를 취했다. 세상의 덧없음에 출가를 단행했지만 그렇다고 세상에 무기력하지도 게으르지도 않았다. 중국 천태종은 디센의 삶을 통해서 근대에 부활을 맛본다.

천태 종자

과거 '근대화'가 요술처럼 모든 것을 다 해결해줄 것 같은 시대도 있었고, 반대로 '하늘에 사무치는 원수'처럼 극악한 것으로 묘사한 때도 있었다. 봉건적 인습을 생각하면 근대는 해방자이고, 전통의 미풍양속을 생각하면 근대는 파괴자다. 그래서 근대 불교니 근대적 불교학이니 하는 말은 듣는 이에 따라 느낌이 영 딴판이다. 하지만 한 가지는 기억해야 한다. 누구도 '근대'라는 거대한 전환을 비켜갈 수 없었다는 사실. 그것을 사랑하는 이는 사랑을 지키기 위해서 열렬히 선전했고, 그것을 반대하는 이들은 혐오하기에 소리 높여 성토해야 했다. 전통도 싫고 근대도 싫은 자들도 있겠지만 그들도 어떤 식으로든 발언해야 했다. 제3지대에 서서 말할 수는 없었다. 근대인의 고통은 바로 여기에 있다.

불교계에서 보면 근대적 교육 혹은 근대적 불교학이린 게 실은 불교에 대한 기존 관념을 크게 상처 낼 수도 있었다. 경전에 등장하는 '불설'이라는 말 때문에 그것이 2천 수백 년 전 인도의 성자 고타마 붓다가 한 이야기인 줄 알았는데, 알고 보니 대승경전은 그의 사후 수백 년 뒤에 저술됐다. 이런 근대 문헌학의 성과는 불교 신앙자에게서, 특히 대승불교권의 불교인에게서 신앙 자체를 박탈할 수도 있었다. 비록 그런 일은 일어나지 않았지만 꽤나 위태로운 지경에 도달한 것은 사실이다. 그래서 불교 근대화는 여러 가지 층위에서 진행된다. 전통적인 가치는 조금도 흔들림 없이 근대적 교육을 채택할 수도 있었고, 근대 불교학 자체를 받아들일 수도 있었고, 전통에 대한 적극적인 반성에서 시작할 수도 있었다.

지금 우리가 보는 불교는 근대 시기 몇몇 경향 가운데 살아 남은 하나가 아니다. 여러 갈래 불교가 얽히고설켜 존재하기에 족보를 도저히 알 수 없다. 하지만 당시는 급변하는 사회에서 불교의 역할을 찾고, 불교를 개혁하기 위해서 다들 고군분투했다. 근대 중국 불교의 아버지로 불리는 양런산은 먼저 경전 유통을 위해서 1866년 '금릉각경처'를 설립했다. 불서의 판각과 유통은 불교 지식을 전파하고, 확대하는 효과가 있다. 하지만 직접적으로 불교 발전을 이끌 수 있는 동력은 역시 사람이었다. 교육 사업을 위해서 1908년 '기원정사'를 설립했다. 그렇게 근대적 불교 교육이 시작됐다.

기원정사는 출가자와 재가자의 구분이 없이 수업을 진행했다. 교사도 그렇고 학생도 그랬다. 이후 전문적으로 승려 교육을 행하는 기관이 출현했다. 승려사범학당이나 불학원 등 다양한 형태였지만 뚜렷한 종파에 근거해서 교육을 실시한 것은 1913년 위에샤(月霞, 1857-1917)가 상하이에 설립한 '화엄대학'과 디셴(諦閑, 1858-1932)이 설립한 '관종학사'(觀宗學社)가 대표적이다. 디셴의 '관종학사'는 승가교육과 천태종의 근대적 부활을 기도했다는 점에서 매우 중요했다.

디셴(諦閑)은 속성은 주(朱)였고 저장(浙江) 황옌(黃岩) 사람이다. 1858년 태어났다. 어릴 적에 부친을 잃고 매우 가난하게 생활했다. 열여섯 살 된 해인 1873년부터 어머니의 당부로 외삼촌을 따라서 전통 의학과 한약 조제를 배웠다. 화엄대학을 세운 위에샤의 어린 시절과 비슷했다. 열여덟 살 된 해 가정을 꾸리고 자신의 약방을 마련해서 사람들을 치

  종파 불교의 계승과 학승

료했다. 2년여가 지났을까. 아내와 자식, 그리고 모친이 연이어 세상을 떠난다. 자신이 다른 사람을 위해서 약을 짓고, 병든 자를 치료했지만 눈앞에서 쓰러지는 혈육을 어찌하지 못했다. '삶의 어쩔 수 없음'을 뼈저리게 느낀 그는 그 길로 집을 떠났다. 고향 근처인 저장 린하이(臨海)에 있는 백운산(白雲山)으로 가 청다오(成道) 화상에게 출가했다.

출가한 지 오래지 않아 장형이 와서 집으로 돌아 갈 것을 독촉했다. 디셴은 잡혀가듯 산을 내려갔다. 1879년 장형이 사망했다. 그를 속세에 가둔 인연이 그냥 흩어졌다. 그는 다시 백운산을 올랐다. 다시 공부를 시작했다. 1881년 24세 된 디셴은 저장 천태산 국청사(國淸寺)에서 구족계를 받았다. 이곳은 수나라 때 천태대사 지의(智顗)와 제자 관정(灌頂)이 주석한 곳이다. 천태종의 발원지였다. 고려시대 대각국사 의천도 이곳에서 천태교학을 고려에 전파하기로 서원했다. 디셴은 국청사에서 천태종을 만났다.

법화경 세계

1883년 디셴은 저장 핑후(平湖) 복진사(福臻寺)에서 노승 민시(敏羲)로부터 『법화경』을 배웠다. 노승을 시봉하면서 『법화경』 강설을 들었지만 도통 알 길이 없었다. 무슨 말을 하는 건지 종잡을 수 없어 당황했다. 불법[佛法]에 대한 열의가 있다고 해서 그냥 불법이 이해되는 건 아니다. 절간을 뻔질나게 들락거린다고 해서 깨달음이 오는 것도 아니다. 시간의 무게나 경험의 축적으로 뭔가가 완성되지는 않는다. 그것들은 하나의 조건일 뿐이다. 디셴은 『법화경』에 대해 헤매고 있었다.

『법화경』은 동아시아 불교인들이 가장 아낀 대승경전 중 하나다. 몇 가지 한역본이 있는데 구마라집이 번역한『묘법연화경』이 가장 널리 읽힌다. 오묘한 불법을 연꽃에 비유한 것이다. '연꽃'은 진흙에 뿌리박고 있지만, 흙탕물을 뚫고 나와 찬란한 꽃을 피운다. 번뇌의 바다에서 허우적대고 있지만 바로 그곳에서 강력한 힘으로 번뇌를 물리치고 깨달음의 꽃을 피울 수 있어야 한다. 이것이 불교의 지향이다. 또한 부처는 오탁악세의 예토에서 중생을 위하여 자신의 능력을 남김없이 발휘한다. 바로 이런 부처의 힘으로 중생은 더 나은 세계로 상승한다. 그래서『법화경』에서는 방편과 지혜를 말한다.

사리불아, 내가 성불한 이래 갖가지 인연과 비유로 가르침을 널리 베풀었으며, 무수한 방편으로 중생들을 인도하여 모든 집착에서 벗어나게 했다. 그것은 여래가 방편(方便) 바라밀과 지견(知見) 바라밀을 모두 갖추었기 때문이다. •68

여기서 방편은 붓다가 중생을 만나고 제도하는 다양한 기술이다. 주의해야 할 점은 붓다에게 방편은 단지 부수적인 능력이 아니라 가장 핵심적인 능력이다.『법화경』이 특히 주목되는 것은 여느 대승경전과 사뭇 다른 대단히 강력한 신앙을 요구한다는 점이다. 초능력자로서 붓다는 우주의 주재자 역할까지 감당한다. 이런 맥락에서『법화경』「수량품(壽量品)」에서는 '무량한 생명으로서 붓다'를 제시한다. •69 우주적 생명, 혹은 개별 생명의 귀속처로서 붓다를 상상하는 경향은 일본에서 특히 강했다.

디센이『법화경』공부를 막 시작하여 헤매고 있을 때, 유나 직책을 맡고 있던 셔우쉬(授虛)가 명말 고승 지욱(智旭, 1599-1655)이 쓴『법화경회

　　　　　종파 불교의 계승과 학승

의(法華經會義)』를 선물했다. 이 책의 원래 명칭은 『묘법연화경태종회의(妙法蓮華經台宗會義)』이다. '회의'라는 말은 『법화경』 각 구절에 대한 역대 천태종[台宗] 고승이 밝힌 의미[義]를 모았다[會]는 뜻이다. 우익지욱이 천태종 조사들의 『법화경』 경문에 대한 해설을 모은 책이다. 전체 16권으로 꽤 방대한 규모이다. 그는 중국 천태종을 정초한 천태지의(天台智顗, 538-597), 장안관정(章安灌頂, 561-632), 형계담연(荊溪湛然, 711-782)의 저작을 이용했다. 지욱은 서문에서 이렇게 말한다.

『법화경』이 간직한 심오한 의미에 대해 지자 대사(지의)가 그것의 근원을 밝히셨으니 어찌 뺀 부분을 다시 늘어놓겠으며, 장안존자(관정)가 그것의 개괄을 기술했는데 어찌 상세한 점을 다시 기록하겠는가. 형계존자(담연)가 그것의 요점을 천명했는데 어찌 다시 그것의 곡절을 분석하겠는가. •70

우익지욱은 운서주굉, 감산덕청, 자백진가와 더불어 이른 바 '명말 4대 고승' 가운데 한 명으로 특히 천태학 방면에 저작을 많이 남겼다. 청대 천태학이 크게 발전한 것은 아니지만 공자진(龔自珍) 같은 유명한 거사도 천태하 공부를 할 정도로 여진히 명맥을 유지했다. 청말 비록 각 종파가 퇴락했지만 『법화경』 같은 대승경전은 포기할 수 없는 텍스트였다.

디센도 마찬가지였다. 그는 『법화경회의』를 받고 열심히 읽었다. 힘들게 한 번 읽으면 다시 처음부터 시작하길 여러 차례 했다. 낮에 『법화경』 강의를 듣고, 밤에는 그 구절에 해당하는 주석을 한자씩 짚어가며 읽었다. 어떤 때는 '이 구절에 왜 이런 주석을 붙였지?' 하고 아리송하기도 했고, 어떤 주석에는 무릎을 쳤다. 아는 만큼 보였고, 앎이 깊어질수록 환희도 컸다. 광부가 지하 수백 미터 어둠의 갱(坑)에서 빈약한

○

불교에서는 진흙탕 속에서 핀 맑은 연꽃으로 불교의 오묘한 진리를 비
유하곤 한다. 불교도들은 이리 치이고 저리 치이는 삶에서도 한바탕
깨달음의 꿈을 꾼다. 디센은 이런 『법화경』의 도리를 제자들에게 설파
했고, 그들이 세상의 꽃이 되길 바랐다.

폐와 곡괭이 하나로 광석을 캐듯 혼신의 힘으로 조금씩 전진했다.

1884년 디센은 상하이 용화사(龍華寺)에서 샤오로(曉柔, 1827-1886)에게 다시 『법화경』 강의를 들었다. 샤오로는 일찍부터 시짓기에 열중한 승려로 팔지두타 징안처럼 시승으로 이름이 높았다. 또한 당나라 도선(道宣)이 쓰고 이후 명나라 일송 대사(一松大師)가 강의한 『묘법연화경연의(妙法蓮華經演義)』를 편집 간행한 『법화경』 연구자였다. '연의'는 '의미[義]'를 잘 흐르게 한다[演]'는 뜻이다. '주석'한다고 할 때 '주(注)'도 물을 대어서 편안하게 흘러간다는 의미니 '연'자와 다를 바 없다. 『법화경연의』에서는 '묘법연화'라는 제목을 이렇게 푼다.

'묘법' 두 글자는 불법의 본체이다. '연화' 두 글자는 비유다. 묘법은 이해하기 힘들기 때문에 비유를 들어서야 설명할 수 있다. 그래서 연화로써 비유를 삼았다. '묘'는 불가사의함을 말한다. 사유로써도 도달할 수 없고, 언어로도 표현할 수 없다. 그래서 '묘'라고 했다. '법'은 궤범이 되고 견지해야 할 성품을 말한다. 그래서 법이라고 했다. 이 법은 불가사의하기 때문에 상근기 중생이 아니면 이해하기 힘들다. 그래서 연화로써 비유했다. •71

디센은 이듬해 용화사로 다시 와서 다하이(大海)에게서 『능엄경』을 배웠다. 『능엄경』은 당시 어떤 교학을 공부하든지 막론하고 승려들이 즐겨 읽는 경전이었다. 디센은 자신의 공부가 조금씩 익어가자 참지 못하는 말들이 생겨났다. 오랫동안 읽기만 하다가 불쑥 시작(詩作)을 시작하는 시인처럼 목구멍에서 슬금슬금 기어 나오는 말이 있었다. 이제 법석을 마련해야 했다. 디센은 직접 강설에 나섰다. 어설펐지만 먼 길을 가기 위한 발걸음이었다.

천태종 43대 조사

디센은 항저우(杭州) 육통사(六通寺)에서 본격적으로 『법화경』 강설을 시작했다. 『법화경』의 「사리불 수기품」을 강의하는 어느 날이었다. 강설에 앞서 선정에 들었는데 한 시간이 지나서야 출정했다. 그러고 나서 막힘없는 강의를 펼쳤다. 이후 그의 강의는 그야말로 자유자재했다. 천태산 국청사에서 구족계를 받으면서 맺은 법화 인연을 이제 제대로 펼칠 수 있었다. 『법화경』이 유명하고 널리 읽히지만 그렇다고 금방 이해되는 건 결코 아니다. 디센 본인도 그랬다. 아리송한 한 구절 이해하기 위해서 숱한 밤을 데굴데굴 구르며 고뇌했다. 그런 시간들이 결국 그를 법상(法床) 위에 올려놓았다.

디센은 육통사에서 『법화경』 강설을 원만하게 마치고 바로 국청사로 돌아와서 폐관(閉關) 수행에 들어갔다. 폐관은 선가에서 하는 무문관과 달리 꼭 참선 수행만을 하는 건 아니다. 일정한 기간 출입을 삼가고 간경이나 참선 등에 전념하는 것을 이른다. 이듬해 상하이 용화사 방장 지뤄이(迹瑞)가 사람을 보냈다. 폐관을 풀고 용화사로 돌아와 자신을 도와줄 것을 부탁했다. 결국 디센은 용화사에 도착해서 절 살림을 살면서 대중들과 함께 공부했다. 1886년 방장은 디센에게 법을 전했다.

디센은 29세가 되던 해에 천태종 제43대 조사(祖師)가 되었다. 얼른 보기에 몇 대 조사라는 지위가 대단히 영광스러워 보일지 모르지만 결코 그 자리가 뭔가를 해주지는 않는다. 또한 법을 받았다고 해서 수행이 종결한 것은 결코 아니다. 그것이 또 다른 시작인 줄은 수행자라면 누구나 안다. 디센은 이후 폐관과 출관(出關)을 계속하면서 수행했다. 디센은 천태종 조사답게 참선과 경전 공부를 함께 했다. 전장 금산사에 들어 참선에 매진하기도 하고, 강남 여러 사찰을 방문하여『법화경』이나『능엄경』, 그리고 운서주굉의『아미타경소초(阿彌陀經疏抄)』등 여러 경전을 강의했다. 때론 승려들을 대상으로 했고, 때론 재가 신도들을 대상으로 자신의 공부를 꺼내 놓았다.

디셴은 서른일곱 되던 해 용화사에서 민시 화상의『천태사교의집주(天台四敎義集注)』강의를 보조했다. 이 책은 흔히『사교의집주』로 불리는데 원대(元代) 승려 몽윤(蒙閏, 1275-1342)이 우리나라 고려시대 승려 제관(諦觀)이 편찬한『천태사교의』에 대해 행한 정밀한 해석서이다. 제관은 수대 장안 관정(章安灌頂, 561-632)이 쓴『천태팔교의대의』를 정리하여 이 책을 완성했다. 몽윤의『사교의집주』는 오랫동안 천태종 교리를 이해하는 해설서로 사용됐다. 몽윤은 제목 가운데 '사교의'(四敎儀)를 다음과 같이 푼다.

'사교'는 화의사교와 화법사교로 구분해서 설명했다. 모두 여덟 가지 교의가 있는데 지금 단지 사교라고 한 것은 통칭으로 제목을 지었기 때문이다. 의미는 화의·화법 두 가지 모두 포함한다. 화의가 아니면 교리를 형식적으로 유형화할 수 없고, 화법이 아니면 의미를 분석할 수 없다. 이 책의 핵심은 여기를 벗어나지 않는다. '교'는 성인에게 받은 말씀으로 이치를 가리켜 중생을 교화하는 것을 가치로 삼는다.…… '의'는 천태종 일가가 사교에 대해 유형화하고 분석하는 규범이다. •72

디셴은 민시 화상을 보조하면서 천태종 교리의 기본인 이 책을 배웠다. 디셴은 수행자로서 배움과 가르침에 대해 누구보다 열심히 했다. 디셴이 승가교육의 필요성을 절감한 것은 금릉각경처의 설립자인 양런산 거사를 통해서다. 양런산은 1908년 금릉각경처에 불교교육 기

관인 '기원정사(祇洹精舍)'를 설립했다. 불교교육뿐만 아니라 당시 서구에
서 유입된 신식교육도 병행했다. 학제를 보통교육과 전문교육으로 나
누었다. 양런산은 디셴을 '학감(學監)'으로 초빙하여 천태교학 강의를 부
탁했다. 쑤만수는 영어를 가르쳤고, 명사 리샤오툰(李曉暾)은 국문을 가
르쳤다. 양런산 자신은 『대승기신론』을 강의했다. 학생으로는 어우양
징우(歐陽竟無)나 메이광시(梅光羲) 같은 재가자뿐만 아니라 타이쉬(太虛), 런
산(仁山) 같은 승려도 있었다. 디셴이 이곳에 오래 있지는 않았지만 불교
교육에 대해 새롭게 눈을 떴다.

기원정사는 2년을 못 채우고 재정적인 어려움으로 문을 닫았지만,
그 영향은 컸다. 처음으로 근대적 불교 교육의 모범을 보여주었고, 이
후 불교계를 이끈 인재를 배출했다. 1923년 여름 어우양징우는 지나
내학원의 법상(法相) 대학 개학 강의에서 "지금 존재하는 무창불학원과
지나내학원은 실은 기원정사를 계승했다"고 언급할 정도였다. 1920년
대 이후 가장 활발하게 불교 교육과 불교 연구에 전념한 두 기관이 실
은 하나의 근원에서 비롯된 셈이다. 기원정사의 설립과 비슷한 시기에
장쑤 성 '승려교육회'에서 '승려사범학당'을 설립했다. 양런산 거사는
디셴을 '승려사범학당'에 추천했다. 결국 디셴은 위에샤(月霞)를 이어서
학당의 교장으로 취임했다.

관종강사 설립

1912년 상하이 불교계에서 '불학연구사'를 설립하고 디셴에게 『원각
경』 강의를 부탁했다. 1913년 닝보 사명산(四明山) 관종사(觀宗寺) 주지를

    종파 불교의 계승과 학승

맡았다. '관종사'는 연경사(延慶寺) '관당'(觀堂) 자리였다. 송나라 때 승려 개연(介然)이 정토 수행을 3년 간 행한 후 원풍(元豐) 연간에 이곳에 '십육관당'을 지었다. 가운데 보각(寶閣)이 있고, 주위에 16관실(觀室)이 있다. 개연은『관무량수경』에 등장하는 '16관법'에 근거하여 정토 수행의 도량으로 16관당을 건립했다. '십육관당'을 지은 개연은 정토 수행 이전에 천태교관을 배운 천태 수행자이기도 했다. 개연은 천태종 제17대 조사인 사명지례(四明知禮, 960-1028)의 5세손이기도 했다. 그래서 개연을 온전히 정토 수행자로만 취급할 수는 없다. 디셴의 제자 바오징(寶靜)은 관종강사 명칭의 유래를 이렇게 기억한다.

사명 지례 대사의 '삼관(觀)으로 종(宗)을 삼고 설법(講)으로 용을 삼아라'는 유훈을 받들어 관종강사로 개칭한다.

디셴은 '관종사'에 설법이라는 용을 부여했다. 그것은 다름 아니라 '교육'이라는 가치다. 아울러 관종강사 내에 '관종연구사'를 창립하였다. 디셴은 교육이 멈추면 불교가 멈출 것이라고 생각했다. 특히 승가 교육은 불교 전체를 이끌고 갈 동력이있다. 디셴은 관송강사에 '관중학사'를 설립했고 직접 천태교관을 가르쳤다. 하지만 본격적으로 학생을 받거나 장기간 교육을 시킬 수 있는 상황은 아니었다. 1918년 두 달에 걸쳐『원각경』을 강의했다. 당시 강의를 듣고 있던 사람 중에는 쟝웨이차오(蔣維喬, 1873-1958)가 있었다. 그는 1928년 중국 최초로『중국 불교사』를 출판한 학자이기도 했는데『원각경』강의를 듣는 기간 디셴에게 정식으로 귀의했다. 그는 다른 수강자들과 함께 디셴의 강의 내용을 꼼꼼히 기록했다. 결국 이 기록은 디셴의 확인을 거쳐서『원각경 강의』로 출판됐다.

1918년 베이징 불교 거사들이 강경회(講經會)를 발기했다. 고승을 모시고 꽤 전문적인 불전을 공부하는 모임이었다. 실무자인 쉬원양(徐文霨)이 직접 관종강사에 들러 디셴에게 『원각경』과 『대승지관법문』 강의를 부탁했다. 중국 남북조시대 진(陳)나라 혜사(慧思)가 지은 『대승지관법문』은 천태종 핵심 텍스트 가운데 하나다. 강경회의 부탁을 수락한 디셴은 배를 이용해 베이징에 도착했다. 베이징이 명대부터 중국의 수도이긴 했지만 정치의 중심이었지 종교나 문화 방면에는 취약한 곳이었다. 당시 베이징 지식인들은 이런 점을 만회하고 싶었다. 강경회도 같은 이유로 설립된 것이다.

디셴이 당시까지 여러 차례 『원각경』을 강의했지만 결코 쉽지 않았다. 단순한 반복도 아니었다. 자신도 늘 새로웠고, 경전을 강의하는 공간이나 모인 사람도 모두 새로운 인연이었다. 그에게는 새로운 『원각경』이었던 셈이다. 베이징에 있는 몇 달 동안 여러 저명인사가 디셴에게 귀의했다. 특히 당시 교통장관이었던 예공춰(葉恭綽, 1881-1958)는 디셴이 베이징에 머물기를 간곡하게 청했다. 그는 남방에 비해 낙후된 북방 불교를 활성화시키고자 했다. 그래서 디셴이 베이징에 불학원을 개설하기를 바랐다. 하지만 디셴은 '관종학사'의 일도 마무리하지 못했기 때문에 도저히 승낙할 수 없었다. 디셴이 닝보로 돌아올 즈음에 예공춰 등 그를 따르던 거사들이 상당한 기금을 마련해 전달했다.

베이징 불교 거사들의 원력은 남방에서 꽃이 피었다. 디셴은 닝보로 돌아오자 곧바로 '관종학사'를 정식 승가교육 기관으로 확장했다. 학과 과정을 만들고 수업 내용을 조정하고, 장기적 교육 과제를 마련했다. 또한 정식으로 학생을 받았다. 동시에 『홍법월간(弘法月刊)』을 창간해서 불교 연구의 성과를 공개하고 천태교학을 선양했다. '관종학사'의 학생 중에 탄쉬(倓虛, 1875-1963), 창싱(常惺, 1896-1939), 바오징(寶靜1899-1940) 등은 이후 불교계를 대표하는 인물이 되었다. 바오징은 디셴을 이어서 '관종강사'를 책임졌고 탄쉬는 디셴이 빚처럼 간직한 북방불교의 부흥을 위해서 베이징과 만주 지역에서 활동했다.

디셴은 일흔이 넘은 나이에도 여력이 있으면 어디든지 마다 않고 달려갔다. 당시 강경 법회는 단지 1회에 그치는 것이 아니라 보통 몇 개월씩 이어졌다. 불전의 내용을 하나씩 짚어가면서 그것의 의미를 살리는 작업이었다. 사실 고령의 디셴에게는 분명 고역이었겠지만 언제나 기쁘게 법좌에 올랐다. 1931년 디셴은 상하이 옥불사(玉佛寺)에서 『능엄경』을 강설했다. 꼬박 4개월에 걸쳐서 매번 몇 시간씩 강의했다. 강의를 마치고 서둘러 닝보의 관종강사로 돌아왔다. 그는 이 강설 이후 자신의 기력이 소진했음을 알았다. 윈난에서 홍법 활동을 하고 있던 제자 바오징을 급히 불렀다. 바오징이 돌아오자 디셴은 그에게 전법수기를 했다.

바오징은 천태종 44대 조사가 되었다. 45년 전에 지뤄이 방장에게 받은 법을 그제야 전하게 됐다. 천태종 43소 디셴은 1932년 5월 19일에 단정히 앉아서 입적했다. 세수 75세 승납 55년이었다. 천태종의 전통대로 교(敎)와 관(觀)을 균형 있게 닦았고, 천태종 교의뿐만 아니라 다른 불교 교의에 대해서도 상당히 열린 자세를 취했다. 세상의 덧없음에 출가를 단행했지만 그렇다고 세상에 무기력하지도 게으르지도 않았다. 중국 천태종은 디셴의 삶을 통해서 근대에 부활을 맛본다.

12

천태산의 불제자, 싱츠

불교인들이 자주 언급하는 '시절인연'이란 게 진짜 있는지도 모르겠다. 하나의 주장이나 하나의 전통도 마치 사람처럼 인연 따라 생·주·이·멸을 하는가 보다. 천태종도 송대 이후 불교가 사상적인 주도권을 상실하면서 점차 쇠퇴했고, 옛날의 영화를 다시 찾지 못했다. 근대 들어서도 마찬가지였지만 그나마 천태종을 선양한 인물이 있었는데, 디셴(諦閑)과 싱츠(興慈, 1881-1950)다.

『묘법연화경』

수행이 불교의 핵심임은 두말할 나위가 없다. 고타마 붓다의 모습을 떠올려 보면 얼른 알 수 있다. 그렇다고 불교가 인간이나 세계에 대한 사유를 게을리 한 것은 아니다. 어느 경우 수행을 내세우고 어느 경우 사유나 철학을 강조한다. 지금도 불교를 종교라고 하는 사람도 있고, 철학이라고 하는 사람도 있다. 부질없는 나눔이다. 둘은 한 지점에서 만난다. 이 만남이 없다면 불교라는 이름을 달 수 없을 것이다. 세계에 대한 이해는 수행을 통해 분명해지고, 또 그것을 삶에서 실천할 때 단단한 구체가 된다. 『화엄경』에서는 지혜를 상징하는 문수보살과 실천을 상징하는 보현보살이 등장한다. 부처는 두 보살이 겹치는 곳에서 출현한다.

중국 불교에서 이론과 실천을 보기 좋게 종합한 전통이 있다. 가장 두드러진 것은 천태종이다. 천태종은 화엄종, 선종과 더불어 가장 중국적인 종파로 이야기된다. 수대(隋代) 천태대사 지의(智顗)에 의해 완성됐다. 중국 남부 저장 천태산에서 오랫동안 수행하고 연구하여 자신의 사상 체계를 완성했고 하나의 종파가 형성됐기 때문에 이후 그 전통을 천태종이라고 불렀다. 화엄종이 『화엄경』을 근거로 해서 하나의 종파가 성립했다면 천태종은 『법화경』을 중심으로 종파로 성립했다.

중국에는 세 가지 『법화경』 번역본이 있다. 오(吳) 나라 축법호(231-

308)가 번역한 『정법화경(正法華經)』과 후진(後秦) 구마라집이 번역한 『묘법연화경(妙法蓮華經)』이다. 그리고 수(隋代) 사나굽다가 번역한 『첨품묘법연화경(添品妙法蓮華經)』이 있다. 동아시아에서는 구마라집 번역본이 널리 읽혔다. 이 경의 서론에 해당하는 서품에서 불법(法)을 더러움에 물들지 않는 하얀 연꽃(蓮華)으로 비유했다. 일반적으로 『법화경』은 고대 인도에서 출가자 집단이 아니라 재가보살 단체가 출현하여 그들의 종교운동을 위해 결집한 경전으로 이야기된다. 거기에는 붓다에 대한 강력한 신앙과 보살의 굳건한 실천을 강조한다.

> 나의 중생들은 과거에 부처님 아래에서 자기를 닦는 이들이어서, 나를 보거나 내 가르침을 듣기만 해도 나를 믿고 부처님의 지혜를 이해해서 깨달음으로 들어가기 때문이다. 단 성문이나 독각의 경지에서 수습하고 있는 이들은 다르다. 그러나 나는 그들에게도 이 부처님의 지혜를 이해시키고 최고의 진리를 들려줄 것이다. [73]

중국의 주석가들은 『묘법연화경』에서 '묘법'의 의미를 다양하게 풀었다. 지의는 "묘를 절대(絶)로 풀었다. 최고 혹은 절대의 진리라는 것이다." [74] 이런 주석은 단지 '묘'라는 한자어에서 의미를 연역한 것이 아니다. 실은 『법화경』의 실제 내용에서 유추한 것이다. 재가보살 집단이 『법화경』에서 그린 불타의 모습은 영원한 생명이자 근원적 생명이다. 「여래수량품(如來壽量品)」에서는 왕자 고타마 싯다르타가 수행 끝에 붓다가 된 것이 아니라 무량겁 이전부터 부처였고, 이후로도 계속 세상에 존재한다고 말한다. 수명이 무량무변이라고 선언한다. 어떻게 보면 영원히 사는 붓다가 등장한 셈이다.

　　　　　　　　　　　　　종파 불교의 계승과 학승

생각 초월한, 헤아릴 수 없는

수천만 억겁 전에

이미 최고의 깨달음을 얻은 이래로

나는 줄곧 가르침을 설하고 있다. •75

『법화경』에서 말하는 붓다의 모습은 분명 초기불교 경전에 등장하는 제자와 대화하고 고통스럽게 열반에 드는 인간 붓다와 다르다. 여기서 붓다는 훨씬 신격화되었고, 그는 우주를 관장하는 힘을 가졌다. 창조주 같은 우주의 시원성을 느낄 수도 있다. 이런 성격은 『법화경』을 결집한 재가보살 단체의 열정적인 신앙운동과 관련 있을 것이다. 당시까지 불교 내에서 여러 주장이 있었지만 그런 주장이나 구분을 단번에 무화시키려 했다. 그래서 『법화경』에서는 일불승 개념이 등장한다. '회삼귀일'(會三歸一)도 이 개념에서 도출된 것이다. 시방의 불국토에는 오직 하나의 법만 있을 뿐이다. 오직 한 분의 부처님이 있을 뿐이다.

천태종이 오로지 『법화경』에만 의지한 것은 아니다. 다른 종파와 마찬가지로 자신의 소의경전에 근거하지만 불교의 다양한 교리를 종합했다. 하나의 체계로서 천태종을 완성한 이는 흔히 천태대사로 불리는 지의(智顗, 538-597)다. 그는 중국 불교에서 가장 탁월한 종합자였다. 그는 젊은 날 허난(河南) 대소산(大蘇山)에서 혜사(慧思, 515-577) 선사에게 선법을 배워 법화삼매를 체험했다. 선종이 출현하기 전인 지의 당시도 많은 승려가 활발하게 선법을 익혔다는 사실을 알아야 한다. 지의도 기본적으로 선 수행에서 출발했다. 중국 남부로 간 지의는 그 지역에서 유행한 『반야경』, 『중론』, 『대지도론』 등을 통해서 공사상을 깊이 터득했다. 이렇게 지의의 선 수행은 공사상과 결합한다. 바로 여기서 천태종이 출발한다.

지의는 천태3부로 불리는 『법화문구(法華文句)』, 『법화현의(法華玄義)』, 『마하지관(摩訶止觀)』뿐만 아니라 많은 저술을 남겼다. 이론과 수행의 종합이라는 측면은 그의 저작에서도 잘 나타난다. 『법화문구』와 『법화현의』가 정교한 교리[敎]로 전체 불교를 체계화했다면, 『마하지관』은 실천수행을 통해서 불교의 진리를 체험할[觀] 수 있도록 이끌었다. 그래서 이후 지의는 교관겸수(敎觀兼修)의 대표적인 인물로 추앙됐다. 그는 정토종의 소의경전이기도 한 『관무량수경』에 대한 주석서 『관무량수경소』를 저술하여 "아미타불과 서방정토를 지관수행의 대상으로 삼는 상행삼매법"을 제기했다. •76 이런 계기 때문에 천태종과 정토의 만남은 이후에도 여러 차례 시도됐다.

천태산의 수행자

천태종은 거의 완벽에 가까울 정도로 종합적인 체계를 자랑한다. 또한 정교함에 현기증이 날 정도다. 하지만 이런 완벽성이 영원한 성공이나 지위를 보장하지는 않는다. 정교한 교리체계를 갖추지 않은 선종이나 정토종이 오히려 훨씬 긴 세월 대중들에게 주목받았다. 불교인들이 자주 언급하는 '시절인연'이란 게 진짜 있는지도 모르겠다. 하나의 주장이나 하나의 전통도 마치 사람처럼 인연 따라 생·주·이·멸하는가 보다. 천태종도 송대 이후 불교가 사상적인 주도권을 상실하면서 점차 쇠퇴했고, 옛날의 영화를 다시 찾지 못했다. 근대 들어서도 마찬가지였지만 그나마 천태종을 선양한 인물이 있었는데, 디셴(諦閑)과 싱츠(興慈, 1881-1950)다.

종파 불교의 계승과 학승

○

고려시대 대각국사 의천은 중국 저장 천태산 국청사에서 고려에 천태종을 선양할 것을 발원했다. 근대 시기 싱즈는 천태산에서 거의 명맥이 끊어진 중국 천태종 부흥을 꿈꾼다. 그 꿈은 주위로 전염되어 작으나마 몸짓이 되고 울림이 되었다.

앞서 소개했듯 디센은 관종강사를 세워 승려 교육에 힘쓴 인물이다. 그를 이어서 천태종 부흥에 노력했고, 숱한 천태종 전적을 간행한 이가 싱츠다. 그는 저장 성 샤오싱부(紹興府) 신창현(新昌縣) 출신이다. 이곳 남쪽으로 천태산이 흐른다. 오르락내리락 달리는 이 산의 숱한 계곡에는 천태지의를 기억하는 여러 고찰이 있다. 싱츠의 속성은 천(陳)이었고 이름이 춘화(春花)였다. 얼른 지고 말 봄꽃이지만 그러기에 더욱 아름답다. 부모님은 독실한 불교도였다. 그가 네 살 된 해 어머니가 출가했고 당시 일곱 살 누이도 어머니를 따라 출가했다. 어머니 법명은 창꽝(常光)이었고 누이 법명은 능즈(能持)였다. 그해 부친도 천태산 하방광사(下方廣寺)로 출가했다. 법명이 랴오쿵(了空)이었다. 네 살배기 춘화는 어머니가 기거하는 암자에 같이 머물렀다.

춘화의 두 숙부도 천태산 화정봉의 옥련암(玉蓮庵)으로 함께 출가를 했다. 셋째 숙부는 태백당(太白堂)으로 출가했다. 천태산 화정봉(華頂峰)은 천태대사 지의가 선법과 중도사상의 결합을 완성한 곳으로 유명하다. 천태종의 발상지라고 해도 과언이 아닌 곳이다. 지의는 이곳에 11년간 머물렀다. 잉츠 조부까지 예순이 넘은 나이에 화정봉 채운암(彩雲庵)으로 출가했다. 한 집안 삼대가 불가에 귀의한 셈이다. 손자의 재롱을 뒤로 하고 출가한 조부의 심정도 사뭇 남달랐으리라. 양친의 출가를 경험한다는 것은 사실 쉽지 않은 일이다. 누구는 손가락질 할 것이다. 어떻게 자식을 두고 버젓이 출가할 수 있냐고. 하지만 그게 꼭 안 될 일도 아니라는 걸 싱츠 집안사람들은 보여줬다.

싱츠는 열네 살 된 해인 1894년 부친이 있던 천태산 하방광사로 출가했다. 주석한 방광사(方廣寺)는 송나라 때 창건된 천태종 사찰로 상·중·하 방광사가 있었다. 그의 출가 스승은 다름 아니라 부친 랴오

콩이었다. 어떻게 보면 참 당혹스럽고, 또 달리 보면 참 놀랍다. 근대 일본처럼 개인 사찰의 주지 자리를 아들에게 대물림하는 전통이 있었던 것도 아닌데 말이다. 하기야 붓다의 아들 라훌라도 아버지를 스승으로 출가하지 않았나. 싱츠는 이듬해 천태지의가 천태종을 선양한 천태산 국청사(國淸寺)에서 총징(從鏡)을 계사로 구족계를 받았다. 국청사는 수나라 개황 18년(589) 창건됐다. 천태지의가 주석하면서 천태종의 근본 도량이 되었다. 고려 대각국사 의천(義天, 1055-1101)은 중국 송나라 때 이곳을 방문하여 고려에 천태종을 선양할 것을 발원했다고 한다.

일찍이 천태지의 대사께서 오시팔교로서 동쪽(중국)으로 전해진 일대 성인의 말씀을 완벽하게 체계화하고 분석하셨다고 들었습니다. 우리나라에서도 옛날 제관(諦觀) 스님이 천태종의 이론과 수행을 전했는데 지금은 전통이 끊어진 지 오래됐습니다. 이에 제가 발분하여 목숨을 걸고 스승을 찾아 도를 물었는데, 이제 전당자변 스님에게 천태종 이론과 수행을 이어받았으니 다른 날 고국에 돌아가면 목숨이 다하도록 널리 전하여 선양하겠습니다. [77]

1908년 싱츠는 가까운 천태산 고명사(高明寺)에서 처음으로 『금강경』을 강의했다. 이곳도 천태지의의 수행지로 알려진 곳이다. 싱츠는 강의 이후 고명사 장경루에 한동안 머물면서 불전을 읽었다. 그때 그는 이렇게 서원했다. "나의 육근이 늘 적정하고, 마음은 보배 달이 유리에 비치듯하여 불법에 깊이 들어가 불법을 또렷이 이해하고, 도솔천에 올라 미륵불께 경배하도록 하십시오." [78] 그렇다. 내 몸, 내 마음이 청정하지 못하면 바람 한 줄기 들이닥치지 않는다. 유리거울이 보배 같은 달을 비출 수 있는 것도 자신을 맑힐 수 있는 능력이 있기 때문이다. 싱츠는 자신을 비우는 게 결국 불법을 이해하는 기초임을 일찌감치 깨우쳤다.

1913년 싱츠는 고명사에서 『조모과송(朝暮課誦)』을 강의했고 이것을 바탕으로 『이과합해(二課合解)』를 저술했다. '과송'은 절에서 승려가 아침저녁으로 경전이나 주문(呪文) 등을 염송하고 발원문을 낭송하는 의식을 말한다. 여기서 '과'는 과업(課業)이라는 말에서 알 수 있듯 부과된 임무나 일을 가리킨다. 학생에게는 수업이 될 테고 승려에게는 조석예불이 될 테다. '송'은 소리 내어 경문 등을 읽거나 외는 것을 가리킨다. 과송은 승려가 사원에서 매일 행하는 의례라 자칫 습관적으로 행할 수도 있지만 실은 승려로서 가장 기본이 되는 임무이자 수행이다.

이런 의례를 사찰에서 보통 아침저녁 하루 두 번 치르기 때문에 이과(二課)라고도 한다. 중국은 명대 이후 사찰에서 보편화됐다. 각 사원은 과송을 수백 년 이어오면서 나름 전통이 생겨서 내용이나 형식이 많이 달랐다. 우리나라 사찰에서도 해인사나 송광사같이 오랜 전통을 가진 곳은 예불 때 내용이나 음조가 서로 다르다. 전통이라는 이름으로 그것이 미화될 수도 있지만 자칫 대단히 엉뚱하고 이상하게 보일 수도 있다. 이런 문제는 예나 지금이 마찬가지였나 보다. 오랜 전통의 고명사에 머물고 있던 싱츠는 이런 혼란을 몸소 경험하고 전통적인 조모과송에 대해 상세한 풀이를 했다.

천태사교의 강의

싱츠는 고명사에서 『금강경』을 다시 강의했다. 『금강경』은 어떤 종파를

    종파 불교의 계승과 학승

막론하고 중시하는 대승불교 경전이다. 공사상이나 중관사상을 이론
적으로 중시하는 천태종도 마찬가지고 일체 분별을 타파하고자 하는
선종도『금강경』의 논리를 적극적으로 이용한다. 현재 한국 불교를 대
표하는 종단인 조계종에서도 소의경전으로『금강경』을 제시했다. 천태
종 교리와 정토 신앙을 자신의 기치로 내건 싱츠였지만『금강경』은 그
에게 중요했다. 그는 강의 결과물로『금강경이지소(金剛經易知疏)』를 세상
에 내놓았다. 여기서 '이지'라는 말은 '쉽게[易] 알게[知] 한다'는 의미다.
싱츠가 전문적인 연구자 수준으로『금강경』을 풀이한 것은 아니다. 그
는 일반인들을 향해서 이 책을 내놓았다고 할 수 있다. 다음은 '반야'를
해석하는 구절이다.

> 반야는 서천축국의 범어이다. 중국에서는 지혜로 번역했다. 속어로는 총
> 명이다. 귀가 예민한 것을 총(聰)이라고 하고, 눈이 예리한 것을 명(明)이라
> 고 한다. 세간에 만약 귀와 눈이 예민한 사람이 있으면 보고 들을 때, 언
> 제나 모든 일에 대해 명료하게 이해할 것이다. 이것은 일반인들이 말하는
> 것에 근거했다. 만약 불경에 근거해서 지혜를 말한다면 대상 세계에 대해
> 마음이 환하게 이해하는 것이 바로 '지'이고, 대상 세계의 의미에 대해 미
> 세하게 분별하는 것이 '혜'이다. •79

대단히 소박한 해석이다. 중국에서 일상어로 총명은 '똑똑하다'는
정도의 말이다. 물론 여기서 그치지 않고, 사리분별을 잘하고 다른 사
람을 이끌 수 있는 경우도 해당한다. 물론 '반야'라는 말을 '반'과 '야'로
쪼갤 수 없듯 그것의 번역어인 '지혜'를 쪼개서 해석할 수 없다. 싱츠의
저런 해석은 다분히 중국적인 맥락에서 시도된 것이다. '총명'이라는

말에 대비시켜 지혜를 설명한 격이다. 지혜보다는 총명이라는 말에 훨씬 익숙한 일반인을 겨냥했다. 이해에 쑤저우 북탑사(北塔寺)에서 『법화경』을 강의했고, 창슈나 닝보 아육왕사에서 『아미타경소초』를 강의했다. 싱츠는 천태와 정토를 기치로 삼았다.

1915년 천태산 중방광사(中方廣寺)가 화재로 전소됐다. 싱츠는 천태산의 고찰이 하루아침에 잿더미로 바뀐 것이다. 싱츠가 출가한 부친을 따라 처음 방문한 곳이고, 소년 적 어수선한 기억들이 한데 얽힌 곳이었다. 싱츠는 소식을 듣자 곧 천태산으로 돌아갔다. 그는 그곳에서 중방광사 중건을 발원했다. 그는 이후 10여 년 세월은 이 염원을 이루기 위해서 동분서주했다. 전각하나 올리는 게 대수냐고 핀잔할 수도 있다. 서둘러 견성하여 부처가 되는 게 가장 큰 임무가 아니냐고 경책 할 수도 있다. 하지만 사찰에서 수행하는 자라면 불탄 절집을 보면 자신의 육신이 탄 것처럼 뼈저리다. 누군가 시주로 들어섰을 기둥 하나, 불단 한 축. 절실한 발원과 많은 인연이 켜켜이 쌓여 심산유곡의 산사 하나 남는다. 그런 산사가 타버렸다면 아픔은 오죽하랴.

1918년 싱츠는 상하이에서 하둔 부인 뤄자링의 요청으로 『천태사교의집주』를 강의했다. 싱츠의 『사교의집주』 강의에 참석한 거사 선잉취안(沈映泉)이 강의에 감동하여 싱츠에게 시주를 약속했다. 오래지 않아 그의 도움으로 상하이에 '초진정사(超塵精舍)'라는 이름의 도량을 마련했다. 불법을 배우고 수행함으로써 우리 삶에 덕지덕지 붙어 있는 번뇌[塵]를 훌훌 털어내자[超]는 취지였다. 싱츠는 이곳에 머물면서 본격적으로 승가 교육 사업에 투신한다. 배움에 목마른 젊은 승려들이 하나둘씩 모였다. 불문에 귀의했다고 해서 그냥 불교를 알게 되고, 불법을 터득하게 되는 건 결코 아니다. 자신의 노력이 없거나 주변 여건이 따라 주지

　　　　　　　　　　　　종파 불교의 계승과 학승

않으면 그야말로 그 길은 분명 고난의 행군이 될 것이다. 불교 교육자로서 싱츠는 좀더 효과적으로 갓 불문에 든 후배들을 인도하고자 했다.

법장강사

1924년 싱츠는 왕이팅(王一亭) 거사 등의 찬조로 좀더 큰 규모의 도량 건립을 준비했다. 새 도량의 이름은 '법장강사(法藏講寺)'였다. 유명한 거사이자 불교 연구가인 판구농(范古農, 1881-1952)은 「정토도량으로서 법장강사의 진실한 공덕」에서 법장강사의 연기를 밝힌다.

> 잉츠 법사께선 정토법문을 통해서 석가모니 부처님의 가르침을 펼치셨다. 아미타불국토에 근거했고, 법장 비구의 48대원을 인연으로 했다. 아미타불이 계신 장엄된 극락정토에 왕생하는 묘과를 함께 하고자 한다면 응당 법장 비구가 심은 수승한 업인을 배워야 한다. 그래서 가람을 건립하였는데 '법장'이라고 명명했다. •80

이해에 먼저 강당을 낙성했다. 도량의 이름 법장은 『무량수경』에 등장하는 법장 비구의 이름에서 가져 온 것이다. 이런 점에서 보면 법장강사는 정토 도량인 셈이다. 하지만 정토 신앙과 천태종은 개산조라고 할 수 있는 지의 때부터 결합이 시도됐다. 지의는 이른바 정토3부경에 해당하는 『관무량수경』과 『아미타경』에 대한 주석서인 『관무량수경소』와 『아미타경의기』를 저술했다. 그는 정토 신앙에 대한 특별한 애착을 표시했다. 싱츠는 천태교관을 지침으로 하고 정토법문을 귀의처로 삼았다. 1929년 법장강사 전체 불사가 완공됐다. 싱츠는 제도, 주지, 동주(同住), 불사(佛事) 네 가지 사규(寺規)를 마련했다.

싱츠는 당시 만연한 주지직의 대물림을 거부하고, 훌륭한 인물을 뽑아서 주지직을 맡기는 제도(制度)를 마련했다. 그는 자신이 설립했지만 자신의 제자가 주지직을 물려받는 것은 물론이고 자신도 주지직에 취임하길 거부했다. 주지는 덕행과 학업을 성취한 자로서 정토 신앙을 견지해야 한다고 밝혔다. 세 번째 '동주'는 초기불교에도 관련된 내용이 나온다. 많은 사람들이 함께 생활할 때, 어떤 수행자가 여러 가지 문제를 일으켜 오히려 함께 하지 않는 게 도움이 된다면 그가 거처를 옮기게 했다. 함께 하거나 아니면 헤어질 때 기준이 필요했다. 싱츠는 '사종사규(四種寺規)'에서 이렇게 규정했다.

사내에는 정업당과 학사 두 부문을 설치한다. 정업당에 입학한 사람은 전문적으로 염불에 임하고 이런 발원을 내지 않을 경우 함께 거주할 수 없다. 학사에 입학한 사람은 천태종 연구를 본업으로 하고, 기타 종파에 대해 부가적으로 공부한다. 다른 일에 마음을 쏟고 게을러 자포자기한 자는 함께 거주할 수 없다.

1930년 싱츠는 송나라 승려 담조(曇照)의 저작인 『지자대사별전집주(智者大師別傳輯注)』를 재간행하고 중각(重刻) 서문을 붙인다. 이해에 싱츠는 상하이에 법장사 화장장을 설치하고 화장 문화를 보급하기에 이른다. 1934년에는 천태지의의 『마하지관(摩訶止觀)』을 다시 판각 출판한다. 그는 서문에서 "지관은 정혜의 참된 인연을 배우고 진속의 묘행을 융합하며

     종파 불교의 계승과 학승

보리의 바른 규범을 닦고 열반의 지름길에 들어서는 것"이라고 했다. 또한 "교의(敎義)에 의지해서 지관을 건립한다"고 했다. 천태종이 교학과 실천의 종합을 시도했음을 다시 한 번 언급한 셈이다.

1935년 12월 동짓날에 『금강경이지소』의 「자서(自序)」를 지었다. "보살이 육도를 바르게 다닐 때 곧 머무는 바가 없고 머무는 바가 없을 때 곧 육도를 다닌다. 이른바 '머무는 바 없이 마음을 낸다'(應無所住而生其心)는 의미가 이것이다." •81 싱츠는 『금강경』에서 적극적인 보살의 삶과 수행을 찾고자 했다. 그것은 단지 『금강경』에 대한 풀이가 아니라 자신에 대한 해석이자 설명이었다. 1936년 '법운인경회(法雲印經會)'를 조직하여 경론의 출판과 유통에 힘썼다. 각경처의 설립이나 인경사업 등은 근대 중국의 불교가 모습을 갖출 수 있었던 중요한 계기이기도 했다.

1937년 중일전쟁이 폭발했다. 일본군은 순식간에 중국 북부를 점령하고 장강을 건넜다. 그야말로 혼란이었다. 국가가 뭔지도 일본군이 무슨 짓을 했는지도 모르는 순진한 농민들이 국민당 군대의 밧줄에 줄줄이 묶여 영문도 모르고 전쟁터로 끌려갔다. 이름 없는 자들의 주검은 전쟁터에서 검게 나뒹굴었다. 죽은 자들을 치유해야 했나. 싱츠는 1938년부터 이런 주검을 수습하고 장례를 치르고 매장하는 일에 나섰다. 비록 그들의 삶을 안위하지는 못했지만 망자라도 달래야 했다. 그것이 육도를 다니는 보살의 한 갈래 길일 것이다.

전쟁이 계속되면서 수많은 난민이 발생했다. 국민당 군대나 정부가 그들을 보살필 리는 없었다. 상하이의 불교계에서는 싱츠를 대표로 해서 '상해불교동인회(上海佛教同仁會)'를 조직했다. 다른 자선단체와 연합하여 난민들을 구호했다. 끼니를 때우지도 못하는 난민들을 위해서 난민촌에서 매일 죽을 끓여서 공양했다. 5년여 구호활동에 수혜 난민이

백만 명이 넘었다. 물론 그런 활동에 소용된 경비가 싱츠 개인의 것은 아닐 테다. 수많은 불자들의 정성이었겠지만 그런 정성에 길을 터준 그의 역할은 대단한 것이다. 불자들의 정성이 하나의 불사(佛事)가 될 수 있고 큰 파장일 수 있었던 것도 또한 싱츠의 역할이었다. 이 점은 매우 중요하다.

싱츠는 계속해서 경론의 인쇄와 유포에 힘썼다. 천태종 관련 문헌 외에도 옛 고승의 행장이나 문집 등을 출간했다. 그것이 자신의 역할 이라고 생각했다. 1940년 근대 중국의 정토종을 대표했던 일대 종장 인꽝이 세수 80으로 입적했다. 1941년 싱츠는 인꽝 입적 일주기를 맞 아서 인꽝의 덕을 칭송하는 글을 지었다. 여기서 염불의 공덕과 인꽝 의 풍모를 찬양했다. 1945년 법장강사 내에 '법장학원'을 정식으로 성 립시켰다. 불교계 인재 양성을 시도했다. 1946년에는 '자광(慈光) 의무 보습학교'를 설립했다. 낙후됐던 교육 사업에 뛰어들었다.

싱츠의 불교 기반은 분명 천태사상과 정토 신앙이었다. 현실의 고단함을 보살피고 그것이 정토의 삶이 되게 하고자 뛰어다녔다. 또 한 천태사상을 통해서 자신의 내면을 가꾸고 자신의 활동을 정교하 게 했다. 1949년 싱츠는 일선에서 물러나 조용히 염불 수행에 힘썼다. 1950년 여름 자신의 세연(世緣)이 다했음을 알고는 제자들에게 이후의 일들에 대해서 당부했다. 6월 2일 시간이 됐음을 알고 목욕을 하고 옷 을 갈아입었다. 대중들의 염불 소리 속에서 입적했다. 세수 70세였고 승납은 56세였다.

   종파 불교의 계승과 학승

13

불교 연구의 모범, 인순

불교 근대화의 기수 타이쉬는 교리 혁명 등 불교 3대혁명을 제기했지만 불교 연구법에 대해서는 비교적 보수적이었다. 그는 근대적 연구법을 통해서 불교를 평가하는 데 대단히 조심스러웠다. 제자 인순은 타이쉬에 비하면 훨씬 열린 자세로 불교를 연구했다. 그가 지금 봐도 별로 손색이 없는 연구 업적을 남긴 까닭도 이 때문이다.

근대 불교학의 발생

'근대'라는 게 기본적으로 유럽적인 것임을 인정해야 한다. 물론 '비서
구적 근대'를 상상할 수도 있다. 그것이 서구 근대 때문에 요절했다고
하는 사람도 있다. 이런 주장을 인정하더라도 그것은 현대에 도달하지
않았다. 적어도 현재를 구성하는 많은 부분은 유럽적 근대임을 부인할
수는 없다. 정치나 경제뿐만 아니라 종교 영역에서도 마찬가지다. 한문
전적만 읽었는데 무슨 유럽적 근대냐고 항변할 수도 있지만 그 전적을
다루는 태도나 혹은 거기서 추출하고자 하는 게 벌써 근대적인 경우가
많다. 현재 우리가 알고 있는 불교학도 실은 유럽적 근대의 일부다.

일본 불교계에선 메이지 유신이 단행된 19세기 후반 젊은 승려들
을 꾸준히 유럽으로 유학 보냈다. 영국이나 프랑스, 독일 등지로 유학
한 학승들은 귀국하여 이전과 다른 불교 연구를 선보였다. 유명한 아
비달마불교 연구자 사쿠라베 하지메(櫻部建)는 난조 분유(南條文雄, 1849-
1927)를 평가하면서 전통적인 불교 연구와 근대적 불교 연구의 차이를
이렇게 요약한다.

메이지 이후 불교 연구를 하나같이 근대 불교학이라고 부른 것은 아니다. 에
도시대까지 행한 불교학에 비해서 자료나 방법론 혹은 그 의도에서 명확히
구별할 수 있는 새로운 유형의 불교 연구를 특별히 그렇게 부른 것이다. •82

기존 불교 연구가 한문 문헌에 국한된 데 비해 산스크리트나 팔리어, 혹은 티베트어로 된 문헌들을 연구하기 시작했고, 문헌학이나 역사학, 언어학 방법이 동원됐다. 또한 불교의 진리를 찾겠다거나 종파를 선양하겠다는 의도가 없고, 학술적으로 정당하게 불교를 평가하고 가치를 찾는 작업에 몰두했다. 그들은 대학에 자리 잡아 근대적 불교 연구 방법을 소개하고 확산시켰다. 유럽의 근대 문헌학 세례를 입은 그들은 문헌주의 입장에서 엄밀한 문헌비평을 행했다. 종교적 열정에 사로잡혀 불교 문헌을 종교화하거나 신비화하는 일은 없었다. 그것이 객관적이고 학문적이라고 생각했다. 바로 근대적 진리였던 셈이다. 많은 이들이 승려였음에도 신앙보다는 엄격한 비평을 앞세웠다.

근대적 불교 연구는 전통적인 불교 연구와 상당 부분 결렬했다. 일단 불교를 대하는 태도나 문헌을 대하는 태도가 달랐다. 근대 불교학은 더 이상 진리탐구가 아니었다. 불교를 역사적으로나 철학적으로 아니면 문헌적으로 정확하게 이해하는 게 바로 진리였다. 특히 역사 연구나 문헌 연구를 통해서 초기불교 문헌과 대승불교 문헌 사이에 엄청난 시차가 발생하고, 대승불교 경전은 결코 붓다가 시설한 게 아님을 밝혔다. 다양한 경전은 다양한 경전 작가가 저술했음을 밝혔다. 붓다의 이야기가 아니고 어떤 불교인이 개인적으로 아니면 집단적으로 창작했음을 말했다. 이런 근대 불교학의 연구 성과는 기존 불교 신앙이나 불교 연구를 근본적인 면에서 동요시켰다.

하지만 불교는 19세기에 종결하지 않고 21세기 오늘날에도 여전히 존재한다. 저런 사실을 다 알지만 불교인들은 후퇴하지 않았다. 경전 간 엄청난 시간차를 알지만 대승경전이 요망한 사기꾼의 작품이고 거기 등장하는 많은 이야기가 혹세무민의 난설이라고 생각하는 불교

　　　　　　　　　종파 불교의 계승과 학승

인은 거의 없다. 이건 무슨 의미일까. 결국 종교가 이성이나 과학에 승리한다는 말일까. 아니면 여전히 우리는 전근대 속에서 살고 있는 걸까. 아니다. 우리는 두 가지 사실을 다 수용하고도 끄떡하지 않는 종교심을 가진 것이다. '종교심'이란 게 이성에 반할 수도 있고, 과학을 배신할 수도 있지만 일상에서 굳건히 버티고 있음은 부인할 수 없다. 우리에게 이성이나 과학으로는 채울 수 없는 허기가 있기 때문이다.

중국은 근대 시기 일본만큼 적극적으로 근대 불교학을 수용하지는 않았다. 오히려 일본을 통해서 근대 불교학을 간접 수입했다. 심지어 중국에선 사라진 상당량의 중국 불교 문헌이 일본으로부터 수입되기도 했다. 이런 점은 한국 불교도 비슷했다. 수입된 불교학 연구 방법과 전통적인 불법 연구는 충돌할 수밖에 없었다. 이런 동요는 1세기 전 일이 아니라 현재도 진행된다. 더구나 신분이 승려일 경우 동요나 혼란은 더욱 심해진다. 왜냐하면 벌써 자신의 신체가 불교를 객관적으로 바라볼 수 없는 입장이기 때문이다. 하지만 일본뿐만 아니라 중국에서도 불교를 객관의 무엇으로 간주하려는 승려가 등장했다. 전통적인 학승이 아니라 새로운 의미의 학승이 출현했다고 할 수 있다. 그렇다고 학문의 태도가 승려로서 그가 가진 종교신과 결렬하지 않았다. 불교의 가지를 확신했기 때문이다.

새로운 학승의 출현은 불교가 근대와 만나면서 초래한 사건이라고 할 수 있다. 대표적으로는 인순, 파쭌, 쥐잔 같은 학승이다. 비슷한 시기 지나내학원 그룹으로 활동한 뤼청이나 왕언양은 굳이 중국 불교의 정통이나 불교 연구의 전통을 지킬 필요가 없었다. 이들과 달리 탕융통, 천인커 등은 외국 유학을 통해서 근대적 불교 연구법을 익힌 사람들이었다. 하지만 그들도 불교가 가지는 종교적·문화적 가치를 함부로 재단하지는 않았다. 불교 근대화의 기수 타이쉬는 교리 혁명 등 불교 3대혁명을 제기했지만 불교 연구법에 대해서는 비교적 보수적이었다. 그는 근대적 연구법을 통해서 불교를 평가하는 데 대단히 조심스러웠다. 제자 인순은 타이쉬에 비하면 훨씬 열린 자세로 불교를 연구했다. 그가 지금 봐도 별로 손색이 없는 연구 업적을 남긴 것도 이 때문이다.

독서인의 자질

전통 불교와 근대 불교 연구를 가장 적절하게 조화시킨 인물은 인순(印順, 1906-2005)이다. 그는 근현대 중국 불교를 대표하는 학승이다. 인순은 1906년 저장 하이닝(海寧)에서 태어났다. 이른바 칠삭둥이었다. 비록 태어남이 위태로웠지만 이후 그의 삶은 대단히 단단했다. 속성은 장(張)이고 이름은 뤼친(鹿芹)이었다. 뤼친이 일곱 살이 된 1912년 어느 날 부친은 아들의 변발을 싹둑 자르고, 그 길로 근처 서당으로 데려갔다. 뤼친은 연신 머리통을 만지작거리면서 부친의 손에 끌려 공부를 시작했다. 오래지 않아 인근 초등소학교에 입학했다. 1915년 초등소학교를 마쳤고, 1918년 고등소학교를 마쳤다. 이후 뤼친은 중의학을 배우기 시작했다.

뤼친은 중의사 집에 기거하면서 일을 도왔다. 도제식 교육인지라 스승이 소상히 일러주는 일은 없었다. 그저 시간이 지나면서 어깨 너머로 배우길 기대할 뿐이었다. 그냥 허드렛일 하는 일꾼이었다. 뤼친은 혼자 책을 보고 중의학의 도리를 공부했다. 중의학에서는 기(氣)나 음양 같은 개념을 빈번히 이야기한다. 뤼친은 자연스레 기공이나 신선술에 빠졌다. 내성적인 뤼친은 혼자 그 속에 빠져 있었다. 부친은 이런 아들을 보고 놀라 뤼친을 집으로 데리고 왔다. 이후 뤼친은 자신이 다닌 소학교에서 아이들을 가르치면서 생활했다. 열여섯 어린 나이에 동생 같은 아이들과 어울려 8년여 세월을 보냈다.

뤼친의 책읽기는 본격적으로 시작됐다. 신선술을 버렸지만『노자』나『장자』같은 책을 붙들었다. 그런데 자신이 보고 있던『장자』판본에는 명대(明代) 불교 거사 풍몽정(馮夢禎, 1548-1596)의 서문이 있었다. 그는 "곽상의『장자』주석은 불법의 선구"라고 말한다. 곽상(郭象)은 중국 위진 시대 철학자로 그가 쓴『장자주(莊子注)』는『장자』주석 가운데 제일 유명하다. 곽상은『『장자』서』에서 이렇게 말한다.

장생(장자)은 비록 그것을 체득하지는 못했지만 언어는 오히려 지극했다. 천지의 이치를 관통했고, 만물의 본성을 차례 잡고, 삶과 죽음의 변화에 통달하여 내성외왕의 도리를 밝혔다. 위로는 사물을 만드는 데 특별한 주체가 없음을 알고, 아래로는 사물이 저절로 조작됨을 알았다. [83]

'삶과 죽음의 변화에 통달했다'는 말이 인상적이다. 불교적으로 말하면 윤회의 문제를 장악했다는 것이다. 이것은 대단히 종교적인 언사다. 풍몽정은 바로 이런 데서 불교적『장자』읽기를 시도했다. 그저 기상천외한『장자』를 재미나게 읽고 있던 뤼친은 놀랐다. 아니 불교가 도대체 뭐길래. 뤼친은 1925년 약관의 나이로 불교 공부를 시작했다. 그의 불교 공부는 여전히 책읽기였다. 부근 사찰을 다니면서 구할 수 있는 경론을 모았다. 실제 구할 수 있는 경론은 많지 않았다. 순서 없이 그냥 읽었다. 불교 책읽기도 순서가 있는 법이지만 그땐 몰랐다.

뤼친은 『성유식론학기(成唯識論學記)』, 『상종강요(相宗綱要)』, 『중론(中論)』, 『삼론현의(三論玄義)』 등을 사서 읽었다. 『성유식론학기』는 신라 고승 태현이 현장이 번역한 『성유식론』을 주석한 책이다. 『성유식론』을 중심으로 전개된 중국 유식학 이해에 중요한 문헌이었다. 『상종강요』는 1920년 메이꽝시(梅光義)가 유식학[相宗]의 핵심 개념[綱要]을 152개 항목에 걸쳐 해설한 책이다. 『중론』은 용수가 쓴 중관학의 핵심 텍스트다. 『삼론현의』는 길장이 용수의 『중론』을 비롯한 『백론』, 『십이문론』 등 중관학의 세 논서[三論]를 정리한 책이다. 중국 중관학 종파인 삼론학의 기본 텍스트가 된다. 뤼친은 일찌감치 대승불교의 가장 난해한 교리인 유식학과 중관학 문헌에 접근했다. 그는 훗날 이렇게 말한다.

불교 공부를 처음 시작했을 때 이런 텍스트를 읽었다. 당연히 이해하지 못했다. 하지만 이해하지 못했기 때문에 나는 더욱 열중했다. 무슨 힘으로 스스로 독려하며 참고 이런 책을 읽었는지 모르겠다. 어린 아이가 어른이 하는 짓을 보고 아무것도 모르면서 괜히 그것 모두에 호기심을 낸 것과 유사하다. 대단히 여유로운 생활이었음에도 아무것도 볼 수 없었고, 아무것도 들을 수 없었고, 아무것도 먹고 마실 수 없었다. 알듯 모를 듯하면서 불법이 끝없이 깊고 넓음을 느꼈다. •[84]

뤼친은 스승도 없이 4, 5년을 혼자 읽고 상상했다. 누구도 확인해주지 않았지만 나름의 이해도 있었다. 대승불교의 핵심이론이면서 가장 난해한 불교철학으로 간주되는 유식학과 중관학으로 불교 공부를 시작했다. 그는 이때부터 삼론학이나 중관학에 심혈을 기울였다. 근대 시기 불교학자들이 대부분 유식학에 매달린 것과 달리는 인순은 출가한 이후 유식학은 물론 꾸준히 중관학 연구 성과를 내놓았다. 「삼론종 전승고(三論宗(傳承考)」(1934)를 비롯해서 「중론사의 연구(中論史之硏究)」(1934), 『중관론강기(中觀論講記)』(1943), 『성공학탐원(性空學探源)』(1944), 『중관금론(中觀今論)』 (1947) 등을 간행했다.

근대적 학승의 탄생

1930년 뤼친은 우여곡절 끝에 보타산에 도착한다. 출가해야겠다는 열정이 넘쳤지 특별한 정보는 없었다. 그는 보타산에서 『보타산지남(普陀山指南)』이란 책을 들고 어느 절로 출가할까 고민했다. 그때 출가하러 온 청년을 만나 서로 상의했다. 뤼친은 그와 함께 보타산 복천암(福泉庵) 칭녠(淸念) 화상에게 출가했다. 법명이 인순(印順)이었고 법호가 청정(盛正)이었다. 함께 간 청년은 도반이 되었고, 법명이 인스(印實)였다. 그달 말에 저장 닝보 천동사에서 위안잉을 계사로 구족계를 받았다.

　인순의 스승 칭녠은 이렇다 할 학문을 이룬 학승도 아니고 수행으로 이름 높은 선승도 아니었다. 작은 절에서 자신의 도량을 건사하고, 조용히 수행하면서 살고 있었다. 그랬기에 제자를 억지로 붙들어 옆에 두려 하지 않았다. 절을 물려받으라고 채근하지도 않았다. 남달리 책읽기를 좋아하는 인순에게는 더 큰 공부를 위해서 불학원을 소개시켜 주었다. 1931년 인순은 샤먼 민남불학원에 입학했다. 다음해 원장 따싱(大醒)은 인순에게 같은 학년 학인을 가르쳐 줄 것을 부탁했다. 학생으로 입학했는데 곧바로 강사로 강의를 해달라는 요청에 인순은 적잖게 당황했다. 결국 인순은 중관학 저작인 『십이문론(十二門論)』 강의를 시작했다.

1932년 여름 『십이문론』 강의를 마친 인순은 저장 보타산으로 돌아왔다. 불정산 혜제사에서 전심으로 대장경을 읽었다. 망망대해 같은 불법의 바다에 인순은 홀로 뛰어들었다. 1932년부터 시작한 대장경 읽기는 4년 뒤인 1936년 가을에야 끝났다. 1934년 타이쉬 대사의 부름으로 민남불학원에서 두 달간 『삼론현의』를 강의한 것 외에는 줄곧 대장경 읽기에 몰두했다. 인순은 이 엄청난 호흡을 견뎠고, 다종다기한 불법을 보았다. 당시 잘 읽지도 않던 『아함경』을 읽었고, 대승불교 랍시고 폄하한 이른바 '소승불교' 경론을 읽었다. 기존 불교인들의 무지와 한계를 확인했다. 그는 높다란 벽을 넘어 불법이라는 바다에 제대로 들어섰다.

인순은 1984년 간행한 『불법의 바다에 노닌 60년 세월』에서 "수행, 학문, 수복(修福)이 출가자의 세 부문이라면 나는 학문에 역점을 두었고 또한 '사고'를 중시했다. 경·율·론에서 불법을 탐구했다"[85]고 회고했다. 그는 자신의 불교 공부가 학문적이었음을 솔직히 인정했다. 경전 읽기에 열중하다가도 선승을 만나면 괜히 기죽는 이들도 있고, 참선을 열심히 하다가도 엄청난 불사를 일으킨 원력 있는 스님을 보면 괜히 부럽기도 하다. 그런 것들을 빠짐없이 잘하면 좋겠지만 늘 한계는 있는 법이다. 인순은 자신에게 한계를 부여했고, 거기서 자신의 불법을 찾으려 노력했다. 그것이 수행이었고, 그것이 불사였다.

1937년 중일전쟁이 폭발했다. 사람들은 보다 안전한 쓰촨으로 피난했다. 인순도 뱃길로 충칭에 도착했다. 타이쉬가 이끌고 있던 한장교리원(漢藏敎理院)에 머물렀다. 타이쉬는 세계불학원의 일환으로 1930년부터 준비해 1932년 쓰촨 한장교리원을 개원했다. 중일전쟁으로 우창(武昌)이 함락되자 무창불학원 학생들을 이끌고 이곳으로 왔다. 이곳에서 인순은 파쭌(法尊, 1902-1980)을 만났다. 그는 타이쉬가 건립한 무창불학원 1기 졸업생으로 직접 라싸로 들어가 티베트 불교를 공부했다.

> 파쭌 스님은 내게 큰 도움을 주었다. 그는 허베이 사람으로 근대적 교육을 받지 못했지만 기억력과 이해력이 대단히 뛰어났다. 티베트에 유학한 기간도 그리 길지 않은데도 번역에 가장 크게 공헌한 이가 바로 그였다. 타이쉬 대사 제자 가운데 불교 교리에 대해 가장 깊고 넓게 이해한 사람이기도 했다. …… 우리는 자주 불교 교리나 개념에 대해 연구하고 토론했다. 내가 만약 어떤 문제를 제기해 그가 견해를 내면 때론 논쟁을 하기도 했다. 결국 "밤이 늦었습니다. 이제 잡시다" 하고 끝났다. 이런 논변 때문에 나는 훨씬 많이 그리고 깊게 이해할 수 있었다. …… 내가 출가 이래 불법에 대해 영향을 준 사람은 타이쉬 대사 말고는 파쭌 스님이다. 그가 나의 불교 공부에 가장 훌륭한 인연이었다. •86

파쭌은 1935년부터 한장교리원을 실질적으로 이끌고 있었다. 티베트 불교에 대한 이해를 바탕으로 티베트어로 남아 있던 대승불교 논서를 강의하고 번역했다. 근대 시기 최고의 역경승이자 학승이있다. 한문 전적만을 이용한 인순에게 티베트 문헌을 통한 대승불교 이해는 새로웠고, 자신이 개념적으로 놓친 부분을 많이 보완할 수 있었다. 티베트 불교 문헌은 인도의 산스크리트 문헌을 직역한 경우가 많아서 원본의 모습을 고스란히 되살릴 수 있었다. 특히 티베트 불교 문헌 가운데 유식학 문헌과 중관학 문헌 비중이 높아서 이런 쪽으로 집중한 인순에게 파쭌은 하나의 통로였다. 당시까지 어디서도 듣지 못한 불교 이해를 파쭌의 번역 원고나 파쭌과 대화를 통해서 얻을 수 있었다. 그

근대 시기 기우뚱한 불교. 거기에 하나의 모델을 제시한 인순. 전통의 무엇도 아니고
근대의 무엇도 아닌 불교의 무엇을 내민 그였다. 그야말로 불교 연구의 최고봉이었다.
중앙 오른 쪽이 인순이고 왼쪽은 그의 출가 사형인 인스(印實)다.

야말로 행운이었다.

　1941년 인순은 타이쉬 대사의 분부로 홍콩 출신 승려 옌페이(演培), 미아오친(妙欽), 원후이(聞慧)에게 『섭대승론(攝大乘論)』을 강의했다. 인순은 매일 오전과 오후 넉 달 동안 강의를 진행하여 책을 마쳤다. 중국 불교에서는 현장이 번역한 『성유식론』을 중심으로 유식학을 이해했다. 중국 유식학의 대표인 법상종도 이론적으로는 현장의 제자 규기(窺基)가 쓴 『성유식론술기(成唯識論述記)』 등을 중심으로 건립됐다. 하지만 근대 시기 이런 전통에 대해 반성을 시도하면서 『섭대승론』이나 『유가사지론』 등 인도 유식학 본래 모습에 관심을 기울였다. 지나내학원 그룹의 유식학 연구도 이러했다. 베이징에서 삼시학회를 이끈 유식학 연구자 한칭징(韓淸淨)도 『섭대승론』과 『유가사지론』을 강의했다.

　『섭대승론』은 인도 불교의 최고 논사로 불리는 무착(無着, 약 310-390)이 지은 책이다. 반야사상과 유식학을 통합적으로 다루기 때문에 '대승불교[大乘]를 포괄[攝]하는 논서[論]'라는 이름을 달았다. 이 책은 인도 유식학의 핵심 텍스트로 『유가사지론』과 깊은 연관이 있다. 몇몇 번역본이 유통됐지만 인순은 강의 때 원본을 가장 충실히 번역한 현장 역본을 교재로 삼았다. 인순은 한 자도 놓치지 않고 꼼꼼하게 설명했다. 혼자 하는 책읽기라면 모르면 넘기고 아는 것만 취할 수도 있고, 훗날을 기약할 수도 있겠지만 선생으로 강의를 하면 결코 그럴 수 없다. 어떤 식으로든지 설명해야 했다. 인순은 많이 읽고, 진지하게 사고했고, 충실히 준비했다. 그 결과는 옌페이 등이 부지런히 기록한 『섭대승론강기』로 완성됐다. '강기(講記)'는 강의 기록이라는 뜻이다. 이 책은 1946년에야 주위의 도움으로 출간했다.

진리 추구와 역사 연구의 결렬

1942년 옌페이가 쓰촨 허장(合江)에서 법왕학원(法王學院)을 설립하고, 인순을 최고 도사(導師)로 초청했다. 당시 승려 사이에서 '도사'라는 호칭은 그다지 사용되지 않았다. 경전에서는 부처나 보살이 중생을 인도하여 생사의 고통을 벗어나게 하기 때문에 그들을 '대도사'(大導師)라고 부르기도 한다.(『유마경』「불국품」) 인순은 법왕학원에서 '도사'로 3년간 생활한다. 당시는 비록 전쟁 상황이었지만, 인순은 오히려 평온했다. 농사일을 돕는 경우도 있었지만 주로 불교 연구에 매진했다. 법왕학원에서 도사로서, 원장으로 있으면서 인순은 사상이 성숙해졌고, 안정되게 강의와 저술을 할 수 있었다. 그 결과 『인도불교』를 완성하여 1943년 출판했다. 그는 서문에서 말한다.

> 이때부터 연구의 방침을 확정했다. 불교가 오랜 기간 발전하는 과정에서 변질되어 본질을 상실한 점이 있다고 믿었다. 불교의 본질을 탐구하고, 그 변질을 밝혀서 잘잘못을 가리고 그것을 정리하고자 인도불교 연구에서 시작했다. 사상이 출발한 지점과 변동의 계기, 그리고 개인과 국가에 진실로 이익되는 점이 무엇인지 살폈다. 괜한 말로 사실을 덮어버리는 일이 없도록 했다. 이런 뜻으로 인도불교를 연구하고자 하였다. [87]

인순은 실은 중국 불교에 대한 이론적 반성을 시도했다. 인도 불교 연구를 통해서 중국 불교가 불교의 본질을 얼마나 상실했는지 보여 주고자 한 것이다. 물론 중국 불교를 전면적으로 거부하거나 비난하려는 건 전혀 아니었다. 불교를 무턱대고 하나의 덩이로 취급하여 이것도 불교, 저것도 불교 하면서 이론적으로 전혀 분간하지 못하는 상황을 비판했다고 할 수 있다. 인순은 인도 대승불교를 세 계열로 구분했다. 이른바 '대승삼계설(大乘三系説)'이다. 첫째, '존재자의 본성[性]은 모두 공[空]하여 우리가 파악할 수 있는 것은 오직[唯] 거짓 이름[名]뿐'이라는 주장(성공유명계). 둘째, 우리가 파악하는 대상 세계는 실체가 없는[虚] 거짓[忘]으로 오직[唯] 우리의 의식[識]이 구성한 것일 뿐이라는 주장(허망유식계). 세 번째, 참된 모습[眞]으로 변함없는[常] 것은 오직[唯] 청정한 마음[心]이라는 주장(진상유심계).

인순이 『인도불교』를 출간하자 제기된 비판도 다름 아니라 이 대승삼계설과 관련됐다. 유식학 연구의 중심지인 지나내학원 출신 왕언양은 티베트 문헌을 근거로 중관학과 유식학 외에 세 번째 계열이 없음을 주장했다. 인순의 스승 타이쉬는 『인도불교』 평가(議印度之佛教)」에서 대승불교의 세 계열은 인정했지만 진상유심계, 허망유식계, 성공유명계로 순서 지어야 한다고 비판했다. 타이쉬는 중국 불교 전통에 입각해서 여래장사상이나 불성론을 중시하는 '진상유심계'를 적극 지지했다. 인순은 스승의 평가를 읽고 다시 「삼가 '인도불교 평가'에 답합니다(敬答議印度之佛教)」를 써서 보냈다.

인순은 타이쉬에게 보내는 이 글에서 자신이 대승불교 세 계열을 저런 순서로 배열한 것은 역사적 사실에 근거했음을 밝혔다. 아울러 자신은 '공사상을 가장 존숭한다(首尊性空)'는 입장도 밝혔다. 타이쉬는 이 글을 받고 나서 『인도불교』 재평가(再議印度之佛教)를 써 보냈다. 비록 역사적으로 성공유명계열 경론이 진상유심계열 경론보다 일찍 유통된 것을 인정하더라도 진상유심은 깨달음의 경지이자 불법의 근본이기 때문에 가장 앞에 배열해야 한다고 주장했다. 바로 여기서 근대 불교

사상가 타이쉬의 위치가 드러난다. 불교 근대화를 위해서 노력한 그였지만 불교 연구의 입장에서 철저하게 중국 불교 전통에서 벗어나지 않았다. 이런 점에서 보면 그는 보수적이었다. 인순은 스승이 너무도 적극적이고 끈질기게 반대했기 때문에 『무쟁지변(無諍之辯)』을 발표하고 논쟁을 멈춘다.

중국 근대 계몽 사상가이자 국학자였던 량치차오가 1923년 일본의 불교 연구가 모치즈키 신코(望月信亨)의 『기신론』 연구를 「대승기신론고증」이란 글로 번역 소개했다. 이 글에서 모치즈키는 『기신론』은 인도 저술이 아니라 중국 저술이며, 따라서 저자로 알려진 '마명'의 저술일 수 없음을 주장했다. 량치차오는 서문에서 "불교 교리 발달의 역사적 순서를 가지고 말하면 마명 시대에는 『기신론』과 같은 원교(圓敎)의 학설은 결코 존재하지 않았을 것"이라고 단언한다. •88 『기신론』의 권위가 일순간에 무너지는 듯했다. 타이쉬는 「『대승기신론고증』 평가」에서 "오늘날 일본에서 진정한 불교학자는 한 명도 없다"고 비난한다.

타이쉬의 비난에는 근대 불교학에 대한 강한 불신이 배있다. 그는 근대 불교학자는 "사상이나 학술이 진화하고 발달한다는 이른바 진화론과 과학 방법에 미혹되었다"고 말한다. 타이쉬는 불교가 처음부터 하나의 완성으로 존재하는 것이라 생각했다. 왜냐하면 진리는 처음부터 진리여야지 발전을 거듭할 수는 없는 노릇이다. 좀 덜 진리거나, 좀 더 진리일 수는 없기에. 타이쉬는 제자 인순에게서도 일본학자들과 비슷한 모습을 보았다. 타이쉬는 근대와 전근대의 경계에서 연신 고군분투한 셈이다. 불교계 내부에 존재하는 봉건적 습속을 일소하고자 한 반면 근대 학술방법론이 불교적 진리를 훼손하지 않을까 걱정했다. 이런 모습이 실은 그 시기 진정 불교를 아끼는 사람의 태도였다.

　　　　　　　　　　　　　　　　종파 불교의 계승과 학승

1944년 인순은 법왕학원에서 3년 임기 원장 임무를 마치고 한장 교리원으로 돌아왔다. 이 3년간 『인도불교』를 비롯해서, 『금강경강기』, 『중관론송강기』 등 많은 글을 썼다. 1945년 일본의 무조건 항복 선언으로 8년여 전쟁이 종결됐다. 그가 상하이에 도착한 것은 47년이었다. 상하이 옥불사에서 타이쉬를 친견했는데, 오래지 않아 불교 개혁의 상징 타이쉬가 입적했다. 인순은 그해부터 저장 펑화(奉化) 설두사(雪竇寺)에서 『타이쉬대사전서』 출간을 준비했다. 1년 준비 끝에 다음해인 1948년 완간했다. 『타이쉬대사연보』도 인순 자신이 직접 작성했다.

불교 연구방법론

1949년 샤먼 남보타사에 있던 인순은 홍콩으로 이주했고, 1952년에는 타이완으로 이주했다. 여건이 많이 달라졌지만 여전히 강의와 저술에 힘썼다. 때론 동남아나 일본, 미국 등지 화교단체의 초청으로 출국하여 불법을 홍포하고 여행을 하기노 했다. 하시만 학승으로서 자신의 임무를 잊지 않았다. 늘 병을 달고 살았지만 그것이 그냥 몸에 있는 거라고 느꼈다. 그것이 두렵고 싫다거나, 그것 때문에 자기 할 일을 게을리 하지 않았다. 『보왕삼매론』에서 말한 "몸에 병 없기를 구하지 말라. 몸에 병이 없으면 탐욕이 생겨난다"는 가르침대로 살았다.

1954년 인순은 『불법으로 불법을 연구한다』는 글을 발표했다. 자신이 불문에 들어 경론을 보면서 맞닥뜨린 문제나 아니면 불교를 연구할 때 동료들과 빚은 충돌 때문에 그는 불교 연구방법론에 대해 고민을 많이 했다. 전근대와 근대의 갈림길에서 승려로서, 연구자로서 스스로 중심을 잡아야 했다. 그는 이 글에서 불교 연구의 세 가지 원칙을 제시한다. 첫째, 제행무상 법칙인데 "불법이 고정되지 않고 변화한다는 견지에서 불법의 진의가 건강하게 발전하고 정상적으로 시대에 적응했음을 발견하는 것"이었다. 둘째, 제법무아 법칙은 연구자가 무아의 입장에서 선입견 없이 불교를 연구해야 하고, 연구에 대상을 만고 불변의 실체로 간주해서도 안 된다는 지적이다. 셋째, 열반적정 법칙에서는 이렇게 말한다.

> 열반은 진실이나 해탈의 의미가 있다. 불교 연구자가 아직 직접적으로 그것을 파악하지 못했을 때도 그것을 최후 귀결로 삼고 용맹정진 해야 한다. 그래서 불교 연구자는 진리 탐구와 해탈 실현이라는 신념을 갖추고서 불법을 연구해야 한다. [89]

인순은 스승 타이쉬와 달리 불법의 변화나 발전을 인정하는 편이다. 하지만 일반 학문과 달리 불법 연구는 불법이 가진 가치에 대한 존중과 믿음이 있어야 함을 강조한다. 쉽지 않은 일이지만 이런 지향을 가져야 한다는 생각이었다. 중국 근·현대 최고의 학승으로 추앙되는 인순이었지만 늘 이런 고민 속에서 경전 한 구절을 읽었다. 1967년 인순은 『입세와 불학을 말한다』를 발표했다. 그는 여기서 불교 연구[佛學]를 지식 중시의 갑형과 경험 중시의 을형으로 구분했다. 스승 타이쉬가 경험 중시형이라면 자신은 "한결같이 갑형을 중시했고, 객관적 연구에 치우쳤다"고 고백했다. [90]

1971년 66세의 인순은 『설일체유부 위주의 논서와 논사 연구』, 『원시불교 성전 집성』, 『중국선종사』 등 저작을 내놓았다. 유식학이나 중관학 등 대승불교 사상 위주에서 그의 학문이 훨씬 깊어지고 넓어졌다. 『중국선종사』는 인순 저작 가운데 가장 유명한 책이다. '선'은 학문적으로 혹은 객관적으로 다루기가 힘들다. 그야말로 경험형 연구가 아니면 접근하기 힘들 듯하다. 인순은 선종에서 말하는 깨달음 자체를 다룬 게 아니라 중국 선종의 형성과 발전 등 선종사를 다뤘다. 적어도 '선종사'는 객관적 연구 영역에 들어올 법했다. 그는 서문에서 말한다.

> 선종사 연구는 반드시 시간과 공간을 초월한 자신의 체험과, 현실의 시간과 공간인 역사 속에서 그것의 적용과 변화를 분명히 파악하고서야 비로소 적절하게 선종의 역사적 사실을 다룰 수 있다. •91

깨달음[佛]은 말하기 힘들지만 그것이 말[敎]이 될 때야 비로소 불교(佛敎)가 된다. 인순도 "불법은 이미 현실 인간의 불법이 되었다"고 말한다. 결국 말할 수밖에 없다. 손가락이 달은 아니지만 달을 쳐다보게 하는 방편이다. 가르침은 이런 거고 불법을 연구한다는 것은 '손가락'이 과연 무엇을 가리키는지 파악하려는 노력이다. 1973년 인순은 『중국신종사』 일역본으로 일본 다이쇼(大正) 대학에 박사학위를 받았다. 인순이 정식 학위과정을 거친 것은 아니지만 최고 수준의 학술적 성취를 이뤘음을 인정한 것이다. 인순은 전통적 불교 연구에서 출발했지만 근대적 학술 연구와 만났다.

　『초기 대승불교의 기원과 전개』(1980), 『여래장 연구』(1981), 『공의 연구』(1984), 『인도불교사상사』(1987), 『계리계기(契理契機)의 인간불교』(1989) 등. 인순은 계속해서 연구 성과를 내놓았다. 적어도 학승에게는 불교 연구와 저술이 바로 수행이다. 선방에서 몇 철 났다고 학승의 공부를 이러쿵저러쿵 해선 안 된다. 화두 공부가 지난하듯 문자반야를 향한 저들의 시간도 간난신고다. 그는 선방에서 화두를 들고 참선하는 선승 못지않게 진지하게 불교를 연구했고, 그 속에서 진리를 찾았다. 2000년 6월 4일 오전 10시 7분 백수의 고승 인순은 타이완 화렌(花蓮) 자제의원에서 입적했다. 시대의 마감이다.

IV

밀교열과 티베트 불교

14

일본 밀교의 수입과 밀단, 츠쏭

밀교 전통은 주술화되어 민간으로 흩어졌다. 도교와 결합하기도 하여 족보도 없는 민간 습속으로 존재했다. 오랜 세월 이런 처지였다. 근대 시기 불교인들은 기존 불교에 대해 반성했고 불교의 다양한 전통을 발굴하고자 노력했다. 이때 밀교라는 독특한 교리체계와 수행법, 그리고 종교의식을 가진 전통이 솟아 올랐다. 그 가운데 츠쏭이 있었다.

밀교와 티베트 불교

불교는 그야말로 거대하다. 장구한 역사도 그렇고 다양한 교리도 그렇다. 그래서 불교를 차근차근 분류해서 보다 체계적으로 이해를 시도하기도 한다. 전통적인 분류법 가운데 하나는 현교(顯敎)와 밀교(密敎)다. 한자 의미대로 풀면 '공개된 가르침'과 '비밀스런 가르침' 정도가 된다. 현교는 우리가 알고 있는 일반적인 불교 경론과 교리를 가리킨다. 그래서 굳이 현교라는 말을 쓰지도 않는다. 밀교는 주술적이고 신비적인 의식을 통해서 절대적 힘과 합일한다. 밀교를 다시 초기경전에 등장하는 주술 등 신비적 의식을 말하는 잡밀(雜密)과 대승불교 시대 이후 체계적으로 정리된 순밀(純密)로 나누기도 한다. 이런 분류법은 일본에서 주로 활용한다. 일반 불교 경전을 수트라(sutra)라고 하는데 빈해 밀교 경전은 탄트라(tantra)라고 한다. 이 때문에 서구에서 밀교를 탄트리즘(tantrism)이라고 부른다. 티베트에서는 밀교를 아래 네 가지로 구분한다.

1. 소작(所作)탄트라: 의식(儀式)의 작법에 대해서 설한다.

2. 행(行)탄트라: 외면적인 작법에 내면적 명상이 더해진다.

3. 요가탄트라: 자신과 절대자의 합일을 설한다.

4. 무상(無上)요가탄트라: 요가탄트라를 한층 발전시켜 신체적 · 생리적 요소가 강한 명상을 설한다. [92]

소작탄트라는 제단을 어떻게 설치하고 어떻게 의식을 진행하는 등 작법에 대한 내용이 많다. 행탄트라는 밀교 경전 가운데 『대일경(大日經)』이 해당한다. 『대일경』에는 우주의 중심으로서 대일여래(大日如來)가 등장한다. 여기서 묘사하는 대일여래의 세계를 태장계만다라라고 한다. 태장이라는 말은 어머니 자궁처럼 모든 존재를 생산하는 근원을 의미하기 때문이다.[93] 요가탄트라는 『금강정경(金剛頂經)』이 해당한다. "『금강정경』은 우리들이 다섯 단계의 명상법을 통해 우주의 진리인 대일여래가 되는 것을 명시한다. 이것을 시각적으로 불보살의 세계로 나타내는 것이 금강계만다라이다."[94] 무상요가탄트라는 『비밀집회탄트라』 등이 해당하는데, 신체적 에너지를 강조한다. 중국이나 한국에서는 거의 전하지 않는다. 주로 티베트에서 행해졌는데 티베트 사원에서 만나는 남녀교합상은 이런 것과 관련된다.

중국에 인도 밀교가 전래된 것은 비록 주술 형태지만 대단히 오래됐다. 3-4세기에 이미 진언을 설하는 경전이 소개됐기 때문이다. 하지만 밀교가 본격적으로 소개된 것은 인도 밀교가 완성된 이후로서 8세기 무렵이다. 중국에 처음으로 밀교가 본격적으로 전파된 것은 당나라 현종(玄宗) 때다. 716년 인도 출신 선무외(善無畏, 637-735)삼장이 산스크리트 경전을 가지고 장안에 도착했다. 당나라 현종은 선무외삼장을 관정(灌頂) 대아사리(大阿闍黎)로 봉했다. 4년 후 남인도 출신 승려 금강지(金剛智, 671-741)가 제자 불공(不空, 705-774)과 함께 당나라 수도 장안에 도착해서 밀교를 전파했다. 선무외삼장은 『대일경』을 번역했고 불공삼장은 『금강정경』을 번역했다.

당나라 때 밀교는 한때 크게 성행했지만 회창(會昌) 법난과 당말 혼란기를 거치면서 현격하게 쇠퇴했다. 송대에도 인도 출신 승려들이 밀교를 계속해서 소개했지만 당대 밀교의 세력을 회복하지는 못했다. 명나라 때는 민간의 비밀결사에 대한 우려 때문에 밀교를 정책적으로 금지했다. 결

 밀교열과 티베트 불교

국 밀교는 완전히 단절되고 말았다. 밀교는 교의의 특수성 때문에 단지 불전의 유통만으로는 커다란 의미를 갖지 못한다. 단순히 법문을 하는 게 아니라 특별한 의식에 참가해야 한다. 계단을 설치하고, 온갖 법구가 필요하고, 더구나 법을 전할 사람이 필요하다. 회복하기가 쉽지 않았다.[95]

회창 법난이 일어나기 얼마 전 당나라에 온 일본인 승려 엔닌(圓仁) 등이 일본에 처음 밀교를 전했다. 이후 중국에서 유학한 홍법대사 쿠카이(空海)가 일본에서 밀교를 크게 발전시켰고, 진언종을 창립했다. 근대 중국에서 학자들은 일본 밀교를 동밀(東密)이라고 불렀다. 일본이 중국의 동쪽에 있기 때문이다. 일본 밀교는 고야산을 중심으로 엄청나게 발전했다. 다양한 교리 체계를 갖춘 여러 밀교 종파가 등장했다. 밀교와 천태, 혹은 밀교와 정토가 융합된 이론이 나타나기도 했다.

중국 밀교는 당대에 대단히 발전했기 때문에 후대에 중국인들은 당밀(唐密)이라는 표현을 썼다. 이것과 대비되는 밀교가 티베트 밀교이다. 티베트를 중국에선 서장(西藏)이라고 하기 때문에 티베트 밀교를 한자로 장밀(藏密)이라고 했다. 물론 티베트 불교는 밀교만 있는 것은 아니다. 이른바 현교와 밀교가 결합되어 있다. 4세기경 티베트에 불교가 전래됐다고 한다. 티베트 불교를 크게 일으킨 인물은 라싸 왕국의 국왕 손첸캄포(581-649)다. 그는 네팔과 중국에서 동시에 불교를 받아들였다. 이후 인도 불교와 중국 불교가 경쟁했다. 8세기 티베트 불교는 크게 발전했는데 인도에서 뛰어난 고승을 초청했다. 바로 이 시기가 인도 밀교의 발전기였다.

티베트 불교는 인도 불교와 연관 속에서 부침했다. 많은 인도 승려들이 대량의 범본 경전을 가지고 티베트에 입국하는 경우가 많았다. 티베트에서는 라마교가 성립했다. 12세기 몽고족이 티베트를 점령한 이후 티베트 불교는 정치권력과 결합했다. 이후 한동안 부패와 타락에서 헤어나지 못했다. 14세기 총카파(Tsoṅ-kha-pa, 1357-1419)가 출현하여 티베트 불교를 개혁했다. 그는 엄격한 계율주의를 표방했고 겔룩파의 효시인 간덴파를 창시했다. 그리고 티베트 불교의 최고 걸작 『보리도차제론』을 집필했다. 이 책은 글자 그대로 '최상의 깨달음'[菩提道]을 향한 수행의 '단계와 절차'[次第]를 시설했다.

티베트 불교를 흔히 일컫는 라마교는 원대 황실불교였고, 청대에도 마찬가지였다. 몽고족과 만주족 왕족들이 라마교를 신앙했기 때문이다. 하지만 일반 중국인들에게 티베트 불교는 이민족 황실의 불교였지 자신의 불교가 아니었다. 청말까지 티베트 불교나 밀교에 대한 관심은 극히 적었다. 근대 시기 밀교에 대한 관심이 조금씩 일자 일부 불교인은 티베트 불교가 무엇인지 질문하기 시작했다. 일본에서 밀교를 학습했고, 티베트 밀교에 대한 호기심을 일으켰고, 나아가 티베트 불교 문헌을 번역하기 시작했다. 이렇게 근대 시기 밀교 부흥은 동아시아적 차원의 흐름을 만들어 냈다.

밀교 구법승의 출현

중국에선 중국 전통의 밀교를 흔히 당밀(唐密)이라고 부른다. 당나라 때 주된 골격이 형성됐기 때문이다. 송대도 다소 세력이 있었고 유가종이라는 이름으로 명대까지 여운이 있었지만 사실 일찌감치 세력을 상실했다. 이후 밀교 전통은 주술화되어 민간으로 흩어졌다. 도교와 결합하기도 하여 족보도 없는 민간 습속으로 존재했다. 오랜 세월 이런 처지였다. 근대 시기 불교인들은 기존 불교에 대해 반성했고 불교의 다

    밀교열과 티베트 불교

양한 전통을 발굴하고자 노력했다. 이때 밀교라는 독특한 교리체계와 수행법, 그리고 종교의식을 가진 전통이 솟아 올랐다.

근대에 몇몇 불교인은 끊어진 밀교 전통을 복원하고자 했다. 불교 거사 꾸이보화(桂伯華, 1861-1915)는 1910년 일본으로 건너 가 고야산(高野山)에서 진언 밀교를 배웠다. 그는 청말 유명한 불교 거사 양런산의 제 자였다. 정토 신앙과 화엄교학을 중심으로 한 양런산이었지만 제자들 은 불교의 다양한 전통을 계승하고 연구했다. 꾸이보화는 당시 별로 관심을 갖지 않은 밀교에 집중했다. 그는 당밀 전통이 끊어진 상황에 서 일본에서 당밀 전통을 소생시키고자 했다. 하지만 그는 저 옛날 많 은 구법승처럼 귀국하지 못하고 1915년 도쿄에서 병사했다.

이후 승려로서 일본에 유학해 밀교를 배운 사람은 따용(大勇, 1893-1929)과 츠쏭(持松, 1894-1972)이다. 따용은 1919년 타이쉬를 은사로 출가 했다. 법명은 주안종(傳衆)이었고 따용은 자였다. 큰 용기[大勇]로 어떤 어 려움도 이겨내서 불법을 중생들[衆]에게 전하겠다[傳]는 마음가짐이었다. 따용은 1922년 일본 고야산에 유학해서 밀교를 배웠다. 귀국 후 일 본 밀교가 아니라 티베트 밀교에 대한 관심을 갖고 티베트 구법을 시 도했다. 티베트에 들어가시 못하고 집경지역인 쓰촨 서북부 간즈에서 1929년 입적했다. 구법승의 죽음이었다. 하지만 그의 죽음은 법현이 말한 타클라마칸 사막의 해골처럼 후배들을 티베트 불교로 인도하는 표지판이 되었다. 그는 티베트를 향한 길을 냈다. 따용이 요절했기 때 문에 밀교 부흥의 책임은 동료 츠쏭이 져야 했다.

츠쏭은 1894년 후베이(湖北) 징원(荊門)에서 태어났다. 속성은 장(張) 이었고 속명이 츠쏭이었다. 자는 잔린(姉林)이었다. 자신의 속명을 출가 이후 자(字)로 사용했다. 츠쏭이 여섯 살 된 1899년 부친은 고향에 있는 천주교 학당에서 교사로 근무했다. 그때부터 츠쏭은 신식 교육과 전통 교육을 함께 받았다. 나중에는 의술을 배웠다. 1907년 츠쏭이 열네 살 된 해 부친이 병으로 사망했다. 콜록콜록 기침 몇 번에도 강건한 육체 가 무너지기 일쑤였다. 츠쏭의 어린 동생도 뒤를 따랐다. 모친은 남편 과 자식을 잃은 슬픔으로 큰 병을 앓았다.

1910년 열일곱 살이 된 츠쏭은 외가로 거처를 옮겼다. 츠쏭은 외 숙부 서재에서 『십이원각(十二圓覺)』을 꺼내 읽었다. 관음보살이 남녀 열 두 명을 제도하여 깨달음(圓覺)에 이르도록 한다는 내용이었다. 장생불 사를 말하는 등 불교와 도교 신앙이 이리저리 섞인 책이지만 당시 츠 쏭에게는 그런 것은 별로 중요하지 않았다. 불교면 어떻고 도교면 어 떤가. 타이쉬 같은 고승도 출가할 때는 도교와 불교를 구분하지도 못 했다. 그저 도력을 얻어서 삶을 어떻게 해보려고 산문에 들어섰다. 츠 쏭도 그랬다. 그 책은 분명 민간에 떠도는 위서(僞書)에 불과하지만 그는 그것을 통해서 현실의 질곡을 벗어나 이상세계를 꿈꾸었다.

1912년 츠쏭은 우한(武漢) 귀원사(歸元寺)에서 구족계를 받았다. 하지 만 그는 출가생활에 실망했다. 선당에 들어가 큰 깨달음을 이루리라는 바람은 바쁜 대중생활로 자꾸만 뒤로 밀렸다. 이후 츠쏭은 환속을 생 각하고 고향의 관제묘에 기거했다. 그때 한 재가 수행자를 만났다. 그 는 군인이었다. 비록 스승은 없었지만 틈만 나면 경전을 읽고 참선을 했다. 바쁜 일상을 유지하면서도 어떤 흔들림도 없이 수행하는 그였 다. 츠쏭은 그를 만난 후 마음을 다잡고 귀원사로 돌아왔다. 초발심이 무섭다고 한다. 하지만 그게 얼른 타버리면 밑천이 바닥난다. 그 다음 어떻게 할 것인가. 수행자는 끊임없이 수행의 양식을 마련해야 한다. 그 거사의 힘찬 수행이 츠쏭에게는 길 가는 양식이 됐다.

　　　　　　　　　　　　　　　밀교열과 티베트 불교

화엄승의 회심

1914년 위에샤(月霞)가 상하이에 화엄대학을 설립해서 학생을 모집했다. 츠쑹은 소식을 듣고 상하이로 달려가 화엄대학에 입학했다. 츠쑹은 위에샤를 잘 따랐다. 출가했다고 해서 불교 공부의 길이 떡하니 나타나는 것은 아니다. 출가하고서도 인연이 없으면 헤매기는 마찬가지다. 여전히 오리무중이고 모래바람 속이다. 츠쑹은 화엄대학에서 공부하면서 비로소 길을 찾았다. 우여곡절 끝에 화엄대학이 항저우 해조사로 옮겨 가자 츠쑹도 따라갔다. 1916년 화엄대학의 전 과정을 마쳤다. 『화엄경』뿐만 아니라 대소승 경론을 두루 읽었고, 각 종파의 이론 체계에 대해서도 공부했다. 엉성하게나마 불교의 모습을 그릴 수 있었다. 츠쑹은 이렇게 불교의 기초를 놓았다.

1917년 스승 위에샤는 장쑤 성 창슈(常熟) 흥복사 주지에 취임했다. 그전 주지가 사찰 운영을 제대로 하지 않아 여러 가지 문제를 일으켰다. 그래서 흥복사 대중은 창저우 천녕사로 가 에카이(冶開) 선사에게 주지직을 맡아달라고 부탁했다. 에카이는 위에샤와 잉츠를 추천했다. 결국 위에샤가 주지직에 취임했고, 잉츠가 그를 도왔다. 위에샤는 취임 이후 구습을 혁파했다. 먼저 특정한 문중에서 사찰의 직책을 물려받거나 독차지 하는 법도제(法徒制)를 고쳤다. 능력 있고 덕망 있는 인재를 선출하는 방식으로 전환했다. 그리고 위에샤는 흥복사가 율종을 종지로 하던 전통을 포기하고 화엄종을 종지로 다시 세웠다. 그리고 화엄학원을 준비했다.

화엄종사 위에샤는 새로운 흥복사를 만들려고 노력했지만 과로로 지병이 재발했다. 항저우 옥천사(玉泉寺)에서 요양하던 위에샤가 1917년 음력 11월 30일 입적했다. 츠쑹은 직접 위에샤의 유골을 수습하여 흥복사로 돌아왔다. 1918년 2월 위에샤의 장례를 모두 마치자 위에샤의 사제 잉츠(應慈)가 흥복사 대중을 소집했다. 그리고 나서 위에샤의 유촉을 낭독했다. 위에샤는 츠쏭을 사법(嗣法) 제자로 삼았고 밀림(密林)이라는 법호를 내렸다. 츠쏭은 이렇게 위에샤에게 법을 받아서 남악 제47세이자 임제종 43세가 되었다.

츠쏭은 스물다섯에 대찰 흥복사 주지를 맡게 되었다. 흥복사 대중뿐만 아니라 신도들까지 흘러 들어온 젊은 승려가 뭘 할 수 있을까 의심했다. 오래지 않아 이런 의심은 놀라움으로 바뀌었다. 츠쏭은 위에샤의 유지를 받아서 흥복사에 화엄학원을 화엄예비학교로 개칭하여 다시 열었다. 22년에는 법계학원으로 개명했다. 이곳에선『화엄경』이나『원각경』같은 대승경전뿐만 아니라『고문관지』나 당시(唐詩) 같은 고문까지 가르쳤다. 또한 역사나 지리 등 근대 지식을 함께 강의하여 단지 옛것을 추수하는 승려가 안 되도록 했다. 근대 시기 종파불교가 종파의 형태로 부활한 것은 아니다. 각 종파의 교리 연구가 몇몇 뜻있는 승려에 의해 진행됐다. 화엄학은 바로 위에샤와 잉츠, 그리고 츠쏭이었다.

1921년 8월 츠쏭은 상하이에서 발행된 불교잡지인『해조음』에『섭대승론의기』를 연재했다. 화엄대학을 졸업하고 화엄학을 종지로 삼은 츠쏭이 아닌가. 유식학의 대표적 문헌인『섭대승론』을 해설하는 게 다소 어색해 보이기도 한다. 하지만 사실 오나라 때 진제가 번역한『섭대승론』은 화엄종 형성에 막대한 영향을 끼쳤다. 진제가 번역한 경론은 구마라집이나 현장의 번역과 달리 의역이 많았고, 쉽게 중국 사유와 섞였다. 이런 결과 불교에 중국적 특성을 부여할 수 있었다. 유식학 이해는 화엄학 이해의 필수조건이라고 할 수 있다. 츠쏭은 상당히 오랫동안『섭대승론의기』를 연재했고 영향력도 꽤 컸다.

츠쏭은 무창불학원에서 강의할 즈음 타이쉬에게 제자 따용이 밀교

  밀교열과 티베트 불교

를 배우기 위해서 일본 유학을 준비한다는 이야기를 들었다. 당시 따용은 일본 승려 각수(覺隨) 아사리를 따라서 일본에 갔다가 학비를 마련하려 다시 항저우로 돌아와 있었다. 츠쏭은 밀교에 대해 관심을 가지고 있었지만 굳이 일본까지 가서 그것을 배우려고 하는 마음은 없었다. 그런데 우연히 『법륜보참(法輪寶懺)』을 읽고 유가(瑜伽) 밀교의 오묘함을 느꼈지만 쉽게 이해할 수는 없었다. 이런 차에 유가 밀교가 일본에 대단히 성하다는 이야기를 들었다. 마음이 동했다. 결국 따용과 함께 동행을 하게 됐다.

밀교 아사리의 탄생

일본에 도착한 츠쏭은 교토제국대학에서 일본어를 배우고 고야산(高野山)대학에 입학했다. 고야산은 당나라에 유학해서 불공삼장의 제자 혜과(惠果)에게 배운 구카이(空海, 774-835)가 일본에 최초로 진언 밀교를 전파한 곳이다. 그는 이곳에 금강봉사(金剛峰寺)를 지어 일본 진언종을 개창했다. 지금까지도 고야산은 일본 밀교의 발상지로 추앙된다. 중국 밀교가 구카이의 노력으로 일본 밀교로 꽃을 피운 곳을 중국 승려 츠쏭과 따용이 도착한 것이다. 그들은 속성으로 교육과정을 마쳤다. 그곳에서 고야산대학 교수이자 천덕원 주지인 카나야마 보쿠쇼(金山穆韶, 1875-1958)에게 배웠다. 카나야마는 이후 고야산대학 학장과 진언종 근본 도량인 금강봉사 주지까지 역임한 고승이다. 츠쏭은 짧은 시간 내 각고의 노력으로 아사리위(阿闍黎位)를 획득했다.

아사리는 산스크리트 아차랴(ācārya)의 음역으로 '궤범사(軌範師)' 등으로 번역하기도 한다. 궤범사는 모범이 될 만한 스승을 의미한다. 보통 수계의식 때 의식을 진행하는 본받을 만한 승려를 가리킨다. 밀교에서는 만다라와 각종 진언, 그리고 무드라라고 말하는 수인(手印) 등 밀교 수행법을 익히고 전법을 허락하는 의식인 전법관정을 받은 승려를 가리킨다. 보살을 아사리라고 하는 경우도 있다. 이처럼 아사리는 밀교에서 말하는 이상적인 스승이자 인격이다. 밀교 수행자로 입문하는 관정의식을 주관하는 자도 아사리다. 아사리가 되었다는 말은 관정의식을 행할 수 있고, 밀교 제자를 길러낼 수 있다는 의미다. 밀교 전통이 끊어졌다는 말은 바로 아사리가 사라졌고, 지속적으로 밀교 수행자를 배출할 수 없다는 이야기다.

1923년 9월 1일 도쿄 인근 지역에서 대규모 지진이 발생했다. 이른바 칸토(關東) 대지진이다. 지진에 따른 화재로 목조 가옥이 대부분 소실됐다. 민심이 대단히 흉흉했다. 사회적 불안은 곧잘 희생물을 찾기 마련이다. 조선인이 방화와 강도질을 획책한다는 소문이 나돌면서 사람들은 떼를 지어 다니면서 조선인 학살을 자행했다. 외국인이나 지방 출신 일본인까지 조선인으로 오해해서 살해하기도 했다. 츠쏭은 서둘러 귀국했다. 귀국길에 진언종의 각종 법구와 서적, 그리고 밀교 경전을 가져왔다. 흥복사로 돌아온 그는 작은 방을 한 칸 얻어서 혼자서 밀교 교의를 연구했다.

츠쏭보다 먼저 귀국한 따용은 적극적으로 밀교를 전파했다. 뜻밖에 사회에서는 밀교에 대한 관심이 고조됐다. 대규모 관정의식을 행하고 밀교 제자를 받아들였다. 1924년 츠쏭은 우한(武漢)의 보통사(寶通寺)에 진언종 법단을 설치했다. 이후 강의와 전계, 관정의식을 지속적으로 실시했다. 5월 타이쉬는 츠쏭을 초청해서 무창불학원에서 밀교 전법의식을 거행하게 했다. 츠쏭은 중국 밀교를 부흥시키고자 가급적 당밀(唐密)의 원형을 고증하여 복원하고자 했다. 무창불학원에서 밀교 법단을 설치하여 밀교 전법의식을 치르자 매일 수백 명이 모여 들었다. 마치 새로운 불교의 출현처럼 보였다.

밀교에서는 주로 관정의식을 통해서 수행의 길을 열어준다. 관정은 글자대로만 풀면 머리[頂]에 물을 뿌리는[灌] 행위다. 고대인도뿐만 아니라 유럽에서도 국왕의 제위식 등에 사용된 의식이다. 불교에도 유입됐는데 특히 밀교에서 중요한 의식으로 발전했다. 일정한 자격을 갖춘 스승이 여러 불상을 모신 단을 설치하고 수행자가 그 가운데 한 부처님과 인연을 맺어 특별하게 모시도록 한다. 자신의 부처님을 만날 수 있게 주선하는 행위라고 할 수 있다. 관정의식은 종류도 많고 절차도 복잡하다. 다양한 법구를 사용하기 때문에 특별한 장소를 마련해야 한다. 이것을 중국에선 밀단(密壇)이라고 불렀다.

밀교 관정의식에 동원되는 형식은 일반적 수계의식과 다르다. 밀교의 관정의식에는 다양한 도상과 기물을 사용한다. 화려하게 그린 만다라, 꽃, 물병 그리고 진언, 오묘한 수인 등. 인간이 사용하는 모든 감각을 동원한다. 신체 전체로 의식에 참여한다고 할 수 있다. 이것은 특별한 경험이다. 단순히 생각이나 신념을 통해서가 아니라 자기가 가진 모든 것을 모두 가동해서 부처를 만나고 자신의 수행을 설계한다. 이런 게 밀교의 매력일 것이다. 밀교 사원에 가보면 얼른 알 수 있다. 대단히 역동적이고 화려하며 몽환적인 상징물이 많다. 그래서 현대 학자들은 밀교에 대해 미학적인 관심이 크다.

밀단 설치와 밀교 붐

츠쑹 아사리가 밀교 법단을 설치하여 관정의식을 행하자 많은 사람들이 모였다. 한 번에 수백 명씩 관정을 행했고 점점 그 크기는 늘어났다. 불교

○

고대에 일본에 밀교를 전한 중국인이 근대에는 중국에서 사라진 밀교 전통을 복원하기 위하여 일본으로 유학했다. 이색적이고 신비롭기까지 한 밀교 전통에 사람들은 열광했다. 츠쫑은 열광의 심지가 되었다.

인 가운데 자신들이 알고 있는 불교와 다른 새로운 불교를 감각하고 열광한 사람이 많았다. 츠쏭이 무창불학원에서 관정의식을 행한 이후 무창불학원을 지원하던 몇몇 유력 인사들이 츠쏭에게 귀의하는 일이 발생했다. 그들은 츠쏭이 주석하던 보통사의 불사를 지원하면서 자연스레 무창불학원에 대한 지원을 줄였다. 이런 일로 불화가 발생한 것은 아니지만 당시 불교계 형세에도 영향을 줄 정도로 밀교열(密敎熱)은 대단했다.

1925년 가을 츠쏭은 중화불교대표단 일행으로 일본 도쿄에서 개최된 동아불교대회에 참석했다. 이 시기 일본은 다양한 형식으로 '동아'를 선전했고, 서구에 맞서 동아의 단합을 강조했다. 일본은 동아시아를 대표하고 서구에 맞서 동아시아를 보호하고 있다고 항변했다. 이런 논리는 서구제국주의에 맞선 일본제국주의가 동아시아에서 자신의 제국주의적 행위를 미화하는 방법으로 곧잘 동원됐다. 이후 이른바 대동아전쟁도 이런 논리의 연장이었다. 일본식 제국주의론이라고 할 수 있다. 어떻든 일본 정부는 동아시아 각국과 민간인 교류를 적극 지원했다. 불교는 동아시아 각국이 공유하는 전통이기 때문에 일본 정부와 관제 단체는 그것을 적극적으로 활용했다. 동아불교대회도 크게 보면 이런 의도에서 마련됐다.

츠쏭은 대회가 끝니지 곧바로 귀국하지 않고 일본에 남아 일본 밀교를 배웠다. 다양한 밀교 종파가 행하는 관정의식에 참여했다. 1926년에는 교토 인근 비예산(比叡山) 연력사(延歷寺)에서 태밀(台密)의 의궤를 배웠다. 태밀은 일본 불교의 독특한 전통이다. 이것은 일본 천태종[台]이 전하는 밀교[密]를 가리킨다. 일본 천태종의 개창자인 사이초(最澄, 767-822)가 전한 밀교를 기초로 해서 비예산 연력사를 중심으로 발전했다. 태밀을 배운 츠쏭은 다시 고야산으로 가 카나야마 보쿠쇼를 친견하고 공부했다. 카나야마는 1927년 봄 츠쏭이 귀국할 때 마치 의발을 전수하듯 자신이 소장한 금강계 만다라와 태장계 만다라를 주었다. 츠쭝은 1936년에도 한 번 더 일본에 방문한다. 이렇게 중국인 츠쭝은 사이초나 쿠카이와 반대로 일본으로 구법여행을 했다.

1927년 일본에서 귀국한 이후 더욱 열심히 법단을 설치하여 밀교를 전하고 관정의식을 행했다. 주로 상하이에서 활동했다. 당시 국민당 군대의 북벌과 군벌 간 내전 등 중국 대륙은 몹시 혼란했다. 그런 과정에서 사람들은 자신뿐만 아니라 국가의 안위를 걱정하고 뭐라도 하고 싶었다. 밀교에는 재난을 퇴치하는 의례가 많다. 특히 중국 밀교에는 이런 경향이 농후했다. 츠쭝은 신도의 요청으로 『인왕호국반야경(仁王護國般若經)』을 강의했다. 구마라집이 번역한 경본에는 다라니가 없지만 불공(不空)의 번역본에는 다라니 의궤가 있다. 일종의 주력으로 국태민안을 염원한 것이다. 우리나라에도 고려시대에 이런 불교의례가 많이 행해졌다.

츠쭝은 1929년 베이징 등 북중국에서 여러 차례 법회를 진행했다. 아울러 밀교 법단을 설치하여 관정의식을 행하기도 했다. 이즈음 『인왕경천비(仁王經闡秘)』 4권을 저술했다. 이 책에서 츠쭝은 진언종의 교리에 근거해서 『인왕경』을 해석했다. 이렇게 함으로써 『인왕경』의 심오하고 비밀스런 부분(秘)을 드러내고자(闡) 했다. 이해 7월 츠쭝은 봉천군벌의 중심지인 만주 선양(沈陽)에서 인왕호국법회를 열었다. 봉천군벌 장쉐량(張學良)이 법회에 참석해서 계를 받았다. 츠쭝은 법회 기간 매번 『인왕호국반야경』을 강의하고 사람들에게 관정의식을 행했다. 아울러 군벌 간 전쟁으로 전사한 이름 없는 이들을 위해 천도재를 행했다.

어쩌면 종교는 일이 터지고 나서야 작동하는 메커니즘인지도 모르겠다. 전쟁이 일어나지 않게 노력하고 감시하는 역할은 하지 못하니 말이다. 그저 누군가 죽고 슬플 때 등 토닥이는 정도가 아닐까. 이런

　　　　　　　　　　　　　　　　　　밀교열과 티베트 불교

한계와 답답함이 있지만 그렇다고 위로의 역할을 멈출 수는 없다. 츠쑹은 열심히 다녔다. 1930년대 전국 각지를 다니면서 법문하고 관정의식을 행했다. 수많은 귀의자들이 모두 그와 함께 한 것은 아니지만 어디선가 씨앗처럼 자랄 것임을 확신했다. 1947년 상하이의 정안사(靜安寺) 주지를 맡으면서 밀단을 설치해서 중국 밀교의 부흥을 꾀했다. 지금도 정안사에 밀단이 보존되어 있다.

중화인민공화국 성립 이후 츠쑹은 상하이 불교계 대표로 활동했다. 정안사에 주석하면서 여전히 제자를 가르치고 수행했다. 하지만 시대의 격랑에 자신을 보존하기란 쉽지 않았다. 불교의 활동 공간은 점점 좁아졌고, 1960년대 터지고 만 문화혁명 기간에는 말할 수 없는 고초를 겪었다. 사람만 아니라 사찰도 많은 피해를 입었다. 정안사에 설치한 밀단이 파괴되고 만다라는 종적을 감췄고 법구는 사라졌다. 그것을 다시 찾으려는 시도 자체가 불가능했다. 절은 공장으로 개조됐고, 주민들이 와서 기거했다. 승려들은 절에서 쫓겨났다. 츠쑹도 민간에 기식하면서 생활했다.

고승 츠쑹은 골목의 늙은이가 되어 생활했다. 그는 새로운 경험을 했다. 승려가 아니라 일반인으로 보내는 하루하루가 특별했다. 재가자의 모습으로 그는 주위 사람들과 인연을 만들었다. 저들을 지도하거나 가르친 게 아니라, 저들 삶에 개입한 게 아니라 저들 삶과 어깨 걸었다. 또한 수십 년 간 강연과 법회로 뛰어다닌 잰 걸음을 멈추었다. 츠쑹은 거기서 오히려 출가자의 고요를 찾을 수 있었다. 고요와 적막. 그것은 수행자에게 양식과 같다. 1972년 츠쑹은 문화혁명이 여전하던 상하이에서 입적했다. 세수 79세였고 법납 60년이었다. 밀교 구법승의 죽음이었다. 조용했다.

15

티베트 불교의 유혹, 능하이

근대 중국에서 밀교는 갑자기 부흥했다. 그래서 중국인 학자들은 '밀교열(密敎熱)'이라는 표현을 쓴다. 츠쭝 같은 이는 중국 밀교를 복원할 요량으로 일본에서 밀교 계단에 참여하여 정식으로 밀교승이 됐다. 파쭌 같은 이는 티베트에 장기간 유학해서 정식으로 티베트 불교를 공부했다. 이런 과정에서 티베트 불교 자체에 대한 관심은 점점 고조됐다. 1930-40년대 티베트 불교를 중국에 소개하려고 분투한 이가 있다. 능하이(能海, 1886-1967)다.

부국강병의 꿈

근대 중국에서 밀교는 갑자기 부흥했다. 그래서 중국인 학자들은 '밀교열(密敎熱)'이라는 표현을 쓴다. 요즘 같으면 '밀교 붐'이라고 고쳐 말할 수 있다. 츠쏭 같은 이는 중국 밀교를 복원할 요량으로 일본에서 밀교 계단에 참여하여 정식으로 밀교승이 됐다. 파쭌 같은 이는 티베트에 장기간 유학해서 정식으로 티베트 불교를 공부했다. 이런 과정에서 티베트 불교 자체에 대한 관심은 점점 고조됐다. 1930-40년대 티베트 불교를 중국에 소개하려고 분투한 이가 있다. 두 차례 라싸를 방문하여 티베트 고승에게 법을 받았고 쓰촨과 산시 오대산에서 티베트 불교를 전한 능하이(能海, 1886-1967)다.

능하이는 속성이 콩(龔)이고 이름은 슈에꽝(學光)이었다. 자(字)는 지시(緝熙)었다. 쓰촨 성 미엔주현(綿竹縣) 환잉창(漢旺場) 출신으로 1886년 태어났다. 어릴 적 양친이 사망해서 열 살 많은 누나가 그를 길렀다. 아이가 아이를 기르는 꼴이었지만 슈에꽝은 빗나가지 않고 잘 자랐다. 열네 살 무렵 쓰촨 성 성도인 청두(成都)로 가서 한 회사에서 일했다. 그때는 넉넉한 집 아이가 아니고서는 10대를 학업으로 보내기가 쉽지 않았다. 슈에꽝은 일하는 틈틈이 책을 읽었다. 과거에 응시할 것도 아니고 입신양명의 포부가 있는 것도 아니지만 책을 읽었다. 그는 책읽기가 아직 여물지 않은 삶을 인도할 거라 믿었다.

슈에꽝이 10대 후반을 보낸 시절, 중국에는 변고가 참 많았다. 저물고 있는 제국 청나라는 서구열강은 물론이고 일본에게도 험한 꼴을 당했다. 과거 자신이 곧 세계였던 중국은 이제 자기 몸 하나 간수 못하는 무능한 나라가 됐다. 10대 소년 슈에꽝은 무력으로 외적을 무찌를 수 있다면 조국을 보전하고, 나아가 과거 영화를 되찾을 수 있다고 생각했다. 어린 슈에꽝은 서구열강의 힘이 단지 총포에 있다고 생각했다. 그는 서구열강의 힘 뒤에는 서구 근대 문명이 버티고 있음을 몰랐다. 1905년 슈에꽝은 시험을 통해 쓰촨 성 육군학교에 입학했다. 가난하지만 재주 있는 아이들이 군문에 의지하는 경우는 많다.

당시 지방 정부는 필요한 인재를 자체 수급해야 했다. 군대도 지역성이 강했다. 지방권력들은 훈련된 근대적 군대를 갖고 싶었다. 그래서 군사기술을 학습하고 청년 장교를 육성하고자 했다. 약관 슈에청은 2년 동안 육군학교의 엄격한 규율과 고된 훈련을 잘 견뎠고, 성적도 뛰어났다. 비록 군사학교지만 교육의 기회를 얻었다는 사실에 많이 기뻤다. 지금이야 군인으로 성공하기가 참 힘들지만 과거는 그렇지 않았다. 사회가 불안할수록 무력을 가진 군대가 권력에 가장 가까웠다. 총칼이 바로 권력이기 때문이다. 근대 중국에도 그런 일이 많았다.

슈에꽝은 육군학교 졸업 후 '학문[學]으로 세상에 빛난다[光]'는 이름을 뒤로 하고, 장교로 임관했다. 쓰촨 성에 근무하면서 계속 승진했다. 청말 중앙이나 지방할 것 없이 혼란스럽고 어수선했지만 그럴수록 더 단단한 군대를 조직하고자 했다. 1909년 슈에꽝은 윈난(雲南) 소재 강무학당(講武學堂)의 교관에 임명됐다. '강무'는 '군사학[武]을 강의[講]한다'는 말이다. 근대 시기 이런 표현은 자주 등장했다. 서구열강의 군사력에 압도된 중국이나 조선에서 빈번히 사용했다. 마오쩌둥과 중국 공산혁명을 이끈 붉은 군대의 총사령관 주더(朱德)도 당시 이 학교 학생이었다. 당시 청년 가운데 누구는 군사학을 배워 국민당 군사가 되고, 누구는 공산당 홍군이 되었다. 저들은 훗날 죽고 죽이는 전쟁터에서 적장으로 만났다. 세월이 그랬다.

1910년 슈에꽝은 강무학당 수업이 끝나자 쓰촨 청두로 돌아와 군대에 복귀했다. 이후 지역 사령관까지 승진했다. 하지만 오래지 않아 신해혁명이 터지고 봉건의 구태를 벗지 못한 청조는 망하고 만다. 슈에꽝도 이해 군문에서 떠났다. 청조가 망했다고 지역 질서가 곧바로 붕괴되거나 지방에 새로운 정권이 들어선 것은 아니다. 봉건시대의 권력가가 여전히 지방권력을 장악했다. 청말 실력자 위안스카이(遠世凱)가 중화민국이 건국되고서도 여전히 권력을 장악하고 있었다. 대총통이 된 위안스카이는 지방군대를 장악하기 위해서 새로운 편제를 만들어 지역 주둔군 장교를 관리하기도 했다. 슈에꽝도 불려 다녔지만 위안스카이의 야심을 알아차리고는 그런 일도 그만두었다.

위안스카이뿐만 아니라 청나라 말기 지역 주둔군 사령관들은 저마다 봉건영주라도 되는 양 지역에서 할거했다. 군벌이 생기고, 무력을 조금이라도 갖추고 있으면 민간인을 협박히여 재산을 강탈하기 일쑤였다. 슈에청은 군대에서 완전히 벗어나 실업을 통해서 국가의 힘을 길러야 한다고 마음먹었다. 1915년 전후해 일본에 건너가 그곳 산업이나 경제상황을 살폈다. 서구 자본주의가 이미 온전하게 정착한 1910년대 일본은 놀라웠다. 뿐만 아니라 불교계의 발전도 놀라웠다. 불교계와 국가의 결합이라든지, 승려들의 근대적 교육이라든지 봉건적 습속에서 완전히 벗어난 모습에 놀랐다.

○

천공의 섬같은 티베트. 좀처럼 외부인을 허락하지 않았지만 불굴의 의지
로 그 문을 열고 들어선 사람이 있었다. 한 명의 라마가 되어 티베트 불교
를 추앙한 능하이다.

티베트 불교의 발견

슈에청은 1914년 쓰촨 청두에 있을 때부터 불교에 흥미를 갖기 시작했다. 쓰촨 지역은 지금도 불교세가 꽤 강한 곳이다. 도교 신도도 많지만 고대부터 많은 고승을 배출했고, 유명한 사찰이 즐비하다. 슈에청은 청두에서 노승 퓌위안(佛源)에게 귀의하여 불제자가 되었다. 1915년 일본에서 귀국한 슈에청은 베이징에 머물면서 불교 공부를 본격적으로 시작했다. 슈에청은 거사 장커청(張克誠, 1865-1922)이 베이징 대학에서 행한 불교 강의에 참여했다. 불교에 대해서 그저 관심 정도 수준에 머문 그였기에 장커청이 불교의 철리로 세계를 해석하고 인생을 해석하는 데 감동했다. 불교가 참으로 위대하다고 느꼈다.

베이징대학이 꽤나 멀었지만 슈에꽝은 그야말로 불원천리(不遠千里)하고 열심히 강의에 참석했다. 바로 이 배움의 즐거움으로 그의 삶은 움직이기 시작했다. 이런 걸 운명이라고 할까. 장커청은 쓰촨 출신 불교 거사로서 유식학 연구에 뛰어났다. 1914년부터 베이징에 있는 대학에서 불교를 가르쳤다. 중국 최초로 대학에서 불교를 강의한 인물이라고 할 수 있다. 장기청은 광제사에 머물면서 련사(蓮社)에 참여하기도 했고, 불교 조직을 꾸리는 데도 노력했다. 그는 『성유식론술기제요』 10권, 『백법명문론잔설』 1권, 『팔식규거송잔설』 1권, 『심경잔설』 1권 등 유식학 관련 저작을 저술했다. 슈에꽝도 장커청에게 이런 책을 받고 성큼성큼 불법의 바다로 다가섰다.

1916년 슈에꽝은 충칭에서 『백법명문론』 강의를 했다. 슈에꽝이 불교 공부에 연륜이 있는 것도 아니고, 엄청난 공력을 가진 것도 아니지만 큰 호응을 얻었다. 얼마 전 장커청 강의를 들으면서 자신이 감동하고 배운 것을 그대로 전달할 수 있었다. 어쩌면 슈에꽝은 장커청과 같이 강의를 했는지도 모른다. 이듬해 슈에꽝은 자신의 가산을 털어서 쓰촨 청두에 불경유통처를 설립했다. 슈에꽝은 발심했다. 이제 멈출 수 없을 정도로 끓어올랐다. 그는 불경유통처의 사업을 위해 불교계 인사와 지인들을 만났다. 강의도 계속했다. 이렇게 누구가의 발심이 인연이 되고 점점 불어나면 커다란 불사(佛事)를 이룬다.

1924년 슈에꽝은 출가를 단행한다. 태어난 지 40여일 된 아들을 두고 집을 나섰다. 고타마 싯타르타의 마음이었을까. 언젠가 주위 사람에게 이런 말을 했다. "절에서 종소리를 들을 때마다 문득 출가의 마음이 고동쳤다." 이런 상황이라면 출가하지 않기 힘들다. 그냥 집에 있으면 가짜 삶이 되기 십상이다. 슈에꽝은 충칭 천보사에서 주지 퍼위안 화상을 스승으로 삭발염의했다. 스승은 능하이(能海)라는 법명을 지어 주었다. '능력이 바다같이 되라'는 말일 수도 있고, '능히 바다 같아라'는 말일 수도 있다. 그는 지혜의 바다여야 하고, 실천의 바다여야 했다. 서른셋 능하이 사미가 태어났다.

1925년 능하이는 쓰촨 신두(新都) 보광사에서 관이(貫一) 화상에게 구족계를 받았다. 능하이는 출가한 지 오래지 않아 밀교에 관심을 가졌다. 사실 그의 밀교 인연은 출가 전으로 거슬러 올라간다. 그는 출가 전 베이징 옹화궁(雍和宮)을 방문한 적이 있었다. 옹화궁은 베이징을 대표하는 티베트 불교 사원이다. 이곳은 본래 황실 건물이었다. 건륭제는 아버지 옹정제가 사망하자 이곳에 시신을 한동안 안치했다. 이후 아버지를 추모하기 위해서 이곳을 라마교사원으로 만들었다. 그래서 황실 건물에만 붙이는 '궁'이라는 호칭을 달고 있다. 티베트와 몽골 출신 라마승이 주로 생활한다. 바로 이곳에서 출가 전 능하이는 티베트

장경 목록을 보았다.

　능하이가 출가 전 베이징 옹화궁에서 본 티베트 장경 목록에는 밀교 경론이 많았다. 그는 밀교라는 신천지가 있음을 알았다. 이런 호기심이 출가 이후 되살아났다. 그는 밀교를 배우고자 마음먹었다. 그는 일본에 가서 밀교 공부를 할 작정이었다. 중국 밀교 전통이 대부분 사라진 상황에서 중국 밀교를 받아들여 발전시킨 일본 밀교를 다시 배워 올 참이었다. 이런 차에 티베트 불교가 대단히 발전했고, 중국에 번역되지 않은 많은 경론이 티베트어로 번역되어 있음을 알게 됐다. 더구나 일본에서 밀교를 배우고 귀국한 따용(大勇)이 티베트 구법을 준비하고 있다는 신문기사를 보았다. 능하이는 눈이 번쩍 뜨였다.

　밀교에 대한 관심이 컸던 능하이는 인연이 닥쳤다고 느꼈다. 1924년 따용은 베이징 자은사에 '장문학원(藏文學院)'을 설립해서 티베트 구법을 준비했다. 티베트어를 공부했고, 티베트 문화를 익혔다. 이듬해 '티베트 불교유학단(西藏學法團)'으로 명칭을 바꾸었고 티베트로 가기 위해서 구체적인 준비를 들어갔다. 1925년 6월 따용을 단장으로 하는 티베트 불교유학단 20여 명이 베이징을 출발했다. 능하이도 이런 소식을 들었다. 능하이는 26년 정월 함께 게를 받은 몇몇 도반과 쓰촨을 출발했다. 먼저 야안(雅安)에 도착했다. 그리고 10여 일 만에 대상령(大相嶺)을 넘어 캉딩(康定)에 도착했다. 대장정 기간 공산 홍군이 국민당 군대의 포위망을 뚫고 쓰촨을 빠져나간 지점이 바로 여기다. 차마고도의 한 축으로 지세가 대단히 험하다.

　능하이는 따용이 이끈 티베트 불교유학단과 만났다. 티베트에 입경하기가 쉽지 않았다. 국경을 지키는 티베트 수비대는 입경을 허락하지 않았다. 특히 단체로 티베트에 가는 것에 대해 정치적인 의심이 많

있다. 하지만 1927년 봄 능하이는 다시 전진하여 리탕(理塘)에 도착했
다. 그곳 나마사에서 캉낭칭비 린포체를 친견했다. 그는 라싸로 가 티
베트 불교를 공부하겠다는 능하이의 계획을 듣고 크게 칭찬했다. 그리
고 라싸에 있는 캉싸 린포체에게 보내는 친필 서신을 써 주었다. 조금
씩 인연이 깊어갔지만 리탕에서 더 전진할 수가 없었다. 결국 캉딩으
로, 청두로 후퇴했다. 하지만 포기하지 않았다.

불국 라싸 도착

능하이는 청두와 충칭에서 법회를 열어 티베트 구법의 필요성을 설명하
면서 모연을 했다. 일정한 자금을 모은 능하이는 다시 출발했다. 중국인
들이 자주하는 말이 있다. "느린 것은 두렵지 않다. 멈추는 것이 두려울
뿐이다."(不怕慢只怕站) 참 감동적인 말이다. 멈추는 순간 미래는 닫힌다. 하
지만 이대로 실천하기란 쉽지 않다. 수행자도 마찬가지다. 얼른 끝내고
싶고, 금세 도달할 것 같은 유혹에 쉽게 빠진다. 그러다가 곧장 망한다.
능하이는 진지에서 지구전을 펼치듯 참고 버틸 수 있는 힘이 있었다. 그
는 곡괭이 하나로 산맥을 뚫는 마음으로 천천히 밀고 갔다.

　1928년 여름 능하이는 낙타에 짐을 싣고 다시 구법여행을 시작했
다. 캉딩 북서쪽에 위치한 칸즈(甘孜)에 도착했다. 티베트인으로 변장하
고 하루에도 몇 번씩 기후가 변하는 고원지대를 전진했다. 동진시대
법현이 이렇게 힘들었을까. 당나라 때 현장이 이렇게 힘들었을까. 능
하이 일행은 캉딩을 출발한 지 두 달 만에 참도(昌都)에 도착했다. 그리
고 다시 한 달 만에 티베트의 심장 라싸에 도착했다. 수많은 티베트인

　　　　　　　　　　　　밀교열과 티베트 불교

은 필생의 꿈으로 라싸 순례를 기획한다고 한다. 오체투지로 몇 달, 아니 몇 년 걸려 티베트 고원을 가로질러 라싸에 도착한다. 능하이도 결국 라싸의 중심 조캉 사원 앞에 당도한 것이다.

라싸의 하늘을 보았다. 라싸는 천공의 섬인 양 푸르디푸른 하늘이 어깨 위에 있었다. 능하이는 캉싸 린포체를 수소문해서 친견했다. 캉싸 린포체는 수행과 학덕을 겸비한 고승으로 티베트에서도 대단히 이름이 높았다. 능하이는 그를 따라 5년간 티베트 불교를 공부했다. 능하이는 『현관장엄론(現觀莊嚴論)』을 열심히 읽었다. 이 책은 미륵(彌勒)이 지은 『반야경』 해설서이다. 티베트에서는 이 책을 특히 중시하여 반야경을 이해하는 중심 텍스트로 취급했다. 1938년 파쭌이 한문으로 번역하기도 한다. 능하이는 『현관장엄론』과 티베트 불교가 중시하는 『중론』이나 계율 관련 경론도 공부했다. 이후 그는 계율 관련 부분을 집중적으로 연구했다.

1932년 겨울 능하이는 스승 캉싸 린포체에게 허락을 받고 귀국길에 올랐다. 4년 만에 공부를 완성한 것은 아니다. 티베트인이 아닌지라 그곳 생활에도 얼마간 생활비는 들었고, 더 이상 경제적으로 버틸 수 없었다. 이세 언제라도 다시 올 수 있을 것 같은 자신삼노 있었다. 그래시 그는 귀국을 결심했다. 먼저 히말라야 산맥을 넘어 인도로 갔다. 티베트에서 구한 경전과 물품을 짊어지고 동료들과 함께 눈 덮인 산길을 넘고 또 넘었다. 거친 숨을 달래기에는 대지의 산소가 넉넉하지 않았다. 돌덩이처럼 폐부를 누르는 대기의 무게를 느끼며 그 옛날 구법승처럼 산을 넘었다. 한 달여를 걸어서 결국 불국(佛國) 인도에 도착했다.

1933년 능하이는 중국 동진시대 법현처럼 뱃길로 중국에 돌아왔다. 상하이에 도착한 그는 한동안 그곳에서 머물면서 불교정업사(佛敎淨

業社)에서 강의했다. 다시 배를 타고 양자강을 거슬러 올라와 쓰촨에 도착했다. 충칭과 청두에서 강의했다. 1934년 산시 오대산 벽암사의 광제모봉(廣濟茅蓬)에서 안거에 들었다. 능하이는 이후 수년 간 경전 강의와 티베트 경론 번역에 힘썼다. 1935년『비구일송(比丘日誦)』과『비구계본(比丘戒本)』, 그리고『보리도차제과표(菩提道次第科表)』등을 강의했다. 이듬해에는 상하이 각원(覺園) 판첸라마기념당에서 계율을 강의했다. 이후 여러 곳에서 계율과 경전 강의를 했다.

능하이는 중일전쟁이 터지자 제자 40여 명을 데리고 쓰촨으로 이동했다. 당시 북중국은 빠르게 일본군에게 점령됐다. 쓰촨 청두 문수원(文殊院) 주지 파꽝(法光) 화상이 능하이를 초청해 부속 사찰인 근자사(近慈寺)에 머물도록 했다. 능하이는 근자사에서 제자들과 불사를 일으켰다. 새로운 도량을 연다는 건 새로운 세계를 여는 것처럼 힘들지만 또한 감격적인 일이다. 총카파대사전, 장경전, 역경원, 사미당 등 여러 전각을 차례로 건축하여 근자사에 새로운 도량을 건설했다.

1940년에는 캉싸 린포체가 중국에서 불법을 펴고자 한다는 이야기를 전해 듣고 다시 라싸를 찾았다. 능하이는 라싸 조캉 사원에서 캉싸 린포체를 친견했다. 다시 출가라도 한 양 스승을 따라다니면서 무엇이라도 배웠다. 캉싸린포체의 중국 전법은 여의치 않았다. 연로한 캉싸 린포체가 먼길을 이동하는 것이 쉽지 않았고, 주위 사람들도 만류했다. 캉싸 린포체는 능하이에게 자신이 사용하던 법구를 내리면서 법을 전했다. 그야말로 의발을 전수한 셈이다. 자신을 대신해서 티베트 불교를 중국에 전파하길 당부했다. 언제 만날지 알 수 없는 스승을 뒤로 한 채 능하이는 쓰촨으로 돌아왔다.

　　　　　　　　　　　　　밀교열과 티베트 불교

신중국의 밀교승

1949년 국공내전이 종식되고 신중국이 성립되자 중국 정부는 한동안 느슨한 형태로 연결되어 있던 주변 지역을 빠르게 장악했다. 1950년 10월 쓰촨에 주둔하고 있던 중국 인민해방군이 전격적으로 티베트 라싸를 향해 진격했다. 쓰촨 출신 중국 공산당 지도자인 등샤오핑이 군대를 지휘했다. 티베트는 결국 중국의 한 자치구로 편입됐다. 중국인은 티베트가 원래부터 청나라 영토였다고 말한다. 그래서 중국 군대의 티베트 점령은 이전 중국의 영토를 계승한다는 입장에서 당연한 조치라고 말한다. 티베트인들은 티베트는 엄연히 독립국가로 존재했기에 중국의 저런 행위는 침공이라고 말한다. 청나라와 티베트의 관계가 정확히 어떠했는지 지금까지 논란거리지만 근대 시기 티베트는 중국인에게 거의 외국이나 다름없었다. 그 외국이 내국이 된 것은 전쟁을 통해서였다.

1950년 티베트 진격을 준비하고 있던 쓰촨 주둔 인민해방군 대표가 능하이를 방문했다. 이유는 뻔했다. 티베트의 지리나 문화에 익숙하지 않은 그들은 티베트 진격에 앞서 유익한 정보를 얻고자 했다. 이럴 때는 어떻게 처신해야 할까. 능하이가 아는 티베트인은 결코 역도(逆徒)가 아니다. 하지만 선량한 그들이 인민해방군의 진격을 반길 리는 없을 것이다. 승려로서 그것도 티베트인 스승을 둔 그가 티베트로 진격하는 군대에 도움을 준다는 건 참으로 힘든 일이었다. 부대장은 능하이에게 군량을 요구했다. 결코 부탁이 아니었다. 이렇게 신도들이 불전에 올린 공양미는 전투를 위한 군량미로 돌변했다.

1952년 능하이는 중일전쟁 이전 자신이 머문 오대산 광제모봉으로 돌아갔다. 그리고 그곳에서 청량교(淸京橋)를 방문했는데 도량을 일으킬만한 곳이라 생각했다. 이후 불사를 준비했다. 이해 말 쑨원의 부인으로 당시 민주 인사를 이끈 쑹칭링 등과 함께 비엔나에서 개최된 세계민중평화회의에 참석했다. 1953년 모스크바를 경유해서 귀국했다. 중국에 도착하고 상하이 금강도량을 방문했다. 능하이는 상하이에서 밀교 수계법회인 관정의식을 주관했다. 법회를 원만하게 회향한 후 제자들을 인솔하고 오대산으로 돌아가 불사를 일으켰다. 그는 '청량교 길상율원'이라고 이름 붙였다. 능하이는 이곳저곳 다니면서 모연을 했고, 화려하지 않지만 조금씩 도량을 만들었다.

신중국이 성립한 이후 종교인도 어쩔 수 없이 사회주의 인민으로 살아야 했다. 중국 공산당이 정점이 되어 전체 사회를 새로 조직화하여 원활한 통치를 시도했다. 정치권력에 다소 거리가 있었던 종교계도 이전보다 훨씬 강력한 중앙권력에 적잖게 곤혹을 치렀다. 점점 종교적 자유는 줄었고, 종교인들은 행동거지가 불편했다. 능하이 같은 고승은 이른바 전국인민대표자로 뽑혀 본의 아니게 인민을 대표하게 됐다. 원하든 원치 않든 별로 관계는 없었다. 능하이는 정치활동에 이리저리 불려 다녔다. 1953년 베이징에서 중국 불교협회가 성립되고 능하이는 부회장에 선출됐다. 중국은 지금까지도 이 조직을 통해서 거대한 중국 불교를 관리한다. 절대적으로 공산당과 국가 우위에서 종교 정책이 결정되고 종교 업무를 처리한다.

1957년 중국공산당은 반우파 투쟁을 발동했다. 오대산의 승려들도 정치교육에 불려 다녔고, 일흔이 넘은 능하이도 그 대열에 끼어야 했다. 능하이는 정치 교육이 끝나면 다시 절로 돌아와 강의하고 제자들을 가르쳤다. 60년대 중반 시작한 문화대혁명은 이런 것도 불가능하게 했다. 불상이 부수어지고 경전이 불타는 상황에서 승려들이 겪은

     밀교열과 티베트 불교

시련이야 어찌 말로 다할 수 있겠는가. 강제로 환속당하거나 감옥이나 곳간에 갇히고 맞고 쫓겨났다. 여든이 넘은 능하이도 고초를 겪기는 마찬가지였다. 홍위병은 능하이가 있던 사찰에서 승려들의 해산을 선포했다. 1967년 2월 예전 같으면 춘절을 맞아 기뻐해야 할 때 승려들은 집을 잃고 떠나야 했다. 거동이 불편한 능하이는 하루만 말미를 달라고 했다. 그리고 다음날 아침 가만히 가부좌를 한 채 입적했다. 진정 떠났다.

16

20세기의 역경승, 파쭌

근대 중국 불교는 실험 공간이었다. 다양한 관심은 여러 가지 낯선 시도를 낳았다. 그중 하나가 티베트 불교 연구다. 관심은 티베트 불교 전체로 확대됐다. 이런 분위기가 결국 한 인물을 잉태했다. 그가 총카파의 대저 『보리도차제론』을 한문으로 번역한 파쭌(法尊, 1902-1980)이다.

무창불학원의 결실

근대 중국 불교는 실험 공간이었다. 다양한 관심은 여러 가지 낯선 시
도를 낳았다. 그중 하나가 티베트 불교 연구다. 이것은 밀교 부흥과 관
련된다. 일본 밀교승의 도래와 따용(大勇)과 츠쏭(持松) 같은 중국 승려의
일본 유학은 밀교 유행의 계기가 되었다. 또한 끊어진 중국 밀교 전통
도 회복됐다. 따용 같은 이는 일본의 밀교 전통보다 티베트에 전승된
밀교가 보다 완벽할 것이라고 생각했다. 그리고 티베트 불교는 밀교뿐
만 아니라 대단히 풍부한 교리 전통을 가지고 있음을 알았다. 그래서
티베트 불교에 주목했다. 관심은 티베트 불교 전체로 확대됐다. 이런
분위기가 결국 한 인물을 잉태했다. 그가 총카파의 대저 『보리도차제
론』을 한문으로 번역한 파쭌(法尊, 1902-1980)이다.

파쭌은 허베이 성(河北省) 션시엔(深縣) 출신이다. 속성은 원(溫)이었다.
집안은 가난했고, 18세 때 여느 아이처럼 작은 점포에서 일하기 시작했
다. 세상에 별로 흥미를 느끼지 못하던 스무 살 무렵 출가를 결심했다.
1920년 오대산(五臺山) 옥황묘(玉皇廟)에서 루이푸(瑞普) 화상을 스승으로 출
가했다. 법명이 미아오꾸이(妙貴)이고 자가 파쭌(法尊)이었다. 불법(法)은 오
묘하고(妙) 보배처럼 귀하니(歸) 흐트러짐 없이 존숭해야(尊) 한다는 당부였
을 것이다. 파쭌이 출가할 때쯤 따용이 옥황묘를 비롯한 오대산 몇몇 절
에서 『아미타경』이나 『범망경』 등 경전 강의를 했다. 파쭌은 시간이 날

때마다 따용의 강의에 참석했다. 출가하기 전 별로 불교 지식이 없던 그로서는 불경 속 이야기가 경이로웠다. 경전 공부에 흥미가 생겼다.

1921년 파쭌은 따용을 따라 베이징으로 가 당시 광제사에서 『법화경』 강의를 하고 있던 타이쉬를 친견했다. 불교 개혁가로 이름 높은 타이쉬를 만난 파쭌은 불교 공부에 대한 용기가 솟았다. 승려로서 어찌 살겠다는 다짐 같은 것도 생겼다. 그에게 타이쉬는 하나의 모범이 되었다. 1922년 베이징 법원사(法源寺)에서 다오제(道階, 1866-1934)를 계사로 구족계를 받았다. 법원사는 당나라 때 창건된 고찰로 지금은 중국불학원이 있는 곳이다. 다오제는 파쭌이 계를 잘 지키고 생활이 단정한 것을 보고 난징 보화산으로 가 율학을 배우도록 했다. 구족계를 받은 파쭌은 보화산에서 천태교학 등 대승불교의 기초 이론을 공부했다.

보화산에 있던 파쭌은 수계 도반인 파팡(法肪)에게서 편지 한 통을 받았다. 이미 타이쉬가 설립한 무창불학원(武昌佛學院)에 입학한 파팡은 파쭌에게 불학원 입학을 권유했다. 수업 내용과 강사, 그리고 관리 규정 등을 소개했고 입학 관련 서류를 보냈다. 불학원에서는 매일 여섯 시간씩 불전을 공부했다. 그리고 나머지 시간은 자습을 하게 했다. 파쭌은 훌륭한 스승에게서 불교 전체를 체계적으로 공부할 수 있는 좋은 기회라 여겼다. 그런데 문제가 하나 생겼다. 신분을 보증할 사람이 필요했다. 그러던 차에 일본에서 밀교를 공부하고 있던 따용에게 연락했다. 따용은 불학원 입학을 적극 지지했고 보증인이 되어 주었다.

1922년 파쭌은 무창불학원 제1기 입학생이 되어 불교 공부를 시작했다. 1년차에 『구사론』, 불교논리학, 불교사를 배웠고, 2년차에는 『중론』, 『12문론』, 『해심밀경』, 『밀종강요』 등을 배웠다. 또한 파쭌은 타이쉬의 『성유식론』 강의를 들었다. 이런 교과목은 상당히 현대적이라고 할 수 있다. 『구사론』과 불교논리학을 먼저 학습한다는 것 자체가 당시로선 파격이었다. 이런 공부가 이후 티베트 불교 연구에 큰 도움이 됐음은 말할 나위도 없다. 티베트 불교도 불교논리학과 중관학 등을 대단히 강조했기 때문이다.

파쭌의 공부는 그야말로 무럭무럭 자랐다. 뒷날 파쭌은 "내가 중국 전통의 불교에 대해 조금이라도 아는 바가 있다면 모두 타이쉬 대사의 은혜"라고 했다. 사실 무창불학원의 교육은 벌써 중국 전통의 불교에서 벗어나 있었다. 기존 불교는 경전 연구와 중국 재래의 종파 연구에 치중했다. 타이쉬는 시야를 대승불교의 핵심 철학인 중관학과 유식학까지 넓혔고, 또한 결코 일종일파에 매달리지 않았다. 그래서 화엄종이나 천태종 같은 기존 종파 연구는 극히 드물었다. 이런 영향으로 파쭌은 무창불학원에서 중관학과 유식학을 열심히 배웠고, 나아가 중국어로 불경을 번역한 구마라집이나 법현, 현장, 의정 등 고대 구법승과 역경가를 사모하게 됐다.

티베트 구법 여행

1923년 겨울 따용이 일본에서 밀교를 배우고 귀국했다. 그는 본격적으로 밀교를 전파했다. 따용은 일본 밀교에서 벗어나 중국인들이 흔히 장밀(藏密)로 부르는 티베트 밀교에 흥미를 가졌다. 결국 티베트 불교 연구의 필요성을 역설했다. 1924년 9월 따용은 베이징에서 '장문학원(藏文學院)'을 설립했다. 본격적으로 티베트 불교를 학습하고 연구하고자 했다. 타이쉬는 무창불학원 학생 가운데 파쭌과 루이팡 등을 장문학원에서 공부하도록 했다. 그해 여름 무창불학원을 졸업한 파쭌은 불학원 도반들과 함께 장문학원에 입학하여 티베트어[藏文]를 배우기 시작했다. 첫발이었다. 타이쉬는 세계불학원 설립을 추진할 정도로 너른 시야로 중국 불교 개혁을 기획했다. 그는 1932년 충칭에서 세계불학원 산하 한장교리원(漢藏敎理院)을 설립했다. 그래서 따용의 노력이나 제자들의 티베트 불교 연구는 대단히 중요했다.

1925년 4월 따용은 장문학원을 '티베트 불교유학단'[留藏學法團]으로 개칭했다. 이제 직접 티베트로 가야 했다. 파쭌을 포함한 20여 명의 유학단은 25년 6월 4일 베이징을 출발했다. 그는 여행 도중에 당나라 의정(義淨, 635-713)이 지은 『남해기귀내법전(南海寄歸內法傳)』을 읽고 크게 감동했다. 특히 "떠난 사람 수백이었으나 돌아온 이 열이 안 되는구려. 뒷사람이 앞 사람의 고난을 어찌 알리요"라는 시구에 파쭌은 펑펑 울었다. 그때야 비로소 알았다. 중국에서 번역된 수많은 경론은 선현들의 생명이 깃들어 있음을. 이런 감동과 깨달음이야말로 이후 간난신고를 뚫을 수 있는 힘이 되었다. 우리가 쉽게 만나는 『금강경』이나 『반야심경』 한 구절이 우리 앞에 당도하기까지 얼마나 많은 일이 있었을까.

지금이야 인터넷으로도 불경 구절을 검색할 수 있지만 얼마 전까지는 참 어려웠다. 처음 이 땅에 불경이 도달할 때를 생각해보라. 산스크리트 불전이 산맥을 넘고 사막을 건너서 중국에 도착하고, 그리고 다시 훌륭한 번역자를 기다려 번역됐다. 역경승들이 보다 적합한 번역어를 찾으려고 하얗게 세운 날들이 좀 많았겠나. 누군가 필사하고, 누군가 나무에 판각하여 이렇게 책이 되어 다시 여행을 시작한다. 누군가의 어깨에 기대어 한반도에 도착하고, 또 어느 바람에 기대 일본 열도에 도달하기도 했다. 경전의 말씀만 훌륭한 게 아니다. 그 말씀이 말씀으로 우리의 육근에

    밀교열과 티베트 불교

와 닿는 동안 있었던 숱한 인연을 한 번쯤 생각해 봐야 한다.

따용과 파쭌 일행은 베이징을 떠난 해 겨울에야 쓰촨(四川) 서쪽 다지엔루(打箭爐)에 도착했다. 중앙 정부가 각 지역을 완전히 장악하지 못한 상황에서 궁벽한 지역에는 도적떼들이 창궐했다. 도적떼들은 일반인이나 수행자를 가리지 않고 약탈했다. 파쭌 일행도 대단히 위험했다. 이런 위험 속에도 유학단은 구법에 대한 열망으로 조금씩 전진했다. 그때쯤 쓰촨 출신으로 티베트 불교를 공부하고자 발심한 능하이(能海)가 합류했다. 1927년 봄에 다지엔루를 출발해서 티베트 변경인 간즈(甘孜)에 도착했다. 그들의 본래 목적지는 라싸였다. 하지만 더 이상 전진할 수 없었다. 티베트 변경 수비대는 중국인의 입경을 허락하지 않았다. 당시 간헐적으로 티베트 변경 수비대와 쓰촨 지방 군대 간 전투가 벌어지기도 했다. 파쭌 일행은 간즈에 머물 수밖에 없었다.

파쭌은 따용과 함께 그곳 자카(札咖) 사원에 머물면서 티베트 불교를 공부했다. 파쭌은 『보리도차제광론』 강의를 들었고 『현관장엄론』과 인명학을 공부했다. 총카파의 『보리도차제광론』은 티베트 불교의 광맥이라고 할 수 있다. 파쭌은 티베트 불교의 위대한 유산에 조금씩 다가섰다. 파쭌은 밀교가 아니라 현교를 배웠다. 그는 자기 사원의 자카 대사의 상수 제자인 어낭빠(俄讓巴)와 게톡쭈꾸(格陀諸古)에게 배웠다. 파쭌은 이후 스승을 회상하면서 다음과 같이 말한 적이 있다.

스승은 나보다 고작 한 살이 많았다. 하지만 그의 학문이나 수행, 그리고 품격이나 자비심은 헤아릴 수 없을 정도로 높고 견고했다. 나는 그에게 의지해 4년여를 배웠다. 소득은 엄청났다.…… 나는 형언할 수 없을 정도로 그를 존경했다. 그의 자애로운 모습과 따뜻한 음성을 나는 세세생생

잊을 수 없을 것이다. •96

　그렇다. 이후 파쭌의 티베트불전 번역은 그만의 노력이 아니다. 누군가 그에게 티베트 불교를 가르쳤고, 누군가 그에게 티베트의 미소를 던졌을 것이다. 앎뿐만 아니라 따뜻한 온기가 파쭌을 굳건하게 했고, 티베트를 사랑하게 했다. 1929년 티베트 불교유학단을 이끈 따용이 병으로 입적했다. 따용은 구법의 열정을 미처 다 회향하지도 못하고 서른일곱 생을 마감했다. 파쭌은 티베트 스승을 얻고 중국인 스승을 떠나보냈다. 따용은 파쭌에게 티베트 불교 연구의 열정을 전염시킨 인물 아닌가. 특별했다. 시작은 따용이 했지만 마무리는 파쭌이 해야 할지도 몰랐다. 파쭌은 멈추지 않았다.

　1931년 10월 말 천신만고 끝에 라싸에 도착했다. 베이징을 떠난 지 6년 만이었다. 라싸는 놀라웠다. 시리도록 푸른 하늘. 거기에 닿아 있는 포탈라궁. 전경통을 연신 돌리며 걷고 있는 티베트인. 수많은 순례자가 오체투지로 끊임없이 휘감고 있는 라싸의 중심 조캉사원. 수천수만 배(拜) 오체투지로 반들반들 홈이 난 조캉사원의 바닥 벽돌. 순례자의 호수같이 깊고 맑은 눈빛. 파쭌이 본 곳은 그야말로 불국이었다. 천 수백 년 전 선배들이 당도한 천축국도 이랬을까. 순례자들은 얼마나 걸려 라싸에 도착했을까. 수개월 아니면 수년. 형색은 빈자의 것이나 미소는 성자의 것이었다.

　파쭌은 라싸에서 보다 체계적으로 티베트 불교를 학습했다. 티베트 불교의 주요 전적을 하나씩 독파했다. 천 수백 년 전통의 티베트 불교가 조금씩 모습을 보였다. 티베트 불교는 인도 대승불교 전통을 고스란히 보존하고 있다. 인도에서 불교가 사라질 때 그 전통이나 텍스

　　　　　밀교열과 티베트 불교

트가 상당 부분 히말라야를 넘어 티베트로 전래됐다. 티베트어 불전은
대부분 산스크리트에서 직역한 것이다. 원본을 유추할 수 있을 정도로
명확하다. 한문 불전만을 이용해서 대승불교 경론을 이해한 단점을 크
게 보완할 수 있었다. 지금도 불교학계에서 인도 대승불교 연구자들은
열심히 티베트어를 배운다. 티베트 불교에는 산스크리트본이 사라진
인도 대승불교 텍스트나 주석서가 풍부하게 남아 있다. 그야말로 보고
(寶庫)라고 할 수 있다.

『보리도차제론』 번역

파쭌의 스승 타이쉬는 1930년부터 쓰촨에 한장교리원(漢藏敎理院) 설립을
준비했고 1932년 정식으로 개원했다. 당시까지 중국 불교계에서 전문
적으로 중국 불교[漢]와 티베트 불교[藏]를 함께 가르치고 연구한 적은 없
었다. 그래서 한장교리원 설립은 중국 불교사에서 하나의 사건이라고
할 수 있다. 하지만 티베트 불교를 강의하고 연구할 인원이 부족했다.
타이쉬는 파쭌의 도움이 절실했다. 결국 그는 파쭌에게 기별을 했다.
1934년 파쭌은 타이쉬로부터 편지를 받았다. 불교 공부가 끝이 있을
리 없다. 파쭌은 자신이 부족함을 잘 알았다. 또한 힘들게 라싸에 도착
해서 본격적으로 시작한 공부가 아닌가. 좀더 하면 저만치 도달할 것
같기도 했다. 하지만 파쭌은 자신의 역할이 뭔지 알았다. 다른 사람도
아니고 자신에게 공부의 기회를 주고, 티베트 불교 연구를 북돋운 스
승 타이쉬의 부름 아닌가.

　　파쭌은 귀국을 결심했다. 먼저 인도로 넘어가 성지를 순례했다. 배편

으로 상하이에 도착했다. 그리고 다시 양자강을 거슬러 올라 한장교리원이 있는 쓰촨 충칭에 도착했다. 한장교리원에서 두 학기 동안 매일 세 시간씩 강의를 했다. 1935년 파쭌은 다시 티베트로 들어갔다. 이듬해 많은 티베트 불전을 가지고 충칭으로 돌아왔다. 타이쉬는 파쭌에게 한장교리원의 교육과 업무를 맡겼다. 파쭌은 이곳에서 티베트 불전을 꾸준히 번역했다. 특히 그는 총카파(宗喀巴, 1357-1419)의 저술과 사상을 본격적으로 소개했다. 『보리도차제광론』, 『밀종도차제약론』, 『보살계품석론』 등 티베트 불교의 주요한 전적을 번역하고 교정했다. 언젠가 파쭌은 이렇게 말했다.

> 내가 어느 날 죽든지 하루라도 살아 있다면 『보리도차제론』과 『밀종도차제론』을 품고 번역할 것이다. 한 쪽 번역하면 그 한 쪽으로 만족한다. 죽어야 한다면 죽을 것이다. 내 비록 끝마치지 못하고 죽더라도 결코 후회하지 않을 것이다. [97]

결연하다. 이 정도의 결심이 서야만 히말라야를 넘고, 타클라마칸을 건널 수 있다. 황량하기 이를 데 없는 티베트고원을 가로질러 라싸에 도착한 파쭌은 벌써 천 수백 년 전 구법승인 법현이나 현장의 모습이었다. 휘황찬란한 시대를 사는 우리도 내 손으로 끝내지 못할 것 같아 멈추는 일이 많다. 아니면 내 손으로 기어이 끝내서 영화를 보겠다고 서둘러 일을 처리하는 경우도 많다. 이런 것을 성과주의라고 부르는 모양이다. 하지만 정말 소중한 것에 대해선 그럴 수 없다. 티베트를 저 앞에 두고 입적한 따용도 그랬다. 그는 비록 이루지 못했지만 파쭌이나 능하이 같은 이들을 인도했다. 이루지 못한 사랑도 충분히 훌륭한 법이다.

파쭌도 티베트 불교를 연구하고 알리기 위해 소중한 하루를 바치

밀교열과 티베트 불교

겠다고 서원한다. 아니 저런 불전을 번역하기 때문에 그 하루가 소중
해진다고 말한다. 이런 다짐 이런 열정이 있어서 비로소 총카파의 작
품과 티베트 불교의 위대한 유산을 중국에 전할 수 있었다. 파쭌의 한
문 번역은 20세기에 이루어진 티베트 불교와 중국 불교의 찬란한 문화
교류라고 할 수 있다. 파쭌의 이 번역은 한국이나 일본뿐만 아니라 서
구 불교학계에도 많은 영향을 미쳤다. 1935년 파쭌은『보리도차제광
론』한문 번역본을 한장교리원에서 정식으로 출판했다. 일찍이 티베트
불교 연구의 필요성을 역설한 타이쉬 대사가 거기에 서문을 썼다.

지금 경론과 율의를 떠받치고 부축하고자 하지만 또한 그 기초를 놓을 방
도가 없다. 하지만 티베트의 4~5백 년 이래 겔룩파의 전통과 가르침을
보니 유독 탁월하고 안정되었다. 안으로는 이론적으로 대단히 충실하고
밖으로는 그것을 열심히 선양해서 티베트 전 지역과 몽골, 만주까지 빠짐
없이 미쳤다. 이런 발전을 초래한 중요한 원인이 단지 하나만은 아닐 것
이다. 하지만 이『보리도차제광론』이야말로 '가장 뛰어난 근기를 가진 이
들이 행하는 수행'[上士道]도 반드시 중간치와 가장 낮은 근기를 가진 이들
이 행하는 수행을 거쳐야 하고, 밀교 수행을 지향하는 이들도 반드시 일
체 경·율·론에서 가리키는 계·정·혜를 두루 배우도록 했기 때문에 실
로 가장 중요한 원인일 것이다. •98

사실 파쭌의『보리도차제광론』번역은 엄청난 일이다. 양에서도 그
렇고 내용면에서도 대단히 뛰어난 작업이었다. 현재 학계에서도 상당
히 인정받는 번역이다. 총카파는 이 책에서『입중론』이나『중론석』,『유
가사지론』 등 중관학과 유식학을 아우른 다양한 논서를 인용한다. 파

쭌은 번역 과정에서 저들 논서에 대한 이해뿐만 아니라 대승불교 전체에 대해 자신의 안목을 갖게 됐다. 타이쉬의 제자 인슌은 한장교리원에서 파쭌을 만나고 불교 연구에 새로운 경지가 있음을 알았다고 말했을 정도다. 『보리도차제광론』 번역 이후 힘이 붙은 파쭌은 계속해서 티베트 불전 번역을 내놓았다.

파쭌은 1937년 『현관장엄론약석』과 『변법성론』을 번역해서 출간했다. 1942년 총카파의 『보리도차제약론』과 『입중론선현밀의소(入中論善顯密意疏)』를 번역했다. 이후 『밀종차제광론』, 『비구학처』 등 다양한 티베트 불전을 번역했다. 파쭌은 불전 번역 외에도 중국 불교 역사상 처음으로 『장문문법(藏文文法)』, 『장문독본(藏文讀本)』 등의 티베트어 교본을 저술했다. 티베트 불교를 알리는 저술을 내놓기도 했다. 『티베트 불교 개요(西藏佛敎槪要)』, 『티베트 불교의 건설(西藏佛敎的建設)』 등을 통해서 기존에 잘 알려지지 않았던 티베트 불교를 소개했다. 1929년에 출판된 리쩡강(李證剛, 1881-1952)의 『티베트 불교사(西藏佛敎史)』나 뤼청(呂澂)의 『서장불학원론』 등과 더불어 티베트 불교를 알리는 데 중요한 역할을 했다. 또한 파쭌은 티베트본이 없었던 『대비바사론』 200권을 한문에서 티베트어로 옮기기도 했다. 엄청난 작업이었다.

역경삼장

1949년 파쭌은 베이징에 '보리학회'를 설립했고 1950년 번역반을 만들어 다시 번역에 힘썼다. 1950년 쓰촨 충칭에 있던 한장교리원은 문을 닫았다. 중국이 공산화된 이후 정치체제뿐만 아니라 종교, 문화 등 사

○

티베트의 위대한 승려 총카파의 『보리도차제론』은 역경승 파쭌을 만나고서
야 중국인에게 모습을 드러냈다. 파쭌은 티베트 불교를 통해서 중국 전통
의 불교를 반성했고 인도불교를 다시 이해했다. 새로운 시대가 왔다.

회 일반의 모든 조직은 재배치되거나 해체됐다. 중국 불교계는 전적으로 중국 정부의 지도를 받는 중국 불교협회가 관리 감독을 했다. 중국 군대가 티베트를 점령한 이후 티베트에 대한 통치를 강화했다. 정부는 파쭌에게 종교가 아니라 정치적인 요구를 했다. 파쭌은 마오쩌둥의 사상이나 중국공산당의 정책을 소개하는 글을 티베트어로 번역하기도 했다. 티베트 불교의 위대한 사상가 총카파를 중국에 번역한 그가 중국의 위대한 공산주의자 마오쩌둥을 티베트에 소개하다니. 비록 그가 의도하지는 않았지만 아이러니다.

파쭌은 1956년 베이징에 '중국불학원'이 설립되자 부원장에 취임했다. 오랜만에 강의를 시작했다. 이곳에는 왕언양이나 저우슈자 등 출·재가를 막론하고 당대 최고의 불교 연구가들이 모였다. 지나내학원 출신 왕언양, 무창불학원과 한장교리원, 그리고 라싸에서 공부한 파쭌, 베이징의 삼시학회 출신 저우슈자. 근대 시기 불교 연구의 여러 분파들이 대표를 파견했다고 해도 과언이 아닌듯했다. 베이징대학 등에 재학 중인 학생들도 힘들게 이곳까지 와서 수업을 들었다. 1966년 문화대혁명이 발발하자 불학원은 해산했다. 파쭌은 문화혁명기간 육체노동에 종사하다가 1972년에야 풀려났다.

문화혁명이 끝나자 파쭌은 곧바로 번역 사업에 뛰어들었다. 1978년 아티샤 존자의 『보리도등론』을 번역했고, 같은 해 불교논리학 서적의 번역을 시작했다. 먼저 다르마키르티의 『석량론(釋量論)』 4권과 승성(僧成)의 『석량론대소』를 『석량론약해(釋量論略解)』로 편역했다. 그리고 1980년 대표적인 불교논리학자인 디그나가(陳那)의 『집량론(集量論)』을 번역했다. 이 책은 디그나가가 자신이 쓴 『정리문론(正理門論)』 등 저작에서 인식(量)에 관한 내용을 뽑아서 하나의 체계로 완성한 것이다. 산스크리트본

　　　　　　　　　　　　　　밀교열과 티베트 불교

은 이미 사라졌고 당대(唐代) 의정(義淨)이 711년 한문으로 번역했지만 오래지 않아 사라지고 말았다. 오직 2종의 티베트어역이 존재한다. 티베트에서는 『양경(量經)』으로 번역될 정도로 중요한 문헌으로 취급된다.

　1980년 일찍이 문화혁명으로 해산하던 베이징 법원사 중국불학원이 다시 업무를 시작했다. 파쭌이 불학원 원장에 선임됐다. 20대 초반 무창불학원에서 배운 파쭌은 젊은 승려들이 중국불학원에서 무럭무럭 자라길 바랐다. 하지만 고령의 파쭌은 저들의 성장을 보기엔 시간이 부족함을 알았다. 파쭌은 12월 14일 중국 불교협회 제4차 전국대표대회가 개최된 광제사에서 입적했다. 젊은 날 따용의 손에 이끌려 스승 타이쉬를 만났던 곳. 그리고 먼 길을 달려와 다시 이곳에서 불교 인생을 마감했다.

　근대 시기 중국 불교는 일본이나 서구를 통해서 근대적 불교학 방법론을 학습하기도 했다. 또한 산스크리트 학습을 통해 드물게 산스크리트 불전을 연구한 경우도 있다. 지나내학원 같이 중국 불교에 대한 전면적인 반성으로 중국 전통이 아닌 인도 대승불교 불전을 집중적으로 연구한 경우도 있다. 또 하나 커다란 충격은 티베트 불교의 수용이었다. 비록 가까이 있었지만 만주족이나 몽고족의 불교 정도로 취급한 티베트 불교가 중국 불교 속으로 본격적으로 진입했다. 이것은 티베트 불교뿐만 아니라 인도불교에 대한 깊은 이해를 초래하기도 했다. 이 과정에서 이미 사라졌을 법한 역경승이 등장했다. 바로 파쭌이었다. 특별하지만 신선한 한 줄기 바람이었다.

V

정토 신앙과 염불법문

17

정토종의 일대 종장, 인꽝

중국 청대 불교에서 그나마 명맥을 유지한 것은 정토종이다. 아니 정토종이라기보다는 정토 신앙이라고 하는 편이 옳다. 이는 근대 시기까지 이어졌다. 상당수 전통 지식인들이 정토 신앙을 통해서 불교 신앙을 견지했다. 이를 상징하는 인물이 인꽝이다.

아미타불과 정토 신앙

대단히 다양하고 오래됐다. 하나의 불교, 한 지역의 불교, 한 시대의 불교만으로 전체 불교를 설명할 수 없다. 어림도 없다. 일부 대승불교도들은 수행이라기보다는 신앙의 형태로, 혹은 염원의 형식으로 깨달음의 세계에 도달하려 했다. 도달하기만 하면 마냥 행복한 공간을 꿈꾸었다. 번뇌 없는 청정한 세계다. 바로 정토(淨土)다. 이 세계에 대한 염원이 정토 신앙의 골자다. 청정한 세계에 공간적으로 진입함으로써 번뇌 없는 자로 탈바꿈한다. 그럼 과연 정토란 어떤 곳인가? 정토계 경전인 『아미타경(阿彌陀經)』에선 이렇게 말한다.

> 여기에서 서쪽으로 10만억 불국토를 지나서 한 세계가 있는데, 그 이름은 극락(極樂)이라 한다. 그 불국토에 부처님이 계시는데, 아미타불이라 부르며 지금도 설법하고 계신다. 사리불아, 무슨 까닭으로 그 불국토를 극락이라고 이름 하겠느냐? 그 나라의 중생은 아무런 괴로움이 없고, 다만 모든 즐거움만을 누리므로 극락이라고 이름한다. •99

『아미타경』은 『무량수경(無量壽經)』, 『관무량수경(觀無量壽經)』과 더불어 흔히 정토삼부경이라 불리는 대승경전이다. 아미타불의 산스크리트 원어는 두 가지로 추정된다. 아미타유스(Amitāyus)와 아미타바(Amitābha)

이다. 각각 '무량한 수명을 지닌 자'[無量壽]와 '무량한 광명을 지닌 자'[無量光]이다. 이렇게 보면 아미타불은 영원한 생명의 부처이자 무한한 빛의 부처이다. 중국에선 무량한 수명을 나타내는 무량수로 주로 번역했다. 이렇게 보면 정토세계를 그리는 세 경전은 동명이다. '관무량수경'은 무량수불의 세계를 관조[觀]한다는 의미다.

『아미타경』에서 붓다는 사리불에게 서쪽으로 저 멀리 가면 아미타불이 설법하는 아무런 괴로움 없는 아름다운 세상이 있다고 말한다. 역경가 구마라집은 그 세계를 '극락(極樂)'이라고 번역했다. '극락'이라는 표현은 엄청난 말이다. 현실의 고통이 극심할수록 고통 없는 세계의 유혹은 오히려 강력하다. 산스크리트 수카바티(sukhāvatī)를 극락이라고 번역하지 않고, 안양(安養)이라고 번역한 경우도 있다. 중국의 불교 주석가 희적(義寂)은 이것을 '마음을 평안하게 하고, 몸을 잘 돌보는 것'[安心養身]으로 풀었다. 태백산 기슭에 자리 잡은 영주 부석사에 고색창연한 누각이 하나 있다. 바로 안양루(安養樓)다. 그 아래를 통과하면 아미타불이 설법하는 무량수전을 만난다. 안양세계, 즉 서방정토에 들어선 것이다. 무량수전 부처님은 동쪽을 향해 앉아 설법하신다. 저 동쪽에 있는 중생들은 이 서방 아미타불을 향해 기도한다.

중생은 때론 기쁨에 들뜨지만 그보다 더 자주 혼란과 번민에 휩싸인다. 현실은 오탁악세지만 우린 살아야 하고, 또 스스로 삶을 개선해야 한다. 어쩔 수 없다. 하지만 기약 없이 무작정 걸을 순 없다. 내게도 희망이란 게 있어야 하고, 비록 사바세계에 갇혔지만 출감의 날짜는 필요하다. 현실과는 다른 아름다운 세계에 대한 꿈. 현실과 대비되는 이상세계, 현재와 맞서는 미래세계. 그곳이 극락이자 정토다. 기독교에서는 구원의 세계인 천년왕국(millenium)을 말하고, 유교에선 요순시대 같은 대동세계(大同世界)를 말한다. 토마스 모어는 유토피아를 애기했고, 생시몽 같은 공상가는 공산사회를 말했다. 잔혹한 현실, 모순 가득한 현재를 벗어나 반짝이는 미래를 상상한 셈이다.

서방 극락세계, 극락정토에 도달할 수 있는 방법은 무엇인가. 정토 신앙의 대표 경전인 『무량수경』에는 법장(法藏) 비구가 등장한다. 그는 48개 서원(誓願)을 세우고 수행하여 아미타불이 되었고 정토세계를 건설한다. 서방정토에 태어나길 원하는 사람이 있으면 누구나 그것이 가능하도록 하겠다는 서원을 세운 바 있다. 이것을 법장 비구의 본원력(本願力)이라고 한다. 바로 서원의 힘, 바람의 힘이다. 이 간절한 마음이 하나의 인연으로 작동해서 중생들이 서방정토에 왕생하는 것을 돕는다. 나 하나의 힘이 아니라 법장 비구의 원력에 힘입기 때문에 정토 신앙이나 정토 수행을 '타력' 신앙이라고 한다.

> 만약 내가 부처님이 되면 국토는 으뜸이 되고 중생들은 기묘하며 도량은 빼어나게 아름다우리. 그 나라는 열반과 같아 비길 만한 것이 없고 나는 모든 중생 불쌍히 여겨 제도하여 해탈케 하리라. 시방세계에서 오는 중생은 마음이 즐겁고 청정하리니 나의 불국토에 이르게 되면 상쾌하고 즐겁고 안온하리라.[100]

정말 이런 곳에서 한 일 년만 살아봤으면 좋지 않겠나. 그렇다면 '극락행 특급열차'의 승차권은 어떻게 획득할 수 있을까? 『무량수경』에서는 중생이 정토에 왕생하는 방법으로 염불(念佛)을 말한다. "누구든지 무량수불의 명호를 듣고 기쁜 마음으로 신심을 내어 다만 한 생각만이라도 지성으로 극락세계에 태어나기를 원하는 이는 곧바로 왕생하여 다시는 물러서지 않는 불퇴전의 경지에 머물 것"이라고 말한다. 신라의 원효는 북을 치면서 서라벌 거리를 다니면서 '나무아미타불' 여섯 글자를 외면 서방정토에 왕생한다고 가르쳤다. 아미타불에게 귀의한다는 진실한 그 한마디면 법장 비구의 본원력에 힘입어 극락왕생한다는 구조다. 염불은 이렇게 아미타불의 명호를 소리 내어 염송하는 수행이다.

『삼국유사』를 보면 월명사가 죽은 누이 장례를 치르는데 지전(紙錢)이 서쪽으로 날아갔다. 서쪽은 아마도 누이가 서방정토로 왕생했음을 의미하리라. 그리고 그는 유명한 「죽은 누이를 기리는 노래(祭亡妹歌)」를 지었다. 삶과 죽음의 갈림길에서 서방정토는 만남의 기약이고 그러기에 희망이다.

생사 길/여기 있으매 두려워지고/나는 간다 말도 못다 이르고 갔느냐/어는 가을 이른 바람에/여기저기 떨어지는 잎처럼/한 가지에 나고/가는 곳 모르구나/아으 미타찰(彌陀刹)에서 만나볼 나/도(道) 닦아 기다리겠노라. •101

미타찰은 아미타세계, 즉 서방 극락정토다. '미타정토'라는 말도 등장한다. 신라인들의 아미타 신앙은 대단했다. 닥친 죽음은 단지 어둠의 길이 아니다. 극락왕생이라는 새로운 희망을 부여하고, 그렇게 함으로써 산 자가 죽은 이를 만날 수 있는 기대를 또 부여했다. 죽은 이를 보내는 공간이자 또한 죽은 이와 만나는 공간이기도 하다. 저런 세계가 혹 중생들로 하여금 모순된 현실에 대한 감각을 마비시키기도 하지만, 또 한편 고단한 삶을 위로하기도 한다.

　　　　　　　　　　　　　　　　　　　　　　정토 신앙과 염불법문

정토행자 인꽝

중국 청대 불교에서 그나마 명맥을 유지한 것은 정토종이다. 아니 정토종이라기보다는 정토 신앙이라고 하는 편이 옳다. 상당수 전통 지식인들이 정토 신앙을 통해서 불교 신앙을 견지했다. 청 중기 팽소승(彭紹升, 1740-1796) 같은 성리학자도 정토 신앙에 매달렸고, 청말 위원(魏源, 1794-1857) 같은 고증학자도 굳이 정토 신앙을 선택했다. 금릉각경처를 설립한 양런산도 좋은 예라고 하겠다. 유럽 체류를 통해서 서구 근대 문명을 접한 양런산이었지만 여전히 전통적인 불교 신앙을 유지했다. 이런 분위기는 19세기가 저물 무렵부터 많이 달라진다. 근대화한 지식인들은 다분히 이성적이고 합리적인 불교 신앙을 요구했다. 량치차오는 「불교와 사회 통치의 관계」에서 말한다.

> 불교 신앙은 이성적 신앙이지 미신이 아니다. 겸선이지 독선이 아니다. 입세지 염세가 아니다. 무량하지 제한적이지 않다. 평등하지 차별적이지 않다. 자력이지 타력이 아니다.[102]

이성이나 과학을 근대 가치의 상징으로 받아들인 때가 있었다. 그것을 받아들여야만 사회가 발전하고 서구 열강에 나라를 뺏기지 않을 거라고 생각한 때가 있었다. 중국 불교도도 자연스럽게 그것을 수용했다. 물론 불교인 전부가 그랬던 것은 아니다. 이런 근대 불교의 한 경향과 정면으로 마주하면서 정토 신앙의 가치를 직접 드러낸 인물이 고승 인꽝(印光, 1861-1940)이다. 그는 입적 후 정토종 13대 조사로 추앙됐다. 하기야 당시 종파불교의 전통이 붕괴됐기 때문에 몇 대 조사 운운하는 게 부질없어 보이기도 하겠다. 하지만 낡은 기와집일지언정 그것을 지탱하고 선 기둥은 늠름하기만 하다. 비록 영광 없는 이름이지만 사람들은 그렇게 기억했다.

인꽝은 속성이 자오(趙)고 이름은 샤오이(紹尹)다. 1862년 산시(陝西)의 허양(郃陽)에서 태어났다. 태어난 지 몇 달 안 돼 눈병을 앓았다. 한동안 눈을 뜨지 못했다. 부모님은 아이가 태어나자마자 장님이 되는 건 아닌지 안절부절 못했다. 꼬마 샤오이는 거의 실명할 뻔 했다. 없이 살던 시절 자칫 잘못하면 영양실조로 실명하거나 소아마비를 앓는 경우가 많았다. 그럴 때면 부모 된 자는 죄인이 된다. 핏덩이 샤오이는 용케 눈을 떴다. 부모님은 '휴!' 하고 안도의 한숨을 쉬었을 것이다. 이후도 병치레는 잦았다. 튼튼한 육신으로 세상에 나오는 것도 그리 쉬운 일은 아닌 모양이다. 허나 육신이 부실하다고 인생이 부실할 필요는 없다.

샤오이는 어려서 큰형에게 유가 경서를 배웠다. 송대 도학자들이 흔히 일삼던 불교 비판을 어느새 따라 했다. 그는 정통과 이단이라는 이분법으로 무장했다. 10대 중반에 여러 차례 병으로 고생했다. 고통은 가만히 있다고 살아지는 게 아님을 알았다. 감성이 충만한 사춘기 소년은 자신과 삶에 대해 여리지만 심각한 고민을 시작했다. 그는 막연하게나마 출가를 생각했다. 출가가 뭔지 모르지만 인생을 생각하고, 자신을 성찰하려면 삭발하고 입산해야 할듯했다. 자연스럽게 불서를 찾았고 불법이라는 세계에 조금씩 눈을 떴다. 철지난 유학자 행세를 하려 한 소년에게 제행무상과 일체개고를 말하는 불교가 닥쳤다.

1881년 스무한 살 샤오이는 시안 남쪽 종남산 남오대(南五臺)에 위치한 연화동사에서 다오춘(道純)을 은사로 출가했다. 이해에 후베이(湖北) 죽계 연화사에 한동안 머물면서 손님을 접대하는 업무인 조객(照客)을 맡았다. 이때 일부분만 남아 있던 『용서정토문(龍舒淨土文)』을 읽었다. 『용서정토문』은 남송대 불교 거사인 왕일휴(王日休, ?-1173)의 저술로 정토법문의 핵심과 정토왕생한 사람의 행적을 기술했다. 용서(龍舒)는 왕일휴가 태어난 곳이며 나중에 자신의 호로 사용했다. 왕일휴는 이 책의「정토에 대한 믿음을 일으킴(淨土起信)」항목에서 다음과 같이 말한다.

> 정토법문은 대부분 일상생활에서 나타난다. 그리고 그 나머지 공덕이 다음 생에 나타난다. 모르는 사람은 단지 그것이 다음 생의 일이라고 생각한다. 특히 공덕이 대부분 현재 삶 속에 있다는 것을 모른다.[103]

정토 신앙이나 염불법문이 단지 정토왕생만을 지향한다고 생각한 인꽝은 이 글을 읽고 크게 깨달았다. 인꽝이 정토법문을 받아들인 계기였다. 이듬해 산시 안캉현(安康縣)에 위치한 쌍계사에서 구족계를 받았다. 계단(戒壇)에 참가해 교육을 받는 이들은 이러저런 일을 나눠 했는데 인꽝은 글 쓰는 일을 맡았다. 일이 많아지자 눈병이 재발해서 잘 보이지도 않고, 눈이 심하게 붉어졌다. 그는 시간이 날 때마다 눈을 감고 전심으로 부처님 명호를 외웠다. 글을 쓰면서도 마음으로 불호를 놓치지 않았다. 결국 눈병은 완치되고 무사히 일도 마쳤다. 이런 일을 겪고 나서 염불이 분명한 효력이 있음을 확신했다. 자신의 육신이 도량이라는 말이 있다. 자신의 육신을 통해서 신앙을 실현하고, 종교적 경험을 획득하는 법이다. 일차적인 실험의 장인 셈이다.

1883년 인꽝은 구족계를 받고서 종남산으로 돌아와 계속 염불을 했다. 26세가 된 해인 1886년 음력 10월에는 베이징 서북쪽 화이로우(懷柔) 현에 있는 자복사(資福寺)에서 염불 수행에 들어간다. 자복사는 홍라

사(紅螺寺)라고도 하는데, 중국 정토종의 12대 조사 철오(彻悟, 1741-1810)가 주석한 곳이기도 하다. 인꽝은 3년간 자복사에서 일을 맡아 보면서 염불 수행과 경전 공부를 병행했다. 1890년에는 베이징 용천사(龍泉寺)에서 소임을 맡다가 겨울에 만주지역으로 여행했다. 이듬해 베이징으로 돌아온 인꽝은 원광사(圓廣寺)에 머물렀다. 이렇게 베이징 몇몇 사찰에서 작은 소임을 보면서 염불 수행과 경전 공부를 계속했다.

1893년 저장 보타산 법우사의 화원(化聞) 화상이 베이징에 와서 정부에 청나라 간행 대장경인 『용장(龍藏)』을 내려주길 청원했다. 베이징에 익숙하지도 않고, 혼자서 힘들게 뛰어다니던 화원 화상을 보고, 주위 스님들은 인꽝이 그를 돕도록 했다. 대장경을 구한 화원 화상은 인꽝에게 함께 대장경을 보호하면서 보타산 법우사로 갈 것을 권유했다. 이렇게 해서 인꽝은 남방으로 향하게 된다. 중국에서 가장 유명한 불교 성지 가운데 하나인 저장성 보타산. 관음 신앙의 성지인 그곳에 자리 잡은 법우사. 수많은 불교도들이 산을 오르고 향을 피우며 불전에 머리를 조아리는 곳. 그곳 수행자들은 매일같이 숱한 불교도들의 간절한 염원을 만난다. 그리고 승려로서 수행자로서 역할을 깨닫는다. 그런 곳에 인꽝이 도착했다.

화원 화상은 인꽝에게 작은 방 한 칸을 내 주었다. 사람 만나길 즐겨하지 않는 인꽝이 조용히 공부할 수 있도록 배려한 것이다. 이후 인꽝은 장경루에서 20여 년을 보냈다. 절간에서도 누군 권세를 부리고, 누군 명예를 탐하지만 인꽝은 일절 그런 게 없었다. 불교 도서관 격인 장경루에서 은자처럼 긴 세월을 보냈지만 그는 늘 처음처럼 불교 공부가 경이로웠다. 그가 비록 학승을 꿈꾼 것은 아니지만 대장경 읽기를 통해서 불법을 아주 천천히 그리고 깊이 만날 수 있었다. 이후 그의 염

　　　　　　　　정토 신앙과 염불법문

불 수행에 경전 공부는 커다란 힘이 됐다. 화두를 들고 참선을 하는 것도 마찬가지고, 인꽝처럼 일념으로 염불 수행을 하는 것도 마찬가지다. 별처럼 반짝이는 부처님의 말씀을 저버리고 자기가 그냥 불법을 지어낼 수는 없는 노릇이다. 경전 공부는 참선에 상대하는 교리 공부가 아니다. 그것은 불교 공부의 최상위다.

『인꽝법사문초』 출간

인꽝은 다른 사람과 왕래가 적었다. 자신을 내세우는 것을 무척 꺼렸다. 단지 경전 읽기와 염불 수행으로 자신의 내면을 키웠다. 선방에서 몇 철 났다고 그냥 선승이 되는 것도 아니고, 대찰의 주지를 살았다고 불쑥 고승대덕이 되는 건 아니다. 지난한 세월 훈습한 수행의 기억이 은은히 흘러넘칠 때야 비로소 수행자 소리를 듣는 법이다. 1898년 불교 거사인 까오허녠(高鶴年, 1872-1962)이 법우사를 방문했다. 인꽝은 그에게 염불 수행의 요지를 일러 주었다. 이후 인꽝은 까오허녠과는 드물게 편지 왕래를 했다. 끼오허녠은『명산탐방기(名山遊訪記)』를 지은 유명한 여행가다.

까오허녠이 산수나 유람하려고 발품을 판 것은 아니다. 그는 명산이 아니라 명산이 품은 고찰을 방문했고, 그 고찰이 숨긴 도인을 찾았다. 그러곤 진심으로 묻고 배웠다. 그에게 여행은 승려의 운수행각처럼 수행의 일종이었다. 까오허녠은 1908년 난징 금릉각경처에서 양런산 거사에게 불교를 배우기도 했다. 그는 스승을 만나서 배우고, 다시 걸으면서 그것을 몸으로 삭혔다. 그런 그였기에 저장 보타산을 방문했

○

아미타불이 설법하는 서방극락세계가 기필고 존재함을 터럭만큼도 의
심하지 않았던 수행자. 그런 믿음만큼이나 정토수행에 한 치 흐트러짐
이 없었다. 중국 정토종 13대 조사로 추앙되는 고승 인꽝이다.

을 때, 곧바로 수행자 인꽝을 찾았다. 불교의 인연은 우연이 아니라 노력과 수행이다.

1911년 까오허녠은 상하이에서 출판되는 『불학총보』를 인꽝에게 부쳤다. 인꽝은 '운수승 석상참'(雲水僧釋常慚)이라는 필명으로 편집부에 자신의 견해를 편지로 적어 보내기도 했다. '운수승'은 구름처럼 물처럼 정처 없이 다니면서 수행하는 승려를 가리킨다. '석'은 석가모니의 '석'인데 중국이나 한국, 일본에서는 승려가 성처럼 쓴다. '상참'은 '늘 부끄럽다'는 말이다. 불교에서 참괴심(慚愧心)이라는 말을 간혹 쓴다. 부끄러워하는 마음이다. 참(慚)은 자신이 지은 잘못을 스스로 반성하고 부끄러워하는 행위이고, 괴(愧)는 자신의 잘못을 다른 사람에게 공개하고, 사람들의 질책이나 꾸짖음을 받는 가운데 느끼는 부끄러움이다. 수행자는 이런 게 필요하다.

살다 보면 잘못하고도 전혀 뉘우치지 않는 후안무치한 자들을 많이 본다. 씁쓸하기만 하다. 맹자는 인간이 갖춰야 할 덕목 가운데 하나로 수오지심(羞惡之心)을 들었다. 주희는 『맹자집주』 「진심장」에서 "부끄러움(恥)은 우리가 본래 가진 수오지심이다. 그것을 보존하면 성현으로 나아가고 그것을 잃으면 금수로 떨어지고 만다"고 말한다. 그럼 인꽝은 뭘 그리 잘못했기에 부끄러울까. 그는 수행자다. 절집에서 하는 표현을 빌리면 부처님 밥 먹고 사는 자로서 수행이 모자라면 부끄럽고, 깨달음이 없으면 또 부끄럽다. 선방에 든 자가 허송세월하면 아니 부끄럽겠나? 공양 한 끼 하는 것도 부끄럽다. 인꽝은 늘 그 모든 게 부끄러웠다.

1912년 까오허녠은 다시 법우사를 방문했다. 인꽝은 써 놓은 글 몇 편을 까오허녠에게 건넸다. 까오허녠은 그 글을 『불학총보』에 실었다. 인꽝은 처음으로 대중을 향해 자신의 글을 발표했다. 당시 그는 벌써 쉰을 넘겼다. 1913년 불교 거사 쉬웨이루(徐蔚如, 1878-1937)는 상하이에서 까오허녠을 만나 "운수승 석상참이 누구냐"고 물었다. 주인공이 인꽝인 것을 알게 된 쉬웨이루는 친구 저우멍요(周孟由) 등과 함께 보타산 법우사를 방문했다. 2년 뒤 저우멍요가 다시 법우사를 방문하여 인꽝을 친견하고 몇 편 편지 원고를 받아 돌아와 쉬웨이루에게 보냈다.

1917년 쉬웨이루가 이 원고를 『인꽝스님 편지 원고(印光法師信稿)』라는 이름으로 5천 부 영인해서 주위 사람들에게 돌렸다. 이 글은 남송대 선승 대혜종고가 간화선의 종지를 선보인 『서장(書狀)』처럼 편지글로 정토법문의 핵심을 풀었다. 특별한 체계나 의도를 갖고 작성한 글은 아니지만 인꽝의 몇 마디 답변이나 당부에서 벌써 오랜 염불 수행과 경전 공부의 공력이 드러났다. 사람들은 인꽝이라는 인물에 대해서 잘 알지도 못했지만 그 글을 보고 진한 감동을 받았다. 그리곤 다시 편지로 인꽝에게 자신의 삶과 수행에 대해 질문하고 상의했다. 인꽝은 비록 세상에 몸을 드러내길 꺼렸지만 사람들이 보낸 편지를 못 본 척 할 수는 없었다. 심할 때는 한 달에 백여 통의 편지를 받기도 했다.

1918년 쉬웨이루는 인꽝의 글 22편을 모아서 『인꽝법사문초』라는 책으로 묶어 베이징에서 간행했다. 1919년 가을 쉬웨이루는 다시 인꽝의 글 38편을 속편으로 묶었다. 1920년 저우멍요 등 인광을 따른 거사들이 기존 글을 모아 종류별로 분류하고 상세히 교감을 했다. 이듬해 1921년 상하이 상무인서관에서 『인꽝법사문초』를 활자본으로 출판했고, 양저우 장경원에서 전통적인 목각본으로 4책을 인행했다. 이후 계속해서 『인꽝법사문초』 증보판을 냈다. 전체 수만 부를 찍어서 배포했다. 당시 불교 거사 대부분이 염불 신앙에 주력했다는 점을 고려하면 인꽝의 글이 그토록 각광받았던 이유를 알 수 있다. 염불 수행을

    정토 신앙과 염불법문

직접 행한 이들은 인꽝의 글이 얼마나 진실한지 알 수 있었다. 인꽝의 글은 구체적인 도움이 되었다.

여러 차례 인쇄를 했는데 엄청난 관심을 일으켰다. 이런 관심의 결과 수많은 사람들이 인꽝에게 귀의했다. 인꽝은 본격적으로 상해나 남경에서 염불 법문을 열고 염불 도량을 마련하기도 했다. 그는 이때부터 집중적으로 정토 신앙을 풀고 실천하는 저술을 내놓았다. 인꽝은 "염불의 종지는 진실한 믿음[信]을 내고, 절실한 염원[願]을 세우고, 오로지 부처님의 명호를 되뇌는[行] 것 셋이다." •104 인광은 이 셋을 진정한 염불 신앙을 판단하는 잣대로 사용했다. 그는 『인광법사문초』를 출간한 이후 조금씩 활동하기 시작했다.

자성미타와 서방미타

1933년 인꽝은 『정토오경(淨土五經)』을 간행했다. '정토오경'이라는 표현은 인꽝이 처음 사용했다. 『아미타경』, 『무량수경』, 『관무량수경』이 정토종의 기본이 되는 세 경전이다. 흔히 정토삼부경이라고 한다. 여기에 세친(世親)이 지었다고 알려진 『왕생론(往生論)』을 보태 이른바 '3경1론'이라는 정토종의 기본 경론이 완성됐다. 『왕생론』은 『무량수경』을 근거로 하면서 정토왕생의 염원을 게송으로 노래하고, 극락정토의 아름다움을 찬탄하는 글이다. 청대 거사 위원(魏源)은 여기에 『화엄경』의 「보현행원품」을 더해 『정토사경(淨土四經)』을 만들어 간행했다. 이후 '정토사경'이라는 개념이 유통됐다. 「보현행원품」을 정토계 경전으로까지 높인 까닭은 매 문단 끝에 붙은 "한 생각 한 생각 끊임없이[念念相續] 서로 이어져 몸·말·의식에서 아무런 피로함이나 싫증냄이 없다"는 구절 때문이다. 위원은 「보현행원품」을 인행하면서 말한다.

> 사람들은 법계의 미진수의 부처님을 칭념하여 마지막에 미타정토로 귀의할 것을 생각하지만 자성미타의 마음이 본래 법계에 두루 퍼져 있음을 알지 못한다. 운서주굉 대사가 말한 화장세계의 바닷물을 기울여서 서방의 연꽃 하나에 붇지만 아직 연꽃 꽃술 하나 채우지 못했다고 말한 격이다.[105]

중국 명대 고승 운서주굉(雲栖祩宏, 1535-1615)은 선종과 정토종이 근본적으로 동일함을 주장한 것으로 유명하다. '선정일여(禪爭一如)'나 '선정귀의(禪爭歸依)'를 제시했다. 그는 염불을 통해서 '혼란 없이 통일된 한 마음'[一心不亂]에 도달하면 선종에서 추구하는 견성 혹은 무념의 경지와 다르지 않다고 보았다. 그래서 그는 정토교도 선종과 마찬가지로 돈교(頓敎)에 해당한다고 말한다.[106] 불교 수행법을 분류하는 방식에는 돈교와 점교가 있다. 점교가 순서에 따라 점진적인 수행으로 깨달음에 도달한다면, 돈교는 신속하고 비약적인 발전으로 깨달음에 도달한다. 정토 신앙도 간화선과 마찬가지로 돈교의 입장이라고 말한다.

위원도 마찬가지로 「보현행원품서」에서 "염불하는 사람이 '어지럽지 않은 순수한 한 생각'[一心不亂]에 도달하면 천 가지 생각 만 가지 생각이 모두 한 생각이 된다"고 말한다. 이렇게 보면 운서주굉이나 위원은 서방 극락정토에 왕생하려는 정토 신앙을 의도한 게 아니라 염불을 통한 자기 정화와 정신 집중을 기도했음을 알 수 있다. 이른바 자성미타 혹은 유심정토의 견해를 피력한 셈이다. 서방정토를 외부에서가 아니라 내 마음에 가꾼다고 할 수 있다.

   정토 신앙과 염불법문

근대 시기 양런산 거사가 난징에 금릉각경처를 세우고 가장 먼저 판각·인행한 경전이 바로 위원이 편집한『정토사경』이다. 그도 이론적으로는 화엄학을 숭상했지만 수행면에서는 염불 수행을 선호했다. 아울러 "이 염불왕생의 법문은 원돈교 가운데 가장 빠른 길"이라고 주장한다. 양런산도 위원과 마찬가지로 자성미타를 강조했다. "후인은 유심정토와 자성미타의 학설을 제기해서 서방미타 학설을 반대했다. 그들은 마음 바깥에서 뭔가를 찾는 짓은 현묘함을 좋아해서 오히려 저급하게 된 경우라고 말한다." •107 그는 마음 바깥에 특별한 세계를 구성하려들지 말 것을 당부한다. 양런산이 비록 중국 정토종 자체를 평가하면서 한 이야기지만 자신의 견해가 강하게 밴 대목이다.

인꽝은 정토종의 3경1론의 전통을 수용하고, 더불어 위원이 제시한 정토4경의 견해도 수용한다. 그런데 여기서 그치지 않았다. 저들이 정토 경전에 대한 새로운 편집을 통해서 자신의 견해를 드러냈듯 인꽝도 새로운 정토 경전 편집을 통해서 자신의 말을 뱉었다. 인꽝은 1933년 정토4경에『능엄경』제5권 「대세지염불원통장(大勢至念佛圓通章)」을 더해『정토오경』을 편집했다. '대세지보살'은 서방 극락세계에서 관세음보살과 함께 아미타불을 좌우에서 모시는 보살이다. 그래시 정토 신앙에서는 서방 삼성(三聖)으로 불린다. 『능엄경』「염불원통장」에서 대세지보살은 이렇게 말한다.

내가(대세지보살) 깨달음을 얻기 전에는 염불심을 통해서 무생법인을 깨달았고, 지금은 사바세계에서 염불하는 중생들로 하여금 정토에 귀의하게 한다. •108

인꽝은 『정토오경』 간행 서문에서 『능엄경』 「대세지염불원통장」이
야말로 염불의 가장 오묘한 지점을 보여준다고 말한다. 염불을 통해서
무생법인을 획득하고 아울러 중생들을 제도하여 서방 극락정토로 왕
생하게 한다는 내용이다. 인꽝은 위원이나 양런산과 달리 유심정토가
아니라 서방정토를 분명하게 말한다. 그가 보기에는 정토 신앙의 본래
모습은 서방정토였다. 자신의 마음에 정토를 건설하는 게 아니라 그야
말로 서방 극락정토에 왕생하는 것을 지향한다. "세상 많은 사람들이
오직 마음으로써 하고 정토는 없다고 여기는데 이런 것이 바로 마군이
나 외도의 견해이다." [109] 물론 염불하는 그 마음이 청정한 마음이 되
어야 서방정토에 왕생할 수 있다. 이것은 당연하다. 인꽝은 유심정토
는 서방정토를 향한 전제임을 인정한다. 하지만 여기서 그치지 않는
다. 오직 정토가 마음에만 있다고 하는 견해에 대해 강하게 비판한다.

정토는 신심과 염원으로 부처님의 명호를 단단하게 붙들어서 서방정토에
왕생하길 추구하는 행위다. 편벽되게 유심정토나 자성미타를 가리키는
게 아니다. [110]

이렇게 서방정토에 대한 굳건한 믿음이 아마도 정토행자 인꽝을
만든 게 아닐까 한다. 1929년 인꽝은 30여 년을 머문 보타산 법우사를
떠난다. 수많은 불교도가 그를 친견하고자 법우사를 방문했고, 엄청난
편지가 그에게 도착하기도 했다. 일들이 많아지자 수행자로서 자신의
모습을 지키기가 점점 힘들어졌다. 한 불교도의 초청으로 홍콩으로 가
고자 했다. 좀더 조용한 곳에서 자신의 공부를 진행하고자 했다. 먼저
상하이에 도착했는데 쉽게 떠날 수가 없었다. 인연 있는 불교도들이

　　　　　　　　　　　　　　　　　　　정토 신앙과 염불법문

그에게 그곳에 남아서 불법을 전하길 바랐다.

결국 1930년 상하이에서 장쑤 쑤저우의 보국사(報國寺)로 거처를 옮겼다. 일흔이 넘어서 완전히 새로운 곳으로 거처를 옮기기가 쉽지는 않았다. 하지만 늘 조심하며 은자의 삶을 산 그이기에 오히려 그런 생경함은 자신을 단속하는 방법이기도 했다. 지금도 보국사에는 한 켠에 인꽝의 유물을 전시해 두었다. 시내에 자리 잡은 보국사 골목 끝쯤에는 1930년대 쑤저우에서 국학강습반을 개설하여 학생을 지도한 국학대사 장타이옌(章太炎)의 고거가 있다. 장타이옌는 1936년 그곳에서 임종했다. 이 골목을 거닌 두 사람은 조금은 다른 방식으로 불교를 이해했고, 또한 전혀 딴판으로 불교를 실현하고자 한 거인이었다.

1937년 인꽝은 시내의 어수선함을 피해 쑤저우 외곽에 위치한 영암산사(靈岩山寺)로 거처를 옮겼다. 늘 하던 대로 경전을 읽고 염불 수행했다. 1940년 음력 10월 27일 80세 고령 인꽝은 금생의 인연이 다했음을 느꼈다. 오후 2시를 조금 넘어서 손을 깨끗이 씻고 일어나서 대중들에게 말했다. "내 이제 아미타불의 미중과 인도를 받아서 떠나야겠구나. 모두 꼭 염불을 하고, 발원을 하고, 서방정토에 왕생하시게나." 말을 마치고 시쪽을 향해 단정히 앉았다. 대중들은 고승 인꽝을 둘러싸고 연신 아미타불을 염송했다. 5시쯤 됐을 때 인꽝은 편안히 입적했다. 나무아미타불.

18

선정쌍수의 실행자, 위안잉

근대 중국에서 정토법문의 대성자는 앞서 보았듯 고승 인꽝이다. 그는 순정한 정토 신앙을 주장했다. 뿐만 아니라 정토가 마음에 있다는 유심정토론을 거부했다. 정토세계가 서방에 실제로 존재한다는 믿음과 그곳에 왕생하겠다는 바람이야말로 정토 신앙의 전제임을 천명했다. 이에 비해 명대 고승 운서주굉처럼 선정쌍수(禪淨雙修)를 견고하게 지지한 인물도 있다. 그가 천동사의 위안잉(圓瑛. 1878-1953)이다.

관세음보살의 신통력

근대 중국에서 정토법문의 대성자는 앞서 보았듯 고승 인꽝이다. 그는 순정한 정토 신앙을 주장했다. 뿐만 아니라 정토가 마음에 있다는 유심정토론을 거부했다. 정토세계가 서방에 실제로 존재한다는 믿음과 그곳에 왕생하겠다는 바람이야말로 정토 신앙의 전제임을 천명했다. 이에 비해 명대 고승 운서주굉처럼 선정쌍수(禪淨雙修)를 견고하게 지지한 인물도 있다. 그가 천동사의 위안잉(圓瑛. 1878-1953)이다.

위안잉은 1878년 중국 남부 푸젠(福建) 구티엔(古田)에서 출생했다. 속성은 우(吳)이고 어릴 적 이름은 창파(昌發)였다. 창파가 태어나기 전 부친의 다섯 형제 모두 아들이 없었다. 모친은 늘 관세음보살을 칭념(稱念)하면서 아들을 염원했다. 대승불교의 대표적인 보살인 관세음보살이 삼신할미처럼 아이를 짐지힌다고 하니 다소 엉뚱할 수도 있다. 하지만 민중들은 관세음보살은 자비심으로 자신의 소원을 들어줄 거라 믿었다. 중국뿐만 아니라 한국이나 일본에도 불교도들은 관세음보살이 이런 능력을 갖추고 있다고 생각했다.

관음보살에 대한 열렬한 신앙 때문에 『관음경』이 등장하기도 했다. 중국에선 구마라집이 번역한 『묘법연화경』의 제25품인 「관세음보살보문품(觀世音菩薩普門品)」을 별개의 경전으로 유통시켰다. 이것이 『관음경』이다. 첫 구절에 한 보살이 세존에게 어떻게 관세음보살이 '관세음'이라는 이름을 갖게 됐냐고 질문한다. 그러자 세존은 이렇게 답한다.

> 선남자여, 이 세상에서 수백천만 억 중생들이 저마다 괴로움에 싸여 있
> 는데, 만일 그들이 관세음보살의 이름을 듣는다면 그들은 모두 괴로움에
> 서 해방될 것이다.…… 또 선남자여, 사내아이를 원하는 여인이 관세음보
> 살에게 예경하면 사내아이가 생길 것이다. 더욱이 그 사내아이는 용모단
> 정하고 품위가 있으며, 귀엽고 남자의 특징을 갖추고 많은 이들의 사랑을
> 받고 사람들의 마음을 사로잡으며 선근을 심을 것이다. 딸을 원하는 여인
> 에게는 용모가 단정한 딸을 얻게 될 것이다. •111

아시아에서 관세음보살은 대단히 다양한 모습으로 등장한다. 유
명한 천수천안관세음보살처럼 천 개의 눈으로 중생들의 굴곡진 삶을
보고, 천 개의 손으로 용기를 북돋고 끌어주기도 한다. 그래서 천 개의
길을 걷는 중생들을 다 품고 인도한다. 관세음보살은 모든 중생들에게
열려 있다. 그런 의미에서 『법화경』에서는 '누구에게나 활짝 열린 문'[普
門]이라고 이름했다. 이런 관세음보살이기에 창파의 모친도 관세음보
살을 불렀다. 결국 꿈속에서 관세음보살을 만났다. 태몽이었다. 창파
가 출생하자 여러 숙부는 어린 조카를 자신의 아들처럼 아꼈다. 창파
가 다섯 살 된 해에 부친과 모친이 연이어 사망했다. 힘들게 얻은 아들
과 오래하지 못했다. 부모님을 대신해서 숙부가 창파를 맡아 길렀다.
숙부는 부친 이상으로 창파를 아꼈다. 하지만 창파는 늘 왠지 모르는
아쉬움과 외로움이 있었다.

1892년 열다섯 살이 된 창파는 구티엔 현(縣)의 관제묘(關帝廟)에 기
거하면서 사서오경을 배우고 암송했다. 관제묘는 삼국지에 등장하는

   정토 신앙과 염불법문

영웅 관우를 민간에서 '관제'로 호칭하며 종교적으로 숭배한 결과 탄생한 일종의 사원이다. 한국에도 관제묘가 존재한다. 서울 동대문 밖에 있는 동묘가 바로 관제묘다. 임진왜란 때 조선을 원조한 명나라 정부가 조선 정부에게 관제묘를 짓도록 했다. 관제는 중국에서 용기와 무력의 상징이었다. 19세기말 관제묘는 뭐 딱히 종교 시설이라기보다는 민간에서 자유롭게 이용할 수 있는 열린 공간이었다. 창파도 그 시절 여느 아이처럼 그곳에서 입신양명을 위해서 유가경서를 공부했다.

이듬해 그 지역 과거에 응시했다. 혈기왕성한 창파는 당시 관리들의 부패상을 보고 세간의 명예란 게 모두 거짓임을 깨달았다. 청말 국가의 기강이 헤이해지고 지방 정부 곳곳에서 구멍이 났다. 그 구멍의 크기만큼 민중은 힘들었다. 아이였지만 창파의 눈에도 그것이 보였다. 관리가 되어 세상을 구하겠다는 생각은 저만치 멀어졌다. 반대로 출가에 대한 욕구가 점점 자랐다. 이런 속뜻을 숙부에 내비쳤을 때 숙부는 결코 허락하지 않았다. 형님이 죽으면서 부탁한 아들이 아니던가. 조카의 출가를 자신이 허락할 수는 없는 노릇이었다.

1894년 여름 창파는 집을 빠져나왔다. 푸젠의 중심 도시인 푸저우(福州)의 용천사(涌泉寺)로 갔다. 이곳은 근대 중국 불교의 일대 종장(宗匠) 쉬윈(虛雲)이 출가한 사찰이기도 하다. 용천사에 도착한 창파는 법당 밖에서 스님들이 강의를 듣는 모습을 지켜보았다. 불교에 대해 아무것도 모르는 그는 그저 눈썰미로 자신의 스승을 물색했다. 그때 창파는 기풍 있는 고승을 발견한다. 쩡시(增西)였다. 강의가 끝나고 사람들이 밖으로 나서자 창파는 쩡시를 쫓아가 인사하고 출가의 결심을 이야기했다. 다음날 창파는 삭발을 하고 쩡시의 제자가 됐다. 하지만 다음날 숙부가 들이닥쳤다. 산중을 온통 뒤져서 간경(看經)을 하고 있던 창파를 찾아냈다. 이틀도 채 되지 않는 출가는 이렇게 끝이 났다. 하지만 한 번 난 마음은 쉽게 가라앉지 않았다.

선정일여

1896년 한동안 병을 앓던 창파가 자리에서 일어났다. 그는 그해 10월 2년 전 이틀간 머문 용천사로 성큼성큼 갔다. 이제는 숙부도 말릴 수 없었다. 스승 쩡시는 그제야 진우(今悟)라는 법명과 위안잉(圓瑛)이라는 법호를 내렸다. 창파는 명명백백하게 승려가 되었다. 이듬해에 미아오롄(妙蓮, 1824-1907)을 계사로 구족계를 받았다. 1898년 위안잉은 장쑤 창저우 천녕사로 가 고승 에카이를 참방했다. 위안잉은 천녕사에서 4년간 머물면서 선승 에카이에게 선법을 배웠다. 1903년 위안잉은 닝보 천동사로 팔지두타 징안을 찾아 참선했다.

위안잉이 천동사에서 소임을 맡아 보던 1904년 열여섯 살 타이쉬가 천동사에서 징안을 계사로 구족계를 받았다. 그리고 선방에 머물면서 다오제(道階, 1870-1934)의 『법화경』 강의를 들었다. 위안잉은 소임을 보면서도 다오제의 『법화경』 강의는 물론 디셴(諦閑)에게 천태교학을 배우기도 했다. 디셴은 근대 시기 천태 연구의 대표자였다. 1906년 위안잉은 타이쉬와 형제로 결연(結緣)한다. 이후 불교 교단을 대표하게 되는 두 인물은 이렇게 일찌감치 형제가 된 것이다. 중국 근대 불교사에서 보면 두 사람은 연대하기도 하고, 대립하기도 했다.

위안잉은 당시 승려들이 대부분 그랬듯 출가 이후 다양한 경전을 읽었고, 강남의 여러 대찰을 다니면서 선지식을 만나고 그들에게 배웠

　　　　　　　　　　　　　　　　　정토 신앙과 염불법문

다. 그러면서도 조금씩 자신의 길을 찾았다. 에카이와 징안에서 선법을 배웠다. 선승으로서 굳건하게 수행했고, 힘차게 나아갔다. 1906년에는 닝보 칠탑 보은사에서 츠윈(慈運, 1826-1910) 화상을 친견했다. 선승 츠윈은 닝보 천동사에 오래 주석한 선승으로 임제종을 종지로 선법을 펼쳤고, 당대 임제종 조사로 자신을 위치시켰다. 위안잉은 츠윈 화상에게 법인을 계승하여 임제정종 제40세 조사가 된다. 츠윈 화상은 위안잉의 법명 진우(今悟)를 홍우(宏悟)로 고쳐준다. 금생에 깨달음을 이루겠다는 서원은 이제 깨달음을 널리 펼치겠다는 서원으로 바뀐다. 츠윈은 「전법서(傳法書)」에서 천금 같은 무게로 말한다.

> 내 지금 이 정법안장을 그대에게 전해 임제정종 제40세 계승자(法嗣)로 삼으니, 그대는 마땅히 훌륭히 지켜서 끊어지는 일이 없도록 하라. [112]

물론 청말에 선종의 몇 대 조사를 읊어댄다는 게 다소 터무니없이 들릴지도 모른다. 당시 선종 조사에게 송대의 권위나 법력을 기대할 수는 없었다. 위안잉도 마찬가지였지만 선문에서 그가 선법을 이끌 인재임을 인정하는 중요한 징치었다. 츠윈은 마치 세상의 어둠을 물리칠 진리의 횃불을 건네듯 법을 위안잉에게 전한다. 위안잉은 선종의 조사로서 활동했다. 선종의 조사는 '불립문자'를 외치면서 경전 공부를 멀리할 것이라는 생각은 근래 생긴 오해다. 경전을 읽지 않고 어디서 불교를 확인할 것이며, 교리 공부를 하지 않고 어떻게 자신의 수행을 검증할 것인가.

세상에 떠도는 깨달음이 좀 많은가. 그렇다고 그 모두가 불교의 깨달음은 아니고, 그들이 모두 부처는 아니다. 그것이 정법(正法)일 수 있으려면 경전에 기준해야 한다. 선승들은 참선과 간경이라는 두 가지 일상을 공유했다. 1911년 위안잉은 닝보 접대사(接待寺)에 강당을 건립하고 『대승기신론』 등을 강의했다. 1913년 그곳에서 당말 오대의 선승 영명연수(永明延壽, 904-975)와 명대 고승 연지대사 운서주굉의 저작을 읽었다. 이것을 계기로 그는 정식으로 정토법문에 귀의한다. 선승 위안잉은 정토행자 위안잉과 겹치게 된다. 본격적으로 정토 수행을 시작했다. 이후 그는 이렇게 회상한다.

나는 어려서 유학을 공부했고, 자라서 불문에 들었다. 계를 받고나서 선종에 질력했고, 다시 여러 불교 이론을 공부하여 곳곳에서 강의하기도 했다. 비록 이론과 실천을 병행했지만 매번 생사의 문제를 고민했다. 서른여섯 살쯤 영명연수와 연지주굉 두 선지식의 저술을 읽고서 염불 법문을 깊이 믿어서 생사문제를 초월할 수 있었고 깨달음으로 향했다. 선법과 정토를 20여 년 동안 함께 닦아서 일찍부터 자량을 마련하여 정토에 왕생하길 추구했다. •113

위안잉은 영명연수와 운서주굉을 만난 이후 '선과 정토를 함께 수행'(禪淨雙修)하고, 둘의 일치를 추구하게(禪淨一如) 됐다. 영명연수는 당말 오대의 고승으로 선정쌍수를 강하게 주장한 인물이다. 영명연수의 저작 가운데 『종경록(宗鏡錄)』 100권과 『만선동귀집(萬善同歸集)』 3권은 후대 중국 불교에 큰 영향을 끼쳤다. 『종경록』은 선문(宗)의 거울(鏡)이 될 만한 글을 모았다. 여기서 그는 선정쌍수나 선교일치를 주장했다. 아울러 『만선동귀집』에서는 참선뿐만 아니라 '다양한 불교적 실천'(萬善)이 모두 깨달음으로 귀향함을 주장했다. 그는 참선하는 사람도 만선을 행하고

                                                정토 신앙과 염불법문

경전 독송에 전념해야 한다고 천명함으로써 당시 불교계를 놀라게 했다. •114 이런 그의 주장은 점차 중국 불교의 한 전통이 되었다.

운서주굉의 자성미타

영명연수와 함께 위안잉을 자극하고 인도한 인물은 연지대사로 불리는 운서주굉이다. 그는 명대 최고의 고승으로 정토종 제8대 조사로 추앙된다. 『아미타경소초』, 『선관책진』, 『죽창수필』 등의 저작으로 한국 불교계에서도 꽤 유명하다. 『선관책진』이나 『죽창수필』은 번역서가 나왔을 정도다. 주굉은 자성미타와 유심정토에 기반하여 "선종과 정토교가 그 길이 다르지만 돌아가는 곳은 같다"[禪淨歸依]고 주장한다. 전형적인 선정일치론이라고 할 수 있다. 그는 정토경전『아미타경』에 대한 주석서인『아미타경소초(阿彌陀經疏抄)』 권2에서 '경(經)'의 의미를 푼다. 경은 '교(敎) · 행(行) · 리(理) 세 가지 측면을 가진다고 말한다.

> 이치[理]에 근본하여 교설[敎]을 수립하고, 교설에 의거하여 수행[行]한다. 수행에서 이치를 드러낸다. 모든 경전은 이 셋을 갖추고 있다. 그래서 공통이라고 이름한다. 오직 이 『아미타경』에 한해서 말하면 불설은 교설이고, 부처의 명호를 호지하는 것은 수행이고, 아미타는 이치이다. 여기에 국한할 경우 개별이라고 말한다. 이 세 요소를 배열하면 이치는 법신이고 교설은 반야고, 수행은 해탈이다. •115

운서주굉은 아미타불을 하나의 이치로 상정했다. 또한 우주의 모든 존재를 관통하고 포괄하는 일심을 이치라고 말한다. "이『아미타경』
에서 말하는 결코 혼란 없는 하나의 마음이 바로 자성의 미타이며 유
심정토로서 경전 전체의 핵심"이라고 선언한다. 아미타불을 청정한 마
음과 일치시킴으로써 자성미타로 전환했고, 세계를 포괄하고 관통하
는 하나의 이치로 상승시켰기 때문에 마음[心]과 세계[境]가 일치하게 된
다. 주굉의 이런 이론은 아미타불을 법신으로 간주하기 때문에 가능하
다. 불교 유심론 가운데 하나인 화엄학의 법신설이 강하게 개입했음을
알 수 있다. •116

　위안잉은 영명연수와 운서주굉을 통해서 자성미타설을 접했고, 그
것을 적극적으로 수용했다. 청정한 자성을 바로 보려는 노력인 참선
수행과 자성의 미타세계를 구현하려는 정토법문이 결국 동일함을 확
신했다. 그래서 위안잉은 당시 자기가 머문 접대사 강당을 '일후(一吼)'라
고 명명했다. 선법과 정토 수행을 결합하여 그것이 '한 목소리'[一吼]로
말하겠다는 취지였다. 부처님 말씀을 사자후(獅子吼)라고 하지 않는가.
위안잉의 언설이 비록 사자후는 아니지만 불교의 저런 교리와 신앙을
한데 모으려는 마음은 간절하고 컸다. 그래서 자신의 당호(堂號)도 '일후
당주인(一吼堂主人)'이라고 했다.

> 정토종은 지혜의 유무나 노소를 불문하고 단지 부처님의 이름을 간절하
> 게 지니게 하여 그 이름이 한 순간도 끊임없이 생각마다 이어지게 한다.
> 마음에 오직 부처만 있고 부처 외에 다시 어떤 마음도 없어서 그 생각이
> '혼란 없는 한 마음'[一心不亂]의 상태에 도달하면 곧 왕생할 수 있다. •117

　위안잉도 선은 최상근기를 지닌 자가 행하는 수행임을 지적한다.

이에 반해 정토 수행은 모든 근기의 중생들이 실천할 수 있다고 말한다. "선은 오직 자력에 의해서 가능하지만 정토수행은 불력까지 이용한다." 불교의 여러 수행법을 실천의 난이도에 따라 난행도(難行道)와 이행도(易行道)로 구분하는 경우가 있다. 위안잉 식으로 하자면 선은 난행도이고 정토 수행은 이행도에 해당한다. 또 수행의 주체성과 관련해서 자력교와 타력교로 구분하기도 하는데, 선이 자력교라면 정토 수행은 타력교에 해당한다고 할 수 있다. 하지만 엄밀히 따지면 위안잉의 말대로 자력과 함께 타력(불력)을 함께 이용한다고 해야 한다. 위안잉은 이런 점을 지적하면서 정토 수행의 유용성을 강조한다.

1943년 위안잉은 고승 인꽝이 입적한 곳이자 사리탑이 있는 쑤저우 영암산사에서 『염불법문』을 강연한다. 1944년에는 이곳에서 인꽝이 아낀 『능엄경』 「대세지보살원통장」을 강의하기도 했다. 위안잉은 인꽝의 기운이 서린 영암산사를 소중히 여겼고, 기회가 있을 때마다 방문하여 설법했다. 하지만 같은 목소리가 아니라 자신의 목소리로 말했다. 선정쌍수가 아니라 정토의 우위를 천명한 인꽝과 달리 위안잉은 선종의 가치를 분명히 인정했다. 정토 수행이 결국 견성성불이라는 선종의 지향을 포괄함을 주장했나. 이런 이유 때문에 위안잉은 서방미타가 아니라 자성미타와 유심정토를 지지하지 않았던가. 대단히 인상적인 말을 한다.

여러분은 자신이 명석하다고 여기고 고원한 것을 좋아하여 염불법문을 못 배운 자들이나 행하는 것쯤으로 여겨서 참선을 하거나 기타 다른 수행을 행해서는 안 됩니다. •118

근대 시기 불교 신앙을 미신 정도로 취급한 사람도 있었다. 이성적인 신앙이나 아니면 과학적인 불교 이해가 근대라는 시대에 부합하는 거라고 말하는 사람도 있었다. 일반인들뿐만 아니라 불교인 내부에도 이런 경향이 존재했다. 타력에 의지하지 말고 자력으로 세계와 맞서 싸우고 현실을 극복하자고 외쳤다. 장타이옌은 『테쩡에게 답함』에서 이렇게 말한다. "저는 불교 가운데 정토와 밀교 두 가지는 취하지 않습니다. 기도를 하고 자신을 억누르고 비굴하게 하는 것은 용맹무외심과는 동떨어졌기 때문입니다." •119 봉건성을 타파하고 싶은 장타이옌은 불교 신앙에서 타력적인 요소를 배격했다. 위안잉은 당시 존재한 이런 경향에 대해 비판했다.

원명강당 건립

1929년 위안잉은 자신이 츠원화상에게 임제정법을 계승한 현장인 닝보 칠탑 보은선사 주지로 취임했다. 이듬해인 1930년 위안잉은 닝보 천동사 주지로 다시 취임했다. 위안잉은 어느새 중국 불교계를 대표하기 시작했다. 저장이나 상하이 지역은 물론이고 전국적으로 그의 수행과 노력이 알려졌다. 1934년 위안잉은 상하이에 원명강당(圓明講堂)을 건립했다. 이곳은 위안잉에게 귀의한 재가 제자인 구롄청(顧聯承, 1899-1943)·싱밍신(邢明心, 1900-1971) 부부가 시주한 도량이다. 위안잉은 제자 밍양(明暘, 1916-2002)에게 감원(監院)을 맡겨 도량을 관리하도록 했다. 위안잉은 낙성을 축하하면서 『관세음보살보문품』을 강의했다.

 정토 신앙과 염불법문

○

중국불교의 최대 전통은 선종과 정토종이다. 과거에도 그랬고 지금도 그렇다. 때론 둘이 맞서고 때론 둘이 연대한다. 근대 시기 위안잉은 염불삼매로 일심불란의 경지에 도달하면 이것이 견성이고 이것이 극락세계임을 설파했다. 선정쌍수였다.

선남자여, 관세음보살이 부처님의 모습으로 중생들에게 가르침을 설하는
세계도 있으며, 보살의 모습으로 가르침을 설하는 세계도 있다. 어떤 중
생에게는 독각의 모습으로 가르침을 설하며, 어떤 중생에게는 성문의 모
습으로, 어떤 중생에게는 범천의 모습으로, 어떤 중생에게는 제석천의 모
습으로 가르침을 설합니다. •120

위안잉은 원명강당을 중심으로 경전 강의뿐만 아니라 정토 신앙
을 고취시켰다. 1936년 음력 11월 원명강당에서 원명연지염불회(圓明蓮
池念佛會)를 설립했다. ‘연지’는 선정쌍수를 주장한 운서주굉의 법호가 아
닌가. 그들은 한 달에 네 차례 모여 열심히 염불했다. 위안잉은 이곳에
서 염불 법문을 선양하고 싶었다. 1939년 음력 8월 원명연지염불회를
확대해서 조직했다. 이때 위안잉은 자신의 책『권수염불법문』을 강의
했다. 이 책은 12개 항목에 걸쳐 정토 신앙의 내용과 가치를 친절하게
설명했다. 위안잉은 여기서 “염불은 번뇌를 끊을 수 있고, 염불은 생사
문제를 속히 해결할 수 있다”고 선언한다.

선과 정토의 궁극적 결합을 강조한 위안잉이 가장 아낀 경전은 뜻
밖에도『능엄경』이었다. 물론 다른 대승경전에 대해서도 연구하고 강
의했지만『능엄경』을 으뜸으로 쳤다.『능엄경』은 동아시아 불교계에서
가장 각광받은 대승경전 가운데 하나다. 이 경은 기본적으로 여래장
사상을 기반으로 한다. 하지만 공덕이나 계율 등 다양한 불교 가치를
언급한다. 선종이나 밀교 등의 영향을 엿볼 수 있는데 근대 이후 경전
성립사를 연구하는 학자들은『능엄경』을 인도가 아니라 중국에서 찬술
된 경전으로 보는 경우도 있다. 1945년 위안잉은『능엄경』을 전문적
으로 가르치고 연구하는 능엄전종학원을 설립 준비했다. 그는「상하이

 정토 신앙과 염불법문

원명능엄전종학원 연기』를 발표했다.

> 무릇 『수능엄경』은 여러 부처님이 제시한 핵심 내용이며, 모든 경전이 간직한 가장 은밀한 부분이다. 또한 모든 중생들이 따라야 할 가장 근본이며, 모든 존재의 출처가 되는 원천이다.…… 나는 스물넷 때 처음 『능엄경』 강의를 듣고서 말법세계를 벗어나는 나루터이자, 선종에서 관문을 여는 열쇠임을 알았다. •121

위안잉은 1914년 닝보 천동사에서 처음으로 『능엄경』을 강의한 이후 수십 차례 반복한다. 근대 중국에서도 정토행자 인꽝은 이 경의 한 품인 「대세지보살염불원통장」을 정토경전의 하나로 편집했을 정도다. 위안잉이 『능엄경』에 주목한 이유도 자신의 불교 이해와 관련된다. 진여심을 말하는 『능엄경』은 자성청정심에 기반하여 부처와 범부가 다르지 않음을 주장한다. 이 논리는 모든 중생이 유심정토를 구현하여 자심에서 극락왕생한다는 위안잉의 주장을 지지했다. 1948년 3년제 능엄전종학원은 1기 졸업생을 배출했다.

위안잉은 『능엄경』을 다시 판각하여 출판하면시 붙인 서문에서 "이 『능엄경』은 여래장심을 가리켜서 중생의 본래 고요한 자리를 보이고, 곧바로 심오한 깨달음이 육근을 벗어나지 않음을 지적하여 진실함을 원만히 소통하게 하고, 온갖 실천을 두루 갖추도록 한다"고 말한다. •122 마치 선사들이 "번뇌하는 그 마음이 청정심"이라고 말하는 듯하다. 이런 이유 때문에 선종 전통이 강한 동아시아 불교에서 대단히 각광받았다. 위안잉은 『능엄경』에 대한 오랜 연구와 강의 경험을 정리하여 1945년부터 『대불수능엄경 강의』를 집필했다. 1951년에야 완성한 이 책은 근대『능엄경』연구의 커다란 성과였다.

위안잉은 불교계의 수장이기도 했다. 젊은 날부터 팔지두타 징안을 도와 '중국불교총회'와 같은 전국적 조직에서 실무를 담당했고, 1917년에는 닝보불교회 회장으로 선출되기도 했다. 그는 학교를 세우고 불교 고아원을 설립해서 직접적으로 사회사업에 임한다. 이런 과정에서 불교계에서 위안잉의 대표성은 점점 뚜렷해졌다. 1929년 불교계 인사들이 상하이에 모여 '전국불교대표회의'를 설립해서 위안잉을 회장으로 선출했다. 어수선한 세상에서 이리저리 부유하지 않고 중심을 잡을 수 있기를 바랐다.

1949년 중화인민공화국이 성립된 이후 위안잉은 불교 활동에 전념했다. 하지만 고령에다 병이 있었다. 1953년 5월 베이징에서 중국불교협회가 성립됐는데 위안잉을 초대회장으로 선출했다. 그는 불교계의 상징이었다. 7월 중순 상하이에 있는 병원에 입원했지만 병세가 호전되지 않았다. 위안잉은 며칠 후 시자에게 "우리 출가인들은 살아서는 총림에 기탁하고 죽어서는 탑에 깃드는 법이다. 나는 천동사로 돌아갈 것이다. 빨리 채비를 해라"고 일렀다. 천동사로 돌아온 위안잉은 얼굴이 매우 맑았다. 9월 19일 저녁 11시 15분 누워 있던 위안잉은 문득 웃음을 짓고 눈을 돌려 옆에 있던 제자들을 가만히 살펴본 후 다시 고쳐 눕고는 미소를 머금은 채 눈을 감았다.

19

빈자의 수행, 광친

광친의 수행은 염불이었다. 물론 고행승으로서 모습을 지켰지만 그의 수행은 분명 염불이었다. 청원산에서 염불 삼매를 경험한 이후 그는 어느 때 어느 곳에서도 참선하고 염불했다. '대비주'를 외우고 아미타불의 명호를 칭념하는 것이 그에게는 가장 중요한 수행이었다. 어쩌면 그의 수행은 이것이 다였는지도 모른다. 그럴싸한 말로 자신의 수행을 설명하거나 경전에서 근거를 찾아내는 일일랑 불가능했다. 뭐 내세울 만한 책 한 권 쓴 것도 아니고, 훌륭한 설법을 남긴 것도 아니다. 하지만 경건하고 열심히 염불했다. 그랬기 때문에 언제나 많은 정신과 태도를 견지할 수 있다.

형벌 같은 가난

출가를 하고서도 급한 마음을 어찌하지 못하는 경우가 많다. 세속 같은 입신을 바라지는 않지만 어서 저기까지 당도했으면 하는 마음에 곧잘 넘어진다. 흘러넘치는 신심과 열정에 그만 떠밀린 것이다. 하지만 그리 꾸짖을 일은 아니다. 열정 없이 성사되는 일은 없는 법이다. 그런 마음을 다시 잘 탁마하면 단단한 의지가 된다. 수행자는 느리지만 거대한 걸음을 걸어야 한다. 1986년 타이완에서 입적한 정토행자 광친(廣欽, 1892-1986)은 서둘지 않았지만 멀리 갔고, 높지 않았지만 빛났다.

광친은 1892년 중국 남부 푸젠 후이안(慧女)에서 태어났다. 속성은 황(黃)이고 이름은 원라이(文來)였다. 이름만 보면 글공부로 입신양명을 꿈꾸듯하지만 실제는 그렇지 않았다. 집안은 그야말로 찢어지게 가난했디. 가난하면 참으로 시럽다. 인긴의 존엄은 설 곳이 없다. 심지어 생명도 부지하기 힘들다. 며칠 굶으면 제 손가락이라도 베먹고 싶은 법이다. 원라이가 네 살 된 해 부모님은 큰 아들을 혼인시켜야 했다. 없는 집의 혼사는 잔인하다. 부모님은 돈을 받고 어린 원라이를 양자로 보냈다.

원라이가 네 살에 맞은 양부모도 살림이 넉넉하지 못했다. 황무지를 개간하고, 거기 과일나무를 심어서 살았다. 그들은 중년이 되어서도 자식이 없었다. 그래서 원라이를 양자로 들였다. 별로 가진 것 없는 그들이지만 원라이를 무척 아꼈다. 특히 모친은 독실한 불교도였다.

모친은 당시 풍속대로 양자를 데리고 관음전으로 가서 아이의 부모가 될 수 있기를 기도했다. 아이의 본래 인연을 훔치려는 시도 같지만 모친은 간절했다. 부모로서 짐을 기꺼이 지겠노라 불전에 맹서했다. 비록 불덩이 같은 산고(産苦)는 없었지만 관세음보살이 한 마디 덕담이라도 하면 원라이가 정말 자신의 아이가 될 것 같았다.

원라이는 양부모와 인연이 그리 길지 않았다. 그가 아홉 살에 모친은 관음전에서 한 맹서를 뒤로 한 채 사망했다. 2년 뒤 부친도 사망했다. 가난한 자들에게 죽음은 불쑥 닥치는 손님이다. 그 죽음으로 고통은 새끼를 친다. 원라이는 열한 살에 고아가 되었다. 칼에 밴 듯 깊은 상처를 남겼다. 원라이는 친척의 소개로 동남아에 있는 중국인 회사에 근무하게 됐다. 배운 것도 없고, 나이도 어린 그가 할 수 있는 건 별로 없었다. 그저 허드렛일을 하면서 몇 년을 보냈다. 몇 년이 지나서 아이티를 벗자 벌목일을 했다. 산판일은 탄광 일처럼 기막히게 힘들고 위험하다. 하늘까지 치솟은 거목이 자신의 머리를 향해 사방에서 푹푹 쓰러진다. 전쟁터다.

하루는 나무를 실어 나르는데 수레가 몹시 불안해 보였다. 동료들에게 그 수레를 사용하지 말자고 제안했다. 하지만 동료들은 그의 말에 아랑곳하지 않았다. 결국 수레는 전복됐다. 이 일이 있고 나서 한 동료가 그에게 말했다. "자네는 어려서부터 채식만하고 또 신통력까지 있어 보이는데 왜 출가해서 수행할 생각을 하지 않는가." 원라이에게 무슨 큰 도력이 있었겠는가. 작은 염려가 무슨 신통력일 수는 없었다. 동료가 그냥 무심히 내뱉은 말이겠지만 그 말은 그냥 흘러가지 않았다. 겨울날 얼음물로 머리를 감은 듯 따가웠다. 현재의 관성으로 도달할 자신의 미래를 생각했다. 원라이는 다른 미래를 찾아야 했다. 그는 고향으로 돌아가 출가할 것을 결심했다.

노동과 고행

고향으로 돌아온 원라이는 1911년 푸젠 성 취안저우(泉州) 승천사(承天寺)로 출가했다. 승천사는 원나라 때 개창한 절로 여러 고승이 거쳐 갔다. 근대에는 고승 훙이(弘一)가 머물기도 했다. 원라이가 출가하고 받은 법명은 자오징(照敬)이었다. 부처의 지혜로 중생을 비추고[照], 행동거지를 삼가[敬]라는 당부였다. 함께 받은 법호가 광친(廣欽)이었다. 불법을 널리 펼치라는 말이었다. 당시 주지 주안보(轉薄)는 그를 고행승 루이팡(瑞芳)의 제자로 보냈다. 광친은 스승 루이팡을 만나면서 고행승의 삶을 시작했다. 불교에서 고행은 끊임없이 일어나는 '자기'를 극복하는 행위였다.

광친은 출가하고 나서 절에 딸린 밭을 개간하는 일을 맡았다. 낑낑거리며 바위를 파내고, 돌멩이를 골라냈다. 매일 채소를 가꾸고 김을 매고 밭을 갈았다. 얼굴은 새까맣게 타고, 옷은 승복이 아니라 누더기 같았다. 출가수행자라기보다는 영락없는 시골농부였다. 산속의 도량을 건사하려면 그야말로 엄청난 노력이 필요하다. 출가자는 거룩한 수행보다는 노동으로 하루하루를 보내야 할 때도 있다. 물 긷고 나무하고, 두량 한 번 쓸면 하루가 다 간다. 지금노 마찬가지다. 우리가 산혹 들리는 산사의 청결함에 수행자의 새벽녘 노동을 한 번씩 떠올려 보아야 한다. 출가 이후 광친은 삶은 이전 삶과 별로 다르지 않았다.

절 살림은 힘들었다. 음식은 거칠었고 국은 시냇물같이 맑았다. 그래도 젊은 광친은 공양 시간을 알리는 운판소리가 나면 얼른 식당으로 달려갔다. 노동자의 한 끼 식사처럼 공양이 유일한 낙이었다. 하루는 점심 공양을 알리는 운판소리를 듣고 절로 향하는데 주지 스님이 농기구를 수습해서 제자리에 두고 공양을 하라고 분부했다. 광친은 배가 고파서 정신이 혼미

할 지경이었다. 농기구를 수습해서 들고 오다가 분노가 솟구쳤다. 출가 전 산판에서 힘들게 벌목을 했지만 그래도 끼니는 거르지 않았다. 입산한 이후 노동 외에는 별로 한 게 없어 보였다. '도대체 왜 내가 이 짓을!' 하는 생각이 들었다. 광친은 농기구를 내동댕이치고 산문 밖으로 뛰쳐나왔다.

세상이 가난한데 절간이라고 별수 있겠는가. 우리나라에서도 얼마 전까지 쌀 한 말씩 짊어지고 와야 선방에 들 수 있었다. 어디 객승이라도 올라치면 가벼워질 자신의 발우를 걱정하기도 했다. 바로 얼마 전이었다. 광친은 절간에 느낀 배고픔에 서글펐다. 그는 산문을 뛰쳐나와 한참 가다가 문득 멈추었다. 초발심 시절이 되살아났다. 산문(山門)을 들어설 때, 삭발염의할 때 마음가짐이 솟아올랐다. "내가 끼니나 때우려고 출가를 했던가. 이 정도 고생에 힘겨워 하면서 일대사의 문제를 어떻게 해결할 수 있을까." 생각이 여기에 미치자 얼른 발걸음을 돌렸다. 절 마당에 뒹구는 농기구를 다시 수습해서 제자리에 두고 주지 스님을 찾았다.

광친은 출가 전 글을 배우지 못했다. 이름이야 원라이(文來)로 문향이 있었지만 실은 문맹이었다. 가난함 때문이었다. 지금이야 배우지 않으면 미래가 없다고 말들 하지만 없는 이들에게 미래란 애당초 꿈꿀 수 없었다. 그저 한 끼 식사를 마련하고, 당장 한 목숨 보전하는 게 다였다. 중국 선종의 대표자 혜능도 출가할 때 글을 몰랐다고 한다. 그렇다고 절집에서 일자무식이 그리 환영받을 리 없다. 조선시대 숱한 승려가 있었지만 우리가 알고 있는 고승들은 출가 전에 그래도 글깨나 읽은 분들이다. 나머지 문맹의 승려들은 이름 없이 사라졌다. 앎이나 문자가 때론 권력이고 무기임에 틀림없다. 지금도 세속의 학벌이 산사까지 따라 붙는 경우가 있다. 이런 걸 두고 '진속불이'라고 해서는 안 된다.

산사에서도 세속의 앎이 필요했다. 글을 모르면 불경을 읽고 설법

 정토 신앙과 염불법문

하는 일은 물론이고 의식을 집행하기도 힘들다. 불립문자나 언어도단을 소리 높여 이야기해 본들 경전을 물리치고 불교를 말한다는 건 막막하고 위험할 뿐이다. 더구나 팔만사천법문을 자신이 직접 읽거나 공부하지 않고 그저 귀동냥으로 읊어댈 수는 없는 노릇이다. 글을 모르면 부처님 말씀에 접근하기조차 힘들어보였다. 그런데 광친은 문맹이었다. 출가자의 기본이라고 할 법한 일도 감당할 수 없었다. 당시 많은 승려들이 광친과 비슷한 처지였다. 의식을 할 때는 그저 앵무새처럼 외워서 흉내 냈고, 들은 풍월로 법문을 하기도 했다. 있지도 않은 도력을 뽐내기도 했다. 광친은 그럴 수 없었다.

광친은 자신의 부족함을 인정했다. 저 멀리 도반들이 글 읽는 소리를 들으며 그저 밭일을 했고 공양간에서 분주히 움직였다. 때론 대중 속에서 차등을 느꼈고, 때론 신도들 앞에서 체면이 서지 않았다. 그도 도량에서 도반들과 자웅을 겨루고, 불도들에게 부처님의 말씀을 보기 좋게 나르고도 싶었다. 광친은 묵묵히 일했다. 도량을 정갈하게 건사하고, 공양을 준비하여 대중을 먹였다. 절간 구석구석 치우고 고쳤다. 그것이 자신이 할 수 있는 수행이고, 자신이 쌓을 수 있는 공덕이라고 여겼다. 어릴 적 가게에서 심부름하고, 산판에서 나무할 때처럼 몸은 고단했지만 그때와 달리 이제 광친에게는 커다란 의미가 생겼다. 아직은 뿌옇지만 불법을 향하는 자신만의 발걸음이었다. 자신에게는 그게 이제 수행이었다.

20년 사미의 염불 삼매

광친은 출가하여 사미계를 받고 나서 20년이 넘도록 구족계를 받지 않았다. 남들은 출가한 지 일 년 만에 받는 구족계였다. 구족계를 받아야 비구나 비구니가 된다. 출가자로서 제대로 된 신분이라고 할 수 있다. 그런데도 광친은 그저 사미(沙彌)로 살았다. 구족계를 받을 만큼 자신은 자라지 못했다고 생각했기 때문이다. 사미는 팔리어 사마네라(Śrāmaṇera)를 고대 중국어로 음차한 것이다. 한문 경전에서 구적(求寂)이나 식자(息慈) 등으로 의미 번역했다. 출가해서 깨달음[寂]을 추구[求]하고, 악행을 그치고[息] 자비[慈]를 행한다는 말이다. 남성 출가자를 사미라고 하고, 여성 출가자를 사미니라고 부른다. 사미는 열 가지 계율을 지켜야 한다.

①생명을 죽이지 말라. ②남의 물건을 훔치지 말라. ③음행하지 말라. ④거짓말 하지 말라. ⑤술 먹지 말라. ⑥꽃 장식을 하거나 향수를 바르지 말라. ⑦노래 부르고 춤추면서 놀이패에 끼지 말고 구경하지도 말라. ⑧높고 넓은 자리에 앉지 말라. ⑨때 아닌 때 공양하지 말라. ⑩금은으로 된 보석을 착용하지 말라. •123

이것을 사미10계라고 한다. 이 간단한 열 가지만 할 수 있으면 초보 승려는 된다는 말이다. 그런데 사실 그리 쉽지 않다. 요즘 같은 세상에는 더욱 그렇다. 만약 일상을 사는 우리가 저것을 지키면 사는 재미가 싹 달아날 것이다. 온갖 거리 공연이 펼쳐지고, 텔레비전을 켜면 모두 오락에 쇼다. 사미10계의 행위준칙은 지금 사회에서 보면 자본주의적 가치에 대한 반성일 수도 있고, 도덕군자 같은 보수성일 수도 있다. 이 중에서 여덟 번째가 인상적이다. '높고 넓은 자리에 앉지 말라.' 도대체 어떤 자리일까.

세상에는 이런 자리를 탐하는 사람이 많다. 아니 세상이 아이 때부터 그것을 가르친다. 아이들이 대통령을 장래의 꿈이라고 적어내는 시절도 있었고, 무슨 큰 부자가 되겠다는 것을 인생 목표라고 당당히 밝히는 시

정토 신앙과 염불법문

절도 있었다. 그들은 '높고 넓은 자리'에 대한 꿈을 배웠다. 대기업 경영자나 각급 기관장을 모셔다 놓고 학생들에게 인생 성공의 비결을 묻도록 한다. '사회의 리더'가 되라고 부추긴다. 아이에게 용상처럼 빛나는 저 자리를 탐하는 욕망을 학습하라고 교육한다. 수행자라고 해서 이런 마음이 일지 않는 건 아니다. 출가자 세계에도 그런 자리는 있기 때문이다.

광친 생각에는 십계를 지키기도 쉽지 않아 보였다. 거기에 무엇을 더 얹으면 자신에 대한 기만 같았다. 그리고 20여 년 그것을 지키며 살았다. 함께 출가한 도반들은 주지가 되어 절 살림을 살고, 강사가 되어 오묘한 불법을 시원하게 펼쳐 보였다. 하지만 그는 여전히 사미로 물 긷고 땔감을 하러 다녔다. 그러던 그가 1933년 고산사에서 집중적인 염불 수행에 들어갔다. 이때 광친은 염불 삼매를 경험했다. 출가자로서 수행자로서 역할을 행할 수 있겠다는 기대와 작은 자신감이 생겼다. 그제야 광친은 구족계를 받을 생각이 들었다.

당시 염불하는 과정에서 갑자기 몸과 마음이 함께 고요해지고 마치 타향이나 이국에 들어선 것 같았다. 새소리, 꽃냄새, 바람에 흔들리는 풀 등 눈앞에서 펼쳐진 모든 것과 말할 때나 침묵할 때, 움직일 때나 고요할 때나 할 것 없이 불법승 3보를 징념하는 속에 있었다. •123

염불 삼매를 경험한 광친은 수행에 힘이 붙었다. 그는 염불(念佛) · 염법(念法) · 염승(念僧)이라고 했다. 불교에서 말하는 불 · 법 · 승 세 가지 보배에 대한 간절한 귀의라고 할 수 있다. 어쩌면 새로운 발심이자 새로운 출가라고 할 수 있다. 이해에 광친은 푸젠 성 푸텐(福田) 현에 있는 고찰 자수선사(慈壽禪寺)에서 미야오이(妙義)를 계사로 구족계를 받았다. 남들처럼 했다면 20년 전에 받아야할 구족계를 이제야 받고 비구가 되었

배운 것 없고 가진 것 없이 출가한 광친. 고원한 이야기를 일삼지도 못했고 경전 한 구절 시원하게 풀어내지도 못했지만 그의 삶은 결코 빈곤하지 않았다. 본래 수행이라는 게 가난해지는 연습 아닌가. 그는 가난했기에 오히려 풍요로웠다.

다. 구족계란 비구와 비구니가 되면서 받는 각각 256계와 348계의 조목을 말한다. 그것을 구족이라고 하는 것은 일체 행위에서 수행에 방해되는 악업을 짓지 않고 완전한 행위를 할 수 있기 때문이다.

광친은 구족계를 받은 이후 승천사 주지 주안천(轉塵)에게 허락을 받아서 인근 청원산(淸源山)에 들어가 혼자 수행했다. 이제 자신만의 노력으로 뭔가 뚫어야 할 때가 왔기 때문이다. 깊은 골짜기에서 동굴을 하나 찾아내 그곳에서 좌선과 염불을 행했다. 산에 들 때 마련해간 양식은 오래지 않아 바닥이 났다. 광친은 이후 나무 열매 등으로 연명했다. 이런 식습관은 산을 내려오고서도 계속됐다. 그는 동굴 속에서 한번 선정에 들면 며칠씩 깨어나지 않았다.

한번은 나무꾼이 나무를 하다 길을 잃고 헤매다가 광친의 동굴을 발견했다. 혹시나 하는 마음에 동굴로 들어 살펴보니 말로만 듣던 광친이 가부좌를 한 채 꼼짝 않고 있었다. 호흡이 전혀 없었다. 그는 광친이 입적한 줄로만 알고 큰 절로 내려가 사실을 알렸다. 주지는 다비식을 준비시켰고 행여나 해서 승천사에 한동안 머문 고승 홍이(弘一)를 모셨다. 홍이가 동굴에 도착해서 한동안 살피더니 놀라면서 "이런 경지는 옛 대덕 스님들도 드물었다"고 말하고는 손가락을 세 번 튕겨서 광친이 선정에서 나오게 했다. 깊은 명상에 들면 외부를 감각하는 감각이 닫히고 내면으로 침잠한다. 광친은 참선과 염불 수행을 통해서 이런 명상의 능력을 획득했다.

광친은 13년간 은거수행을 마치고 1945년 큰 절로 내려왔다. 사실 산속에서 혼자 수행한다는 게 쉬운 일은 아니다. 육체적으로 힘들 뿐 아니라 잘못된 수행의 길로 접어들 위험도 있다. 붓다도 혼자 수행하는 제자들을 간혹 불러 수행에 대해 질문하고 과정을 점검하기도 했다. 동아시아 불교 전통에서도 이런 일은 대단히 중요했다. 산속에서 특별한 경험을 했다고 해서 그 모두가 수행이 되는 건 아니다. 방법이 불교적이어야 그 결과도 불교의 것이 된다. 특별함이 깨달음은 아닌 것이다.

타이완 홍법

1946년 광친은 푸젠 성 출신 거사 린주에페이(林覺非)와 인연을 맺었다. 거사는 당시 타이완으로 가서 사업을 할 계획으로 타이완 이주를 준비하고 있었다. 청나라가 청일전쟁의 패배로 일본에게 할양한 타이완은 2차세계대전이 끝나자 중국으로 다시 귀속됐다. 린주에페이는 이런 전환기에 새로운 기회를 찾고자 했다. 광친도 거사의 말을 듣고, 타이완에 대한 호기심이 생겼다. 일본이 오랫동안 통치를 했고, 일본 불교나 일본 신도의 영향으로 타이완 불교가 왜곡되지 않았을까 하는 생각도 했다. 1947년 여름 타이완 출신 승려 푸왕(普旺)과 함께 샤먼을 출발해서 타이완에 도착했다.

광친이 자리 잡은 곳은 타이베이의 북동쪽 해안 도시인 지롱(基隆)이었다. 동행한 푸왕이 이곳 출신이었기 때문이다. 얼마 있다가 타이베이로 옮겼다. 타이완에 도착한 몇 년 동안 거주할 만한 특정한 도량이 없었다. 몇몇 사찰을 거쳤지만 결국 취안저우 청원산에서처럼 산속 동굴에서 생활했다. 암벽에 불상을 조각하여 암자를 만들었다. '광명암(光明岩)'이라고 명명했다. 비록 어두컴컴한 토굴이었지만 부처님의 지혜 광명으로 세상을 널리 비추겠다는 서원이었다. 나중에 이 암자를 개축해서 광명사를 건립했다. 1951년 광친은 동굴 근처에 아미타불 불상을 조각했다. 그곳에서 마찬가지로 참선하고 염불했다.

하루는 시내를 걷다가 저우쉬안더(周宣德, 1899-1989)라는 거사를 만났다. 초면이었지만 거사는 광친에게 예를 갖추고 법명과 거처하는 곳을

　　　　　　　　　　　　정토 신앙과 염불법문

물었다. 특정한 거처가 없던 광친과 거사가 함께 도착한 곳은 근처 법화사(法華寺)였다. 일본인이 운영한 사찰인데, 그들이 귀국한 이후 폐가처럼 남아 있었다. 휴식을 취하다가 해 질 녘에 거사는 말없이 절을 떠났다. 다음날 아침 거사는 다시 나타났다. 광친은 원래 자리에 꼼짝도 않고 앉아 있었다. 거사는 매우 놀라워했다. 광친은 법당 옆의 객방을 가리키며 말했다. "저기 일본 귀신 둘이 있으니 다다미를 걷고 시신을 수습하십시오. 제가 그들을 천도하겠습니다." 사람을 시켜 다다미를 걷고 바닥을 파보니 과연 해골이 된 시체 두 구가 나왔다.

광친은 시신을 화장하고 천도의식을 치렀다. 다음날 사람들이 왔을 때 광친은 다시 한 곳을 알려줬다. 또 시체 한 구를 발견했다. 일본이 타이완을 점령하고 있을 때 알지 못하는 일들이 이 절간에서 벌어진 모양이었다. 억울하고 안타까운 속사정을 누가 알랴마는 광친은 그들의 영가를 천도했다. 그가 할 수 있는 최대치였다. 지금도 어느 절에 있는 모 스님이 귀신을 본다는 이야기를 하곤 한다. 그런 이야기에 경외하는 사람도 있고, 그 무슨 소리냐고 인상 찌푸리는 사람도 있다. 이제는 절간에서도 귀신 이야기는 별로 환영받지 못한다. 세상이 개명한 것인지 아니면 귀신이 별무 활동하지 않는지 알 길 없다.

광친의 수행은 염불이었다. 물론 고행승으로서 모습을 지켰지만 그의 수행은 분명 염불이었다. 청원산에서 염불 삼매를 경험한 이후 그는 어느 때 어느 곳에서도 참선하고 염불했다. '대비주'를 외우고 아미타불의 명호를 칭념하는 것이 그에게는 가장 중요한 수행이었다. 어쩌면 그의 수행은 이것이 다였는지도 모른다. 그럴싸한 말로 자신의 수행을 설명하거나 경전에서 근거를 찾아내는 일일랑 불가능했다. 뭐 내세울 만한 책 한 권 쓴 것도 아니고, 훌륭한 설법을 남긴 것도 아니다. 하지만 경건하고 열심히 염불했다. 그랬기 때문에 언제나 맑은 정신과 태도를 견지할 수 있다.

1960년 광친은 투청의 화산(火山)을 청원산으로 개칭하고, 거기에 승천사를 건립했다. 젊은 날 자신이 수행하던 푸젠 성 청원산 승천사를 그대로 옮겨 온 듯했다. 제자 가운데 타이완대학 철학과 교수였고 현대 신유가의 반열에 오른 팡둥메이(方東美. 1899-1977)가 있다. 머우쫑산(牟宗三)과 더불어 타이완 철학계를 이끈 인물이라고 할 수 있다. 우리나라에도 몇몇 제자들이 활동하고 있다. 물론 팡둥메이는 일찍부터 불교에 관심을 갖고 연구했다. 그는 미국 위스콘신대학에서 유학을 마치고 돌아온 이후 여러 불교 거사와 교류했다. 현대적인 의미에서 유·불·도 삼교 회통을 시도했다고 할 수 있다. 그가 정식으로 불교에 귀의한 것은 말년이다.

1977년 병이 깊은 팡둥메이는 불교도인 제자의 소개로 광친을 친견했다. 불교를 이론적으로 이야기했으면 아마 팡둥메이가 훨씬 할 말이 많았을 테다. 하지만 학식만으로 인생 문제를 풀 수 없고, 더구나 생사의 문제에 딱 마주친 이에게 저런 넘치는 앎은 오히려 무거운 짐이다. 팡둥메이는 광친에게 귀의해서 정식 불교도가 되었다. 어쩌면 임종을 맞아서 뭐라도 잡을 요량으로 불문에 의지했다고 말하는 사람도 있을 테다. 그래서 아마 팡둥메이에게서 유학자로 가두고 싶은 사람이면 그런 마음이 많이 들 것이다. 광친은 팡둥메이에게 추안성(傳聖)이라는 법명을 주었다.

광친은 1986년 2월 13일 타이베이 투청(土城) 승천사에서 세수 아흔다섯으로 입적했다. 제자들의 염불 속에서 고행승 광친은 왕생의 길을 갔다. 어쩌면 그는 극락왕생해서도 여전히 고행승으로 살지 모르겠다. 자신을 내세우지 않고, 상대를 가르치려 들지 않아도 수행하고, 삶을 가꿀 수 있음을 보인 그가 아닌가. 그는 승납이 75년이었지만 계납은 54년이었다. 그는 높이 있지 않았지만 별처럼 빛났다.

 정토 신앙과 염불법문

거사염불

<h1 style="text-align:right">염불 결사의 깃발, 샤롄쥐</h1>

근대 중국에서 불교 거사들은 다양한 방식으로 불교에 접근했다. 하지만 신앙이나 수행 형태로는 참선과 염불 수행이 주된 흐름이었다. 그것의 단순성도 한 이유겠지만 수행의 효과라는 측면에서도 매력적이었다. 베이징이나 상하이 등 대도시 거사 단체들은 집중적으로 염불 수행을 행했다. 동진의 혜원이 백련사 염불결사를 행한 것처럼 근대 시기에도 염불결사가 있었다. 1939년 베이징에서 설립된 정종학회가 그것이다. 이 모임을 이끈 이는 정토행자 샤롄쥐(夏蓮居, 1884-1965)다.

청년 정치가

근대 중국에서 불교 거사들은 다양한 방식으로 불교에 접근했다. 하지만 신앙이나 수행 형태로는 참선과 염불 수행이 주된 흐름이었다. 청 중기 팽소승이나 청말 위원같이 유학의 소양을 갖춘 학자들이 염불 신앙에 전념한 경우가 많았다. 근대 시기에도 마찬가지였다. 출가 수행자들도 상당수 염불 수행에 매진했다. 그것의 단순성도 한 이유겠지만 수행의 효과라는 측면에서도 매력적이었다. 베이징이나 상하이 등 대도시 거사 단체들은 집중적으로 염불 수행을 행했다. 동진의 혜원이 백련사 염불결사를 행한 것처럼 근대 시기에도 염불결사가 있었다. 1939년 베이징에서 설립된 정종학회가 그것이다. 이 모임을 이끈 이는 정토행자 샤롄쥐(夏蓮居, 1884-1965)다.

샤롄쥐는 산둥(山東) 윈청(鄆城) 출신이다. 부친은 윈난(雲南) 제독(提督)을 지낸 샤신요(夏辛酉, 1843-1908)였다. 샤신요는 청말 최고 권력자 가운데 한 명인 쭤쭝탕(左宗棠) 막하에 투신한 이후 군사 방면에서 능력을 인정받아 고관까지 오른 인물이다. 샤롄쥐도 어려서부터 자신이 속한 공동체에 대한 책임감과 걱정이 컸다. 샤롄쥐는 스스로 "약관의 나이에 유학을 익히면서 생각이 자못 맹렬했다"고 말한다.(迦陵音) 혈기왕성한 사대부 자제의 전형이었다. 신해혁명으로 청조가 망하자 지방 권력은 독립을 선언했다. 미래를 기획하지도 못한 상황에서 과거와 결탁한 현재가 몰락해버렸다. 지식인들은 자신의 이상을 현실에 실현하고자 이리저리 뛰어다녔다. 어수선한 함성이 곳곳에서 터졌다.

샤렌쥐는 정당을 만들어 정치활동에 임했고, 다른 정치집단과 합종연횡을 기도했다. 정치 일선에 뛰어든 이후 산뚱의 지역 정부의 여러 요직을 맡았다. 예나 지금이나 정치는 변화무쌍하지만 뭐 그리 특별하지 않다. 새로운 인물이라고 얼굴을 내밀기에 보면 너무도 익숙하다. 하지만 정치판에 투신한 사람은 자신이 세상을 연방 바꿀 것 같다. 그런데 그들도 금방 닥치는 실패에 허탈할 뿐이다. 이 몹쓸 허탈함을 지우려고 더 강력한 권력이나 권위를 향해 막무가내 달려간다. 누구는 이 허탈함에 얼른 정신을 차린다. 청년 샤렌쥐는 정치활동으로 동분서주하다가 이내 불교를 받아들인다. 정신을 차리고 싶었다.

샤렌쥐의 불교 신앙은 당시 교류한 친구의 영향이 컸다. 함께 정치 일선에서 뛰던 동료들은 하나둘씩 불문에 귀의했다. 그의 법우 가운데 가장 주요한 인물은 메이꽝시(梅光羲)이다. 그는 중국 근대 불교의 기원이라고 이야기하는 양런산 거사의 제자다. 또한 유식학에 대단히 조예가 깊었다. 광저우에 근무할 때는 그곳을 방문한 타이쉬에게 『성유식론술기』를 선물하여 유식학 공부로 인도하기도 했다. 메이꽝시는 당시 산뚱 성 고등검찰청 청장을 맡고 있었다. 사법부의 수장이었던 셈이다. 샤렌쥐는 메이광시를 만나고서 불교에 대한 이해가 훨씬 깊어졌다. 동료였지만 선배였고 스승이었다.

1921년쯤 샤렌쥐는 메이광시·공보헝(龔白衡) 등과 함께 안후이 안칭(安慶)에 있는 지장암의 노승 후이밍(慧明)에게 귀의했다. 정식으로 불교도가 된 것이다. 당시 정식으로 불교에 귀의한다는 것은 자신의 생활 습관을 완전히 바꾼다는 의미다. 일체 육식을 멈추고 행동거지를 대단

   거사염불

히 조심한다. 다른 사람과 편하게 식사하기도 힘들다. 스승 후이밍은 거사 제자들에게 철저하게 염불 수행을 요구했다. 중국 전통에서 견성이나 깨달음에 대해서 한 번쯤 관심을 가질 법도 하지만 후이밍은 그러지 않았다. 그런 것에 대해서는 말하지도 대답하지도 않았다. 샤렌쥐는 그저 스승의 이야기를 따르기만 했다.

1922년 샤렌쥐는 일체 관직을 버리고 교육 사업에 몰두했다. 근대 계몽가가 그렇듯 그도 청년의 교육이야말로 시대를 밝힐 등불을 켜는 일이라고 생각했다. 그는 둥루중학(東魯中學)을 설립해서 교장에 취임했다. 샤렌쥐는 둥루중학에서 전통적인 학문을 가르쳤다. 여러 선생을 초청하여 시문(詩文)과 경학(經學), 그리고 『설문』을 가르쳤다. 그 자신은 황종희가 시작해 그의 아들이 완성한 『명유학안(明儒學案)』을 강의했다. 이 책은 명대 지식인의 계보와 그들의 주장을 소개한 책이다. 근대 이후에도 중국 학술계에 이른바 국학대사로 불리는 학자가 여럿 등장한 이유는 바로 곳곳에서 전통학술을 강의했기 때문이다. 학생들은 이제 입신양명이 아니라 전통학술의 이해와 계승을 위해 10대의 그 꿈같은 청춘을 바쳤다.

1925년 산둥 성 군벌 장쭝창(張宗昌, 1881-1932)이 공산주의를 선전한다는 죄목으로 샤렌쥐를 핍박했다. 당시 군벌들은 공산주의를 병적으로 혐오했다. 걸핏하면 공산주의자라는 죄목으로 사람을 연행하고 재판 없이 살해했다. 붉은색 딱지를 붙여서 사람을 핍박하는 짓은 근대 이후 중국이나 한국, 일본 등지에서 끈질기게 자행됐다. 이념의 시대가 지난듯한 지금도 여전하다. 자신의 욕심을 채울 요량으로 알맹이 없는 이데올로기를 노래하는 이가 많다. 선무당의 칼춤이다. 샤렌쥐 당시는 이런 분위가가 꽤나 살벌했다. 샤렌쥐는 어쩔 수 없이 일본으로 피신했다. 일본으로 피신한 샤렌쥐는 그곳 종교계 인물들과 교류했

다. 일본 불교계의 상황은 중국과 너무도 달랐다. 1927년 병으로 귀국
했다. 그때 나이 44세였다.

병석의 깨달음

샤렌쥐는 1927년 귀국 후 오랫동안 병석에 있었다. 자신의 몸을 스스
로 건사하지 못할 때 느끼는 무력감은 참으로 괴롭다. 『보왕삼매론』에
선 "몸에 병 없기를 바라지 말라"고 당부한다. 건강한 육체에 오히려
엉뚱한 생각이 쉬이 깃든다고 말한다. 이런 이야기가 수행자는 모두
병자가 되라는 말이 아님을 알아야 한다. 수행한답시고 괜히 신체만
민감하여 어제는 머리가 이상하고, 오늘은 어깨가 이상하다며 고통을
호소하는 경우가 많다. 몸에 대한 미세한 관찰이 요구되는 수행인지라
그런 모양이다. 하지만 육신이 완벽한 상태에서만 수행할 수는 없는
노릇이다. 몸 탓하지 말고 뚫어야 한다.

　『반야심경』에서는 "눈 없고, 귀 없고, 코 없고, 혀 없고, 몸 없고, 의
식 없다"[無眼耳鼻舌身意]고 말한다. 대승불교에서는 육근(六根)이라고 말하
는 저 여섯 감각기관이 없다고 선언한다. 과연 그럴까. 병 있는 자들
은 전 신체로 사무치게 고통을 느낀다. 그 고통의 크기만큼 자신의 감
각능력과 감각기관은 또렷한 현실이다. 그들에게는 눈도 있고 귀도 있
고 다 있다. 『반야심경』은 도대체 왜 엉뚱한 소리를 할까. 우리의 인식
이란 극단적으로 말하면 실체화의 능력이다. 불교의 입장에서 보면 그
렇다. 끊임없이 느낌이나 생각을 뭐라 규정함으로써 그 내용을 사실
차원으로 끌어올리고, 또한 감각하는 주체를 사실화한다. 달리 말하면

　　　　　　　　　　　　　　　　　　　　　　거사염불

저런 실체화로 객관과 주관이 구성된다. 연기법에 기반한 불교는 실체의 불가능성을 끊임없이 제기한다.

3년 동안 병석에 누운 샤렌쥐는 '앓고 있는 자가 누구인가'를 생각했다. 고통스런 육체를 보았고 그 몸을 괴롭히는 병을 보았다. '마음이 괴롭습니다'라고 이야기하자 '그래 그 마음 꺼내 보라'고 대답한 스승처럼 과연 누가 앓고 있는지 생각했다. 병든 몸 어디에도 그 놈을 찾을 수 없었다. 샤렌쥐는 병들지 않은 맑은 영혼을 찾은 게 아니라 궁극적으로 앓고 있는 '나'라는 놈은 존재하지 않음을 간파했다. 그리고 그는 계속해서 염불했다. "마음은 부처 놓지 않고, 염주는 손 떠나지 않네. 괴롭든 즐겁든 아니면 움직이든 고요하든 부처가 입에서 떠나지 않았다."(「題襲伯衡居士遺像」) 병석에서 행한 염불 수행이었다. 샤렌쥐는 대병을 앓으면서 시구로 자신의 심정을 읊었다.

"삶에 연연하지 않는데 죽음인들 어찌 싫어할꼬.
본디 나고 죽음 없고 마음으로 일으킬 뿐."
"제법의 공함을 안 다음에야 일체의 존재를 믿고,
서방에 극락 있음과 무량수 부처님의 존재를 믿는다."
「大病中口占二偈辭世」

죽음이 답이 아니듯 삶도 답은 아니다. 삶의 끝에 닿아 있는 죽음. 그 죽음 언저리에 달라붙은 삶. 여기에 좋고 나쁨이 끼어들 틈은 없다. 마치 염불하듯 찰나찰나 전념할 뿐이다. 그저 찰나지간이다. 샤렌쥐에게 큰 병은 큰 배움이었다. 그는 정토법문에 완전히 귀의했다. 그리고 자호를 '렌쥐(蓮居)'로 바꿨다. 한자 '연(蓮)'은 혜원의 백련결사(白蓮結社)나

연지(蓮池) 대사 운서주굉에서 보이듯 정토세계를 가리킨다. '롄쥐'라는 말은 정토[蓮]에 왕생하여 머물겠다[居]는 서원인 셈이다. 샤롄쥐는 병중에 정토경전을 읽기 시작했다. 그는 『무량수경』이야말로 정토종 최고의 경전임을 확신했다.

정토계 경전은 중국에서 여러 차례 번역 됐기 때문에 각 번역본 사이에는 차이가 비교적 크다. 그래서 정토 연구자들은 이런 경전들을 재평가하는 과정에서 새로운 편집본을 내놓기도 한다. 정확한 판본을 만들어 출간하고자 하는 것은 단지 자신의 학식을 뽐내려는 게 아니다. 좀더 바른 이해와 신앙을 위한 종교심의 발로이다. 1932년 샤롄쥐는 『무량수경』을 교정 편집하겠다고 발원한다. 1935년 샤롄쥐는 『무량수경』의 교정 편집본을 완성한다. 샤롄쥐는 자신이 편집한 『무량수경』회집본을 『대승무량수장엄청정평등각경(大乘無量壽莊嚴淸淨平等覺經)』이라고 명명했다. 후한 지루가참 역본인 『무량청정평등각경』과 송나라 법현의 『불설대승무량수장엄경』의 명칭을 결합한 것이다.

염불결사

1937년 샤롄쥐는 친구 진윈펑(靳雲鵬, 1877-1951)의 소개로 당시 베이징 광제사에 주석하고 있던 시엔밍(現明) 화상을 만났다. 시엔밍은 1931년 화재로 타버린 광제사를 중창하고 정토 수행 단체인 롄사(蓮社)를 이끌었다. 시엔밍은 샤롄쥐와 몇 차례 이야기를 나누고서 그의 정토법문 이해와 수행에 탄복했다. 곧 광제사에서 정토경전 강의를 부탁했다. 샤롄쥐는 광제사에서 『아미타경』 강의를 시작했다. 정토행자로서 또한

○

병석에서 마음공부를 터득한 정치가 샤렌쥐. 마음엔 부처 품고 손에는 염주 들고 입으로 연신 나무아미타불을 되뇌었다. 천 수백 년 전 여산혜원이 그 랬듯 염불결사로 정토세계를 꿈꾸었다. 그는 이제 정치가 아니라 수행으로 이상세계를 기획했다.

정토 연구자로서 샤렌쥐의 공력이 유감없이 발휘됐다. 샤렌쥐는 정토 신앙이 깊어짐에 따라 생활 태도도 많이 달라졌다. 심지어 어떤 때, 어느 곳 가리지 않고 서쪽을 향해 앉았다. 결코 서쪽을 등지지 않았다. 서방왕생에 대한 철저한 자기 확신의 결과였다.

1938년 말 샤렌쥐는 시엔밍 등과 함께 정종학회(淨宗學會)를 준비했다. 그는 "중생의 업력은 정말 불가사의하지만 중생의 원력 또한 불가사의함을 알아야 한다"고 선언했다. 무명업장의 두터움을 알지만 그것을 극복하는 중생의 능력 또한 무한함을 알았다. 1939년 광제사에서 정식으로 정종학회를 설립했다. 대세지보살의 탄생일인 음력 7월 13일을 설립일로 잡았다. 보살에게 무슨 생일이 있냐고 묻겠지만 보살이 신이 아닌 이상 생일이 있는 건 당연해 보인다. 물론 저런 날짜는 중국 전통에서 확정됐다. 정종학회는 무슨 대단한 조직은 아니었다. 지금으로 치면 뜻있는 이들이 모여 만든 작은 모임 정도 수준이었다. 이런 모임을 만든 것은 거기에 의미를 부여하고 그리 살겠다는 서원 같은 것이다. 바로 염불결사였다. 샤렌쥐는 수행규범인 「학수준칙(學修準則)」을 마련해서 이렇게 말한다.

일상에서 계율을 단단히 지키고, 늘 염불 수행하며, 정성들여 불경을 읽어서, 자신의 과실을 살피고 나쁜 습속을 없애며 스스로 속이는 일이 없도록 하자.

샤렌쥐는 염불 수행과 일상의 윤리를 강조했다. 극락왕생을 서원했지만 그 공덕은 금생에 쌓아야 하는 법이다. 극락을 말해도 현생의 윤리와 가치를 온전히 존중하고 실현해야 한다. 이렇게 정종학회는 꼭 정토 신앙만을 고집한 것은 아니었다. 불교계의 여러 수행과 가치를 고스란히 수용했다. 특히 모인 사람들은 사중평등(四衆平等)의 원칙을 견지했다. 시엔밍이 참여했지만 구성원은 거사들이 더 많았다. 그들은 이른바 사부대중인 비구·비구니, 우바새·우바이의 격 없는 소통과 수행을 다짐했다. 이해 겨울에 시엔밍이 광제사에서 입적했다. 정종학회는 시엔밍의 유촉과도 같았다.

샤렌쮜는 『무량수경』 편집교정본을 출간한 이후 『아미타경』의 교정 출간에 힘을 기울였다. 그저 얼른 읽고 덮을 수 있을 정도로 작은 분량이지만 그것으로 공부하고 수행하는 자에게 한 글자 한 글자가 대단히 소중하고 의미 있다. 고증학을 중심으로 하는 청대 학술의 영향 때문인지 당시 불교 지식인들은 불교전적의 교감이나 출판에 정성을 쏟았다. 대표적으로는 양런산이 설립한 금릉각경처와 그곳을 계승한 지나내학원의 경전 교감과 출판이 그러했다. 정통 학술에 기반을 둔 샤렌쮜였기에 문헌에 대한 관심과 연구는 자신의 삶이었다. 자신의 역할을 충실히 행했다.

1940년 샤렌쮜는 병중에도 정토 수행 지침서 편찬을 서원했다. 샤렌쮜는 세친보살의 『정토론』에 나오는 「오념문」을 근거해서 『정수첩요(淨修捷要)』를 편찬했다. 세친보살의 '오념문'은 다섯 가지[五] 염불 수행[念] 방법[門]이다. 아미타불을 공경 예배하고[禮拜門], 그의 공덕을 찬탄하며(讚嘆門), 극락정토에서 왕생하고자 발원하고[作願門], 저 불국토를 관찰하고[觀察門], 자신이 획득한 모든 공덕을 일체 중생에게 회향하는[廻向門] 등 다섯이다. 『정수첩요』를 글자대로 풀면 '정토 수행의 첩경이 될 만한 요체'라는 의미이다. 이 글은 『오념간과(五念簡課)』라고도 하는데 '다섯 가지 염불로 행하는 간결한 의식'이었다. 중국에선 불교 의례에 행하는 일상적인 의식을 과송(課誦)이라고 부른다.

샤렌쮜는 혼란스러운 1940년대 중국을 살았다. 1949년 신생 사회주의 중국은 1951년 한국전쟁에 참전했다. 별로 알지도 못하는 조선으로 수백만 명을 파병했다. 곳곳에서 모집된 10대 후반의 소년들이 무슨 혁명전사인 양 얼어붙은 압록강을 넘었다. 그리고 생경한 대지 조선에서 죽었다. 곧 잊힐 죽음이었다. 샤렌쥐는 베이징 거리에서 세계혁명을 외치는 확성기 소리를 들으면서 젊은이들이 타국에서 치렀을 죽음의 전투를 떠올렸다. 그리고 남은 가족들의 하염없는 슬픔을 생각했다. 아! 사바세계 아닌가. 도대체 뭘 위해 죽고, 도대체 뭘 위해 사나. 이제 늙은이가 다된 샤렌쥐는 『보왕삼매참(寶王三昧懺)』을 편집했다.

'보왕삼매'에서 '보왕'은 '보배처럼 존귀하고 국왕처럼 높다'는 의미다. 간단히 "가장 뛰어나다"는 말이다. 정토종에서는 염불 삼매가 최고의 삼매라고 여겨 이렇게 표현한다. '참'은 참법(懺法)을 가리키는데 기존에 자신이 지은 잘못(罪障)을 뉘우치고 씻어낸다는 의미다. 그렇다면 샤렌쥐가 지은 『보왕삼매참』은 염불 수행을 통해서 다다른 염불 삼매의 힘으로 일체 죄업을 소멸하고, 자신을 정화한다는 뜻이다. 참법은 민간 신앙에서 자주 행해지는 신앙행태다. 샤렌쥐는 이론적인 불교 연구가 아니라 오히려 신앙이나 수행에 효과적인 방법을 찾아서 공부하고 글을 썼다.

1950년대도 샤렌쥐는 꾸준히 수행하고 활동했다. 1945년 자신의 제자가 된 황녠주와 함께 공부하고 염불했다. 1960년대 중국은 종교인들이 살기에 너무 힘들었다. 여든이 된 샤렌쥐야 그저 생의 종착점에서 만난 낯설음이라고 여길 수도 있었지만, 자신의 제자들이 겪는 고충을 보고 있노라니 무척 곤혹스러웠다. 1965년 12월 14일 나무아미타불 염불 소리가 샤렌쥐를 휘감았다. 수십 년 익숙한 저 소리를 들으며 샤렌쥐도 서쪽하늘로 사라졌다. 나무극락세계 아미타불.

　　　　　　　　　　　　　　　　　　　　　거사염불

홍위병에 휩싸인 정토행자, 황녠주

중생들에게 정토법문의 효과가 "극히 원만하고 극히 신속하다"는 이야기는 솔 깃하다. 불가사의한 가르침이 바로 『무량수경』에 있다는 선언은 대단히 극적 이다. 황녠주는 1992년 3월 27일 새벽 입적했다. 임종 때 말을 할 수 없는 지 경이었다. 단지 환한 미소를 선물하고 80여 년 생을 마감했다. 4월 7일 화장 장에서 다비를 치렀다. 그런데 유골 사이에서 영롱한 사리를 발견했다. 많은 사리가 나왔다. 정상적인 다비식이 아니라서 상당수가 파손되고 유실됐다. 물 론 사리의 숫자가 수행 정도를 온통 보여주는 것은 아니다. 하지만 사람들은 놀랐다. 생전의 수행을 다시 확인하는 순간이었다.

『금강경』 인연

샤렌쥐의 법제자는 황녠주(黃念祖, 1913-1992)다. 그는 문화혁명이 종결된 이후 오랫동안 베이징 불교거사림을 이끈 인물이다. 베이징 불교거사림 입구에 지키고 선 유마거사처럼 출가자 못지않은 수행으로 유명했다. 그는 1913년 상하이에서 출생했다. 어머니가 독실한 불교도였다. 집안이 그러했다. 외숙부가 유명한 불교거사 메이꽝시(梅光羲)였다. 이런 이유로 황녠주는 어릴 적부터 불교에 익숙했다. 물론 익숙함이 신앙을 이끌기도 하지만, 때론 그 익숙함에 신앙이 막히기도 한다. 황녠주는 그저 익숙함이 아니라 자신의 불교를 찾았다. 그래서 흔들림 없이 오래 갈 수 있었다.

1932년 황녠주는 베이징 공업대학을 다니고 있었다. 대학 3학년 수업이 끝나고, 하릴없이 집에 있을 때였다. 어머니가 보던 불서를 손에 집었다. 주석이 달린『금강경』이었다. 당시까지 모친의 독경 소리를 여러 차례 들었지만 그저 무심했다. 어쩌면 심심해서 그 책을 붙잡았는지 모른다. 색다른 경험이라도 할 요량으로 집어 든 책이었다. 놓지 않고 천천히 읽었다. 막히면 다시 읽고, 힘들면 잠시 멈췄다가 읽었다. 『금강경』은 필경 쉽지 않은 경전이다. 불교도라면 다들『금강경』을 독송한다. 그래서 가장 기초처럼 보이지만 거두절미하고 대승불교의 핵심을 직접 말하는 경전이다. 그래서 어렵다. 황녠주는 20대의 엉뚱한 끈기로『금강경』을 독파했다.

　공부를 업으로 하는 사람도 책 한 권 읽기가 쉽지 않다. 묵직한 책 한 권 잡으면 몇 달을 끙끙대기 일쑤다. 당연한 일이다. 모든 책이 무턱대고 쉽기를 바라는 것은 조금은 못됐다. 이른바 고전이라고 불리는 책을 보라. 저자의 수십 년 공력이 깃든 책 아닌가. 그런 책을 잠 안 오는 여름밤에 다 읽어 치우겠다는 생각은 고약한 심보다. 좋은 책은 일 년에 두세 권 읽어도 충분하다. 평생 함께 할 책이기 때문이다. 황녠주는 한참『금강경』을 읽다가 머리가 환하게 맑아지는 경험을 했다. 그야말로『금강경』이 통했다. 이것을 무슨 엄청난 깨달음이라고 과장할 필요는 없다. 하지만 적어도 삶이 바뀔 정도는 됐다.

　황녠주는 이 구절이 목구멍에 걸렸다. "반드시 얽매임 없이 마음을 내야 한다[應無所住而生其心]." 땔나무를 배달하고 나오던 일자무식 혜능을 때린 소리가 아닌가. 혜능에게 그것은 그야말로 소리였다. 비록 오해일 수도 있지만 혜능의 그 무엇과『금강경』은 부딪혔고, 불꽃을 튀긴 것이다. 황녠주도 비슷했다. 그는 그때 종교에 대해 회의적이었다. 당시 차이위안페이가 쓴『미육으로 종교를 대체하자(以美育代宗教)』를 읽었고 십분 동의했다. 사회를 이끌 가치는 이제 종교가 아니라 윤리와 미학이라고 생각했다. 하지만『금강경』이 한 번 뚫리자 이런 생각은 급변했다. 그는 자신에게 큰일이 일어났음을 알았다.『금강경』「장엄정토분」에서 이렇게 말한다.

　수보리야. 모든 보살은 반드시 이처럼 청정한 마음을 내야 한다. 결코 형색에 얽매여서 마음을 내서도 안 되고, 소리·냄새·맛·촉감·의식대상에 얽매여 마음을 내서도 안 된다. 반드시 얽매임 없이 마음을 내야 한다. [125]

　　　　　　　　　　　　　　　　　　　　거사염불

『금강경』에서 가장 유명한 구절 가운데 하나인 '응무소주이생기심'은 이렇게 "반드시 얽매임 없이 마음을 내야 한다"고 풀 수 있다. 여기서 한자 '응應'은 "꼭 이렇게 해야 한다"는 의미다. '소주'에서 한자 '주住'는 머문다는 의미지만 우리의 관념이나 의식이 하나의 형상 혹은 대상으로 달라붙어서 고착화하는 활동을 가리킨다. 실체화라고도 할 수 있다. 『금강경』에서는 이 활동의 결과를 '상相'으로 표현한다. '무주상無住相'이라는 말도 여기서 나온다. 대승불교의 중요한 개념인 공空은 이것과 관련된다. 우리의 인식이 늘 실체적인 대상을 포착하려 하지만 연기법에 따르면 그런 것은 존재하지 않는다. 『금강경』의 유명한 구절 "만약 실체적으로 보이는 모든 존재자가 실체 없음을 통찰다면 곧 여래를 만날 것이다"[若見諸相非相, 即見如來]는 말에서도 공은 드러난다.

황녠주는 훗날 베이징 거사림에서 『금강경』에서 『무량수경』까지'라는 강의를 하면서 염불법문과 『금강경』의 관계에 대해 말했다. 그는 "반야를 안내자로 삼고, 정토를 귀의처 삼았다"고 했다. 자신도 반야와 정토가 얼마나 다른지 잘 알고 있었다. 돌려 말하면 『금강경』과 『무량수경』의 차이를 잘 알았다. 하지만 반야경에서 말하는 삼매가 결국 자성미타의 구현을 지향하는 염불 산매와 통함도 알았다. 일체 속박을 부수는 『금강경』의 도리는 의식에 일어나는 일체 허상을 깨트리고 청정한 마음을 견인한다. "어디에도 얽매이지 않고 마음을 낸다"는 도리가 바로 이것이다.

○

세월이 하수상할 때 자신의 신앙을 지키기란 그리 녹록치 않다. 그
신앙이 선명한 신념이나 가치를 드러내고 때론 그것이 사회나 대중
의 가치와 결렬하기 때문이다. 황년주는 화탕지옥(火蕩地獄)같은 세
상에서도 내심에 정토를 가꾸었다.

정토행자의 견성

1935년 베이징 대학을 졸업한 황녠주는 회사 생활을 시작했다. 결혼하여 가정을 꾸렸고, 수행도 열심히 했다. 중일전쟁 발발 이후 충칭으로 피난한 황녠주는 1943년 선종의 대종장 쉬윈(虛雲)에게 귀의했다. 또한 그곳에서 티베트 불교의 라마승에게도 귀의한다. 이후 그가 샤렌쥐를 따라서 염불 수행을 열심히 한 것을 생각하면 대단히 다양한 불교 교파에 참여했음을 알 수 있다. 언뜻 보기에 상이한 수행 체계나 이론 체계를 가진 여러 교파를 한꺼번에 수용하는 게 모순되고 이상하기도 하다. 하지만 수행이나 신앙 혹은 연구가 완전히 순수하게 이뤄질 수는 없는 노릇이다. 지금도 선방에서 간화선 수행을 하다가 남방으로 가 위파사나 수행을 하는 이가 꽤 있다. 배신자라고 멱살잡이 할 것인가.

황녠주는 『화엄경』에 등장하는 선재동자의 구법여행처럼 선지식을 만나서 배우고 그것을 자기화할 뿐이었다. 하지만 그런 것들이 혼란을 빚거나 잡동사니가 되지는 않았다. 1945년 태평양전쟁이 일본의 무조건 항복으로 종결됐다. 일본군이 물러난 베이징에 황녠주가 도착했다. 그는 베이징 방송국 사장을 맡았다. 그리곤 외삼촌 메이꽝시의 소개로 정토행자 샤렌쥐를 찾았다. 곧잘 삼촌의 입길에 오르내린 샤렌쥐. 황녠주는 망설임 속에 샤렌쥐 앞에 당도했다. 선과 정토, 현교와 밀교를 아우른 샤렌쥐였기에 황녠주는 더욱 기대가 됐다. 샤렌쥐는 자신을 불교로 인도한 메이광시의 조카에게 다시 자신의 불교를 선물했다. 인연을 이렇게 주거니 받거니 하는 거다. 황녠주는 샤렌쥐의 입실제자가 된다.

1953년 황녠주는 톈진대학에 근무했다. 수업이 없을 경우 염불하고 독경했다. 비록 계량하여 수치로 만들 수는 없지만 수행은 점점 힘이 붙었고 의식은 맑아졌다. 그해 어느 날 그나마 몇 푼 안남은 껍데기까지 깨끗이 치울 수 있었다. 곧바로 게송을 지어서 스승 샤렌쥐에게 보였다. 샤렌쥐는 게송을 보고 개오했음을 인정했다. 자신의 유일한 법제자임을 알렸다. 20년에 걸친 수행은 몇 차례 도약은 결국 마흔에 자신을 칭칭 감고 사슬을 끊었다. 20년 세월은 결코 짧지 않다. 황녠주는 절실한 마음으로 염불하고 독경했다. 그 세월이 마치 한 순간같이 한결같았기에, 그야말론 염념상속했기에 도달한 일념의 기쁨이었다.

물론 마흔 살 개오(開悟)가 없었다고 하더라도 전날의 수행이 헛된 것은 결코 아닐 것이다. 더욱 대단한 것은 개오 이후에도 황녠주의 일상은 하나도 바뀜이 없었다. 여전히 염불하고 독경했다. 깨달음이 게으름을 위한 보증서가 될 수는 없는 노릇이다. 수행의 완성이 한가함을 견인하지는 않는다. 황녠주는 매일 염불했다. 4만 번 내지 5만 번, 많은 날은 7만 번 내지 8만 번 부처님 명호를 염했다. 매년 4월과 12월에는 보름 동안 폐관을 하고 염불했다. 이때는 평소의 갑절 정도로 염불했다.

군중 속의 염불 삼매

세상에 놓인 삶이라서 황녠주도 중국의 파란만장한 근현대사를 비켜 가지 못했다. 공산화 이후 50년대 말부터 시작된 좌경화로 중국인들은 무척 곤혹스러웠다. 결국 터지고만 문화혁명은 더욱 그랬다. 60년대 말 마오쩌둥이 발동한 문화혁명은 일체 권위와 전통을 거부했다. 혁명이 성공하면 그때부터 혁명자는 반동이 되는 법이다. 중국의 붉은 별 마오쩌둥은 다시 혁명을 발동했다. 홍위병은 사람들의 과거를 들추고 그들의 인생에 대해서 재판했다. 더구나 지식인은 권위의 상징으로 타도 대상이었다. 연일 고깔을 쓰고 북을 치면서 자아비판을 행했다.

황녠주는 국민당 정부 시절 공직을 지냈고, 방송국 사장까지 지낸 인물이다. 황녠주는 허난 성(河南省)으로 하방됐다. 그에게 이른바 노동 개조를 요구했다. 당시 혁명 선동자들은 노동은 노동대중의 숭고한 정신을 획득하여 기존 자본주의적 혹은 봉건적 습속을 개조하여 진정한 사회주의 인민을 만든다고 믿었다. 물론 지식인들이 그런 과정에서 소중한 경험을 얻기도 했지만 강제된 방식과 사상 주입은 결국 노동을 강제노역으로 타락시켰다. 이념 과잉의 시대에 인간의 존엄이나 가치는 바짝바짝 말라버렸다. 어느 날 황녠주 비판 대회가 열렸다.

군중 앞에 끌려 나온 황녠주를 향해 붉은 완장을 찬 홍위병은 핏대를 세워 비판했다. 황녠주에게 무슨 잘못이 그리도 많은지 홍위병은 격앙되어 그를 성토했다. 연단 아래 있는 수천 군중도 홍위병에게 화답이라도 하듯 격렬하게 소리를 질렀다. "황녠주를 타도하라." 오랜 수행과 깨달음의 성취도 이런 괴겁(壞劫)의 바람에는 풀이 죽고 마는 걸까. 그런데 황녠주는 살기등등한 군중 속에서 동요하지 않았다. 두려워하지 않았다. 평안했다. 군중은 그의 편안함을 못 견뎠다. 황녠주가 아니라 자신들이 대상화되는 듯 했다. 평화롭게 자신들을 응시하는 황녠주의 눈길에 그들은 분노하고 말았다.

그때 황녠주 옆에 있던 홍위병이 뭔가를 발견했다. 황녠주의 입이 엷게 우물거리고 있었고 오른 손으로 뭔가를 만지작거리는 듯 했다. 황녠주의 팔을 비틀어서 그 물건을 빼었다. 풀로 엮은 염주였다. 황녠주는 노동 기간 염주를 구할 수 없자 풀을 뜯어서 염주를 만든 것이다. 그는 모진 핍박 속에서도 염불을 하고 있었다. 군중은 그 보잘것없는 염주를 태우고 더욱 다그쳤다. "황녠주는 도저히 개조할 수 없는 인간이다. 즉결처분해야 한다." 그리고는 몇몇 홍위병이 황녠주를 끌어서 군용 지프에 태웠다. 형장으로 곧장 달려갈 기세였다. 지프는 "황녠주 타도!" 고함에 묻혀 있었다.

지프는 움직였다. 차가 큰길에 접어들었을 때 그곳 혁명위원회 간부를 만났다. 그는 무슨 일인가를 물었다. 지금까지 그곳에서 황녠주 같은 저명인사를 총살로 처분한 적이 없었다. 간부는 홍위병들에게 황녠주의 죄상을 더 철저히 조사해야 한다고 말하고 그를 인계 받았다. 홍진(紅塵)세계다. 하지만 홍진세계를 탓할 수 있는가. 붉은 완장을 차고 목청 높인 어린 홍위병을 탓하겠는가. 폭력을 열망한 군중을 우둔하다 탓하겠는가. 황녠주는 그 순간에 일념으로 부처님 명호를 되 내였다. 황녠주 거사가 문화혁명기간 겪은 이런 일들은 물론 자신이 직접 알리지는 않았다. 황녠주 거사 입적 이후 한 노인이 와서 집안사람들에게 이런 이야기를 상세하게 알렸다. 그도 그 옛날 군중 속에서 "황녠주 타도"를 외친 사람이었다.

황녠주는 문화혁명이 끝난 지 얼마 지나지 않은 1979년부터 스승 샤렌쥐가 편집한 회집본『무량수경』의 주석 작업을 준비했다. 1981년에 초고를 완성하고 1982년에 재고(再稿)를 마친다. 고령에 질병까지 있었지만 그래도 멈추지 않았다. 그가 삼고(三稿)를 마쳤을 때가 1984년이었다. 그리고 1987년이 되어서야 스승 샤렌쥐가 편집한『무량수경』회집본인『불설대승무량수장엄청정평등각경』의 주석서를 완성했다. 정토행자로서 불교도로서 그는 멈추지 않고 정진했다. 황녠주는 머리말에서 이렇게 말한다.

　　　　　　　　　　　　　　　　　　　　　거사염불

무릇 정토법문은 일승의 본질적인 내용이며 불교의 모든 실천이 함께 귀결하며, 상·중·하 삼근기 중생이 빠짐없이 도움 받고 범부와 성인을 모두 수용한다. 그것은 삼계를 초월하며 네 가지 정토세계에 도달하며 극히 원만하고 극히 신속하여 일상적인 인식으로는 도저히 파악할 수 없는 미묘한 법문이다. 그 가운데 『무량수경』은 정토의 여러 경전 가운데 가장 핵심적이다. 정토종의 대덕께서 늘 정토종 최고의 경전이라고 말했다. 『불설대승무량수장엄청정평등각경』은 스승인 샤롄쥐 거사께서 『무량수경』의 한·위·오·당송 다섯 가지 번역본을 모아서 핵심을 포괄하고 갖가지 미묘한 내용을 원만하게 포섭하여 지금 경전을 완성했다. 현재 『무량수경』의 가장 훌륭한 판본으로 추앙된다.•[126]

중생들에게 정토법문의 효과가 "극히 원만하고 극히 신속하다"는 이야기는 솔깃하다. 불가사의한 가르침이 바로 『무량수경』에 있다는 선언은 대단히 극적이다. 황녠주는 1992년 3월 27일 새벽 입적했다. 임종 때 말을 할 수 없는 지경이었다. 단지 환한 미소를 선물하고 80여 년 생을 마감했다. 4월 7일 화장장에서 다비를 치렀다. 그런데 유골 사이에서 영롱한 사리를 발견했다. 많은 사리가 나왔다. 정상적인 다비식이 아니라서 상당수가 파손되고 유실됐다. 물론 사리의 숫자가 수행 정도를 온통 보여주는 것은 아니다. 하지만 사람들은 놀랐다. 생전의 수행을 다시 확인하는 순간이었다.

정토 타이완의 꿈, 리빙난

황녠주가 공산화된 중국 대륙에서 염불 수행에 매진한 거사라면 2차세계대전 이후 타이완에서 정토 신앙의 붐을 조성한 거사는 리빙난(李炳南, 1890-1986)이다. 리빙난은 샤렌쥐와 마찬가지로 산뚱 출신으로 1890년 지난(濟南)에서 태어났다. 산뚱은 공자의 고향이자 유교의 발상지라고 할 수 있다. 이 때문에 고대부터 유교 문화가 매우 깊게 사람들의 생활과 의식에 스며 있었다. 지식인이라면 더욱 그랬다. 리빙난도 마찬가지로 이런 분위기 속에서 자랐다. 하지만 단지 전통 교육 속에만 있지 않았다. 시대의 급변을 알아차렸고, 계몽의 필요성을 절감했다.

죄와 벌

황녠주가 공산화된 중국 대륙에서 염불 수행에 매진한 거사라면 2차 세계대전 이후 타이완에서 정토 신앙의 붐을 조성한 거사는 리빙난(李炳南, 1890-1986)이다. 리빙난은 샤렌쥐와 마찬가지로 산둥 출신으로 1890년 지난(濟南)에서 태어났다. 이름은 옌(艶)이었고 자(字)가 빙난(炳南)이었다. 산둥은 공자의 고향이자 유교의 발상지라고 할 수 있다. 이 때문에 고대부터 유교 문화가 매우 깊게 사람들의 생활과 의식에 스며 있었다. 지식인이라면 더욱 그랬다. 리빙난도 마찬가지로 이런 분위기 속에서 자랐다. 하지만 단지 전통 교육 속에만 있지 않았다. 시대의 급변을 알아차렸고, 계몽의 필요성을 절감했다.

신해혁명이 일어난 이듬해인 1912년 23세의 리빙난은 '통속교육회'를 조직했다. 1916년에는 '사립통속교육회'로 개명하고 강좌를 개설했다. 그는 사람들을 모아 강연회를 열고 통속적인 노래로 풍속을 개량하고자 했다. 무지한 사람들을 계몽하고 구습을 타파하고자 젊은 리빙난은 동분서주했다. 1920년 서른이 된 리빙난은 산둥 성 동남쪽에 위치한 주현(莒縣)에서 감옥을 관리했다. 신해혁명을 통해서 봉건중국이 붕괴됐지만 그런 변화가 후미진 옥방까지 미칠 리 없었다. 볼기를 치고, 주리를 틀고, 방망이로 물고를 내는 일은 흔해 빠졌다. 리빙난은 수인(囚人)의 처지와 감옥의 열악한 환경에 경악하고 말았다. 『맹자』에서는 불인지심(不忍之心)을 말한다. 인간에게 본래 '차마하지 못하는 마음'이 있다고 말한다.

감옥은 죄 지은 자를 사회에서 격리시키는 제도다. 그렇다고 수감된 이들이 완벽하게 불행해야 한다고 생각하는 것은 또 하나의 범죄다. 리빙난은 당시 제도나 관습이 저지르고 있는 이런 잘못을 목도했다. 그는 형벌보다는 교화를 중시했다. 1924년 새 옥사를 완공하여 수인들의 생활을 개선했다. 유학에서 말하는 인성이나 불교에서 말하는 불성은 기본적으로 인간의 궁극전인 선성(善性)을 인정한다. 자기 행동에 대한 개선의 능력을 가지고 있다고 생각하는 쪽이다. 만약 이런 것을 인정한다면 그들에게 분명한 기회를 주어야 한다. 나쁜 행위 혹은 나쁜 습속 때문에 초래한 참담한 결과 때문에 저들은 옥방에 갇혔다.

사바세계가 거대한 옥방이겠지만 우리 눈에는 높다란 벽으로 둘러친 저곳만이 옥방으로 보인다. 옥방에서 생을 마친 이들은 누구 하나 거둘 사람이 없다. 가족들도 인연을 끊었다. 그렇다고 사회가 그들을 거둘 리 만무하다. 전염병으로 죽은 시체처럼 저들은 불결한 무엇이었다. 태어날 땐 사람들의 기쁨이었고, 희망이었을 저들은 이제 가까이 하기 싫은 병균이다. 리빙난은 저들이 남긴 헐거운 육신을 수습했다. 이후 그는 산둥 법과학당에서 법률을 공부하고 가르쳤다.

리빙난은 법률을 가르치면서 인과 개념을 강조했다. 인과(因果)란 무엇인가? 붓다는 이야기하지 않았나. "네가 짓는 업은 거기서 그냥 끝나지 않는다"고. '어떤 행위(因)도 결과(果)를 초래한다'는 인과론은 불교 카르마 이론의 기본이다. 붓다의 뛰어난 제자 목건련은 그렇게도 훌륭했음에도 외도들에게 맞아 죽는다. 신통제일인 목건련은 부모님을 죽인 자신의 전생의 업을 순순히 받아야 한다고 말했다. 신통력으

　　　　　　　　　　　　　　　　　　　거사염불

로 저런 잔인한 상황에서 빠져나올 생각은 하지 않았다. 불교의 카르마 이론은 아무리 하찮은 행위도 의미를 가진다고 말한다. 어떤 식으로든 그것은 다시 우리에게 돌아와 뭔가 말한다고 일러준다. 어떻게 보면 참으로 무시무시한 이야기다.

법과학당에 있던 리빙난은 산둥 고등검찰청 청장으로 와 있던 불교 거사 메이꽝시를 만났다. 메이꽝시는 지난에서 불학 강좌를 개설하고 유식학을 가르쳤다. 꽤나 수준 높은 불교 지식을 가진 메이꽝시였기에 그 강좌는 좀체 듣기 힘든 내용이었다. 참석한 사람들은 불교의 심오함을 느꼈을 뿐만 아니라 불교 공부에 대한 욕구가 일었다. 유교문화의 근거지에서 불교 강의를 시작한 것이다. 리빙난은 메이꽝시의 강의를 듣고 자신이 완전히 새로운 삶을 살 것임을 직감했다.

호생화집

1930년 여전히 국민당 군대는 북벌을 감행하고 있었다. 북중국은 온통 전쟁터로 변했다. 각 군벌은 합종연횡하면서 국민당 군대에 저항하기도 하고 국민당 군대에 투항하기도 했다. 산둥도 역사의 혼란을 비켜날 수 없었다. 포탄이 도심으로 날아들고, 무장한 군인들이 이리저리 뛰어다녔다. 죽고 죽임이 난무하던 때 리빙난은 우연히 펑쯔카이(豊子愷, 1898-1975)의 『호생화집(護生畵集)』을 읽었다. 이 책은 펑쯔카이가 그린 그림에 고승 훙이가 시와 글을 첨부한 형식이다. 고승 훙이가 출가 전 저장 성 제1 사범학교에 근무할 때 제자가 펑쯔카이였다.

『호생화집』은 일상에서 일어나는 살생과 그것에 대한 우리의 무심함

○

옥(獄)에서 죄인을 관리하던 리빙난. 그는 나중에 봉사관(奉仕館)에서 유교의 성현을 모시는 일을 했다. 또 염불 수행으로 아미타세계를 염원했다. 그는 가장 어두운 곳에 가장 밝은 빛을 선물하려고 뛰어다녔다. 왼쪽이 리빙난이고 오른쪽은 타이완 고승 다오위안(道源, 1900-1988)이다.

을 한 컷 만화로 묘사한다. '목숨 구걸'이라는 그림이 있다. 홍이는 『맹자』 「양혜왕」편을 인용해서 풀었다. "나는 차마 벌벌 떨면서 죄 없이 사지로 내몰리게 되게 할 수는 없구나. 모든 인자들에게 자비심을 함께 널리 권하자꾸나."[127] 소는 목숨을 구걸할 정도로 사람에게 잘못하지 않았다. 그런데 소는 목숨을 구걸하고 있다. 이런 게 가능하다면 죄 없는 인간도 칼을 쥔 인간 앞에서 꼼짝없이 그냥 당해야 하지 않는가. 홍이는 "생명을 지키는 것은 결국 자신의 마음을 지키는 것"이라고 단언한다.

살생이 일상화되어 이제 그것이 죄인지도 모르는 시대에 살면서, 심지어 사람 죽이는 것도 전혀 거리낌 없는 전쟁 와중에서 리빙난은 서원했다. 다시는 육식을 않겠노라고. 육식을 끊겠다는 다짐 자체가 중생을 위한 특별한 노력은 아니다. 중생의 삶을 적극적으로 도와주는 행위는 아니기 때문이다. 하지만 육식이 만들어낼 불순한 인연들이 좀 많겠는가. 불교인에게 채식은 불살생을 이끄는 전제다. 리빙난은 이후 종신토록 이 약속을 지킨다. 지금도 그렇지만 그때도 채식을 선언하면 벌써 친구들과 식사하는 것부터 힘들다. 인생 까칠하게 산다고, 혹은 화합을 깨뜨린다고 손가락질 당하기 십상이었다. 그런 것을 견딜 수 있어야 한다.

리빙난이 불교에 입문할 때쯤 고승 인꽝의 영향 때문이지 정토 신앙이 크게 유행했다. 인꽝은 장쑤 성 쑤저우에 홍화사(弘化社)를 설립했다. 그를 따른 이들은 인꽝의 글과 정토 경전을 대량으로 유포했다. 또한 불상을 조성하고 대중들이 보다 쉽게 불교를 접할 수 있도록 도왔다. 불문에 귀의할 것을 다짐한 리빙난도 홍화사를 통해서 보급된 불서를 읽고 인꽝을 흠모하게 됐다. 여러 가지 사정으로 쑤저우로 달려가지 못했다. 그저 먼발치서 상상할 수밖에 없었다. 이때 우연하게 알게 된 이가 인꽝의 제자였다. 그의 노력으로 리빙난은 인꽝과 서신 왕래를 할 수 있었다.

인꽝은 리빙난에게 더밍(德明)이라는 법명을 내리고 전심으로 염불 수행할 것을 권했다. 이렇게 리빙난은 정토법문에 귀의했다. 이후 불교 수행의 방향도 처음부터 어느 정도 결정된 셈이다. 인꽝에게 의지해서 불교에 귀의한 리빙난은 계속해서 인꽝과 서신왕래를 했다. 자신의 경험과 의문을 인꽝에게 여쭈었다. 몇 년이 흘렀다. 리빙난은 그제야 인꽝이 주석하는 쑤저우 보국사(報國寺)로 향할 수 있었다. 정토종 13 대조사로 추앙된 인꽝을 친견한 리빙난은 말할 수 없는 진동이 있었다. 이 만남을 통해서 리빙난은 믿음과 의지가 더욱 단단해졌다.

쑤저우 보국사 한 모퉁이, 세 평 남짓한 그 작은 공간에서 고승은 수행하고 글 쓰고 휴식을 취했다. 리빙난도 그 방에 들어섰을 것이다. 그때 고승 인꽝이 그 자리에서 엄청난 이야기를 들려준 것은 아니다. 또한 깨달음 한 자락을 보인 것도 아니다. 리빙난은 인꽝의 목소리와 자태에서 고승의 수행과 정진을 충분히 느낄 수 있었다. 붓다가 말을 하지 않아도 붓다이듯 고승은 말이 없었지만 깨달음은 충분히 구체적이었다. 인꽝을 친견한 리빙난은 용기를 냈다. 리빙난은 인꽝을 친견하고 산뚱으로 돌아왔다.

봉사관의 불제자

리빙난은 수년 후 공자와 그의 제자를 제사 지내는 봉사관(奉祀官)을 관리하게 되었다. '봉사'라는 말은 간단하게는 선조나 성현에게 제사 지낸다는 의미다. 얼마 전까지 죄지어 갇힌 수인(囚人)을 상대한 그였다.

이제 삶의 최고 가치를 몸소 실현한 성현을 받들고 모시는 일에 종사하게 된 셈이다. 또한 리빙난은 독실한 불교도 아닌가. 송나라 때 유학을 대성한 주희는 걸핏하면 불교를 성토했다. 이후 유학자들은 유교의 정체성을 반불교적 행태에서 찾으려는 듯 불교 비판에 열을 올렸다. 조선시대 유학자들은 훨씬 심했다. 이런 것을 안다면 불교도로서 봉사관 근무가 불편했을 텐데 리빙난은 그렇지 않았다. 그는 진정 중국 고대 유교문화를 아끼고 존중했다. 이런 태도는 평생 지속된다.

리빙난은 중일전쟁이 발발하자 봉사관을 쓰촨 성 충칭으로 옮겼다. 그리고 일본군 폭격 때문에 봉사관은 다시 충칭 근처 산속으로 이사했다. 외진 곳일수록 더 안전하다는 게 참으로 이상하지만, 사람이 위험임을 안다면 이해도 된다. 사람을 피하면 안전할 수 있다는 슬픈 역설이 발생한다. 리빙난은 이런 과정에서도 열심히 염불 수행을 했다. 1945년 일본이 무조건 항복을 선언하자 리빙난은 봉사관을 따라서 난징으로 왔다. 봉사관에서는 유교 성현의 위패를 모신다. 그것은 마치 영정사진처럼 성현을 대신한다. 리빙난은 전쟁통에도 봉사관의 위패와 제사용구를 보호하면서 다녔다. 전란에도 대장경을 조성하고 호위한 고려 불교인의 마음과 다르지 않았다.

리빙난은 난징에 있으면서 보조사(普照寺)와 정인련사(正因蓮社)를 중심 도량으로 해서 수행과 포교에 전념했다. 하지만 사회는 그리 평온하지 않았다. 중국 북부에서는 국민당 군대와 공산당 홍군의 전쟁이 한참이었다. 전선은 점점 남하했다. 일본 침략군과 맞붙는 전쟁이 아니라 같은 동족 간 벌이는 전쟁은 무척 쓰라렸다. 엄청난 규모를 자랑한 국민당 군대는 보잘것없어 보이는 공산당 군대에 밀리고 밀렸다. 홍군은 베이징을 포위하여 결국 무혈 입성했고, 거대한 양자강을 넘었다. 상상도 못한 일들이 벌어졌다. 국민당은 결국 대륙에서 퇴각하기 시작했다. 타이완을 향했다. 국민당 군대는 분명 실패했음에도 타이완에 진주할 때는 점령군처럼 굴었다.

타이완의 염불결사

1949년 리빙난은 봉사관을 따라서 타이완으로 건너왔다. 공산 중국에서 공자를 숭상하고, 봉사관을 유지한다는 것은 불가능해 보였다. 불교도로서도 공산당은 못미더웠다. 예순 나이의 리빙난은 낯선 타이완에서 새 인생을 시작했다. 그는 타이쭝(臺中)에 자리를 잡고 본격적으로 정토결사 운동을 전개했다. 마치 동진(東晉)의 고승 혜원이 백련결사를 행한 것처럼 먼저 사람을 모았다. 혜원이 당시 귀족이나 명사들과 주로 교류했다면 리빙난은 훨씬 대중적인 자세로 결사에 임했다. 금생을 살아도 극락인 자들이 아니라 진정 서방 극락정토에 왕생해야 할 법한 사람들이 모였다.

　1950년 리빙난은 불교 련사(蓮社)를 설립했다. 타이쭝 법화사(法華寺) 경내에 공간을 빌려서 활동했다. 1951년 10월 리빙난은 련사에서 남녀 홍법단을 설립했다. 남자 홍법단은 감옥을 찾아다니며 불법을 전했고, 여자 홍법단은 가가호호 방문해서 불법을 전했다. 불교인들에게 포교나 전법은 조금 낯설다. 그런 것들이 기독교의 선교와 겹치기 때문이다. 하지만 생각해보라. '홍법(弘法)'이라는 말이 있지 않은가. 부처의 가르침을 펼치는 건 불교인의 기본이다. 하나 이상할 것 없지만 불교인들은 많이 게을렀다. 물론 방법에 대해서 이런저런 견해야 있을

　　　　　　　　　　　　　　　　　　　　　거사염불

수 있지만 저 적극성은 불교 본연의 것이라고 해도 틀리지 않다. 붓다는 불법을 전하기 위해 얼마나 적극적이었나.

리빙난은 보다 안정적으로 활동할 수 있는 정업도량(淨業道場) 건립을 발원했다. 이듬해인 1951년 리빙난은 함께 한 이들의 시주와 모연으로 도량 부지를 마련했고, 이듬해인 1952년 법당을 낙성했다. 이후 고승을 초청하여 수계법회를 열었고, 포살회를 개최하기도 했다. 리빙난은 도량을 마련하고 나서 런사를 운영하는 몇 가지 원칙을 제정했다.

첫째, 유교와 불교 경전을 강연하여 인심을 교화하고 인도한다.

둘째, 함께 모여 염불하고 각각 극락왕생을 추구한다.

셋째, 문화사업과 자선사업을 일으켜서 도덕을 연마하고 풍속을 개선한다.[128]

먼저 제시한 유교와 불교 경전의 동시 강연은 다소 이색적이다. 물론 리빙난이 일찍부터 견지하던 입장이다. 중국에선 불교도의 유교 경서에 대한 반발이 그렇게 크지 않다. 모두 중국의 전통문화라고 생각했기 때문이다. 더구나 그들이 기어하는 유교와 불교의 결렬도 별로 없다. 이 점은 한국과 많이 다르다. 리빙난은 런사에서 뿐만 아니라 각급 학교에서 유교 경전 강의를 지속적으로 행한다. 두 번째, 염불 수행으로 극락왕생을 염원하는 것은 그야말로 런사의 설립 취지라고 할 수 있다. 세 번째는 타이완불교의 특징 가운데 하나를 보여준다고 할 수 있다. 리빙난은 런사를 통해서 끈질기게 사회사업과 자선사업을 행했다. 불교의 사회적 역할에 대해 늘 고민했다.

1959년 자광유치원을 설립했고, 1963년 불교병원인 보리의원과 보리구제원을 설립했다. 일반 병원에서 여러 가지 불편을 겪은 승려나 불자들이 이곳을 이용했다. 일반인은 한 번도 생각해보지 않았겠지만 출가 수행자가 병이 나면 어떤 상황이 벌어질까. 고매한 선승은 병에 걸리지 않을 거라는 환상을 가진 이도 많다. 하지만 그렇지 않다. 산사에서 수행만 한 이가 어디 적금이라도 들어두었을까. 그럼 병원비는 누가 낼까. 더구나 나이가 들어 치매라도 걸리면 누가 도울까. 병원에서 생활하는 것도 보통 곤혹스러운 게 아니다. 그런 것을 잘 아는지라 리빙난은 불교 병원을 설립했다. 그곳에서는 불자들이 임종 시에 염불을 통해서 마지막을 도왔다. 삶의 순간뿐만 아니라 죽음의 순간도 참으로 중요하다.

리빙난은 1957년부터 1984년까지 각지에 련사와 같은 염불 수행 조직을 설립했다. 젊은 날 고승 인꽝을 친견했을 때 일으킨 용기와 자신감으로 노구에도 흔들림 없이 수행하고 포교했다. 1986년은 리빙난 거사가 97세가 되는 해였다. 여전히 법문하고 활동했다. 바로 그것이 그를 살게 하는 까닭이었다. 4월 들어 부쩍 기력이 약해졌다. 기실 자연인으로서 인연이 다했음을 자신도 알아차렸다. 4월 12일 저녁에 제자에게 일렀다. "이제 가야겠다." 이튿날 새벽 리빙난 거사는 "일심불난(一心不亂)"이란 말을 유촉하고 97세 일기를 마감했다. 정토 신앙이 단지 타력 신앙이 아님을 평생의 삶을 통해서 보여 주었다. 그야말로 정토 신앙은 정토를 가꾸는 것이었다.

주석

● 01_ 釋慧皎,「高僧傳後跋」, 백명성 옮김,『高僧傳』(서울: 동국역경원, 2001), 479-480쪽.

● 02_ 釋僧祐,「序」『出三藏記集』(北京: 中華書局, 1995), 1쪽.

● 03_ 장휘옥,『해동고승전연구』(서울: 민족사, 1991), 133쪽. 재인용.

● 04_ 岑學呂 編,『虛雲法師年譜』(北京: 宗教文化出版社, 1995), 10쪽.

● 05_ 岑學呂 編, 위의 책, 12쪽.

● 06_ 元曉,「發心修行章」『私記懸吐初發心自警文』, 안진호편,『四集合本』

(서울: 법륜사, 1981), 7쪽.

● 07_ 岑學呂 編, 앞의 책, 21쪽.

● 08_ 志磐撰,『佛祖統記』권29(『대정장』49), p.291중.

● 09_ 虛雲,「參禪與念佛」, 季羨林 主編,『虛雲和尙法』(合肥: 黃山書社, 2005), 150쪽.

● 10_ 岑學呂 編, 앞의 책, 289쪽.

● 11_ 장순용 옮김,『유마경』(서울: 시공사, 1997), 57쪽.

● 12_ 꼭 불교문학이 아니더라도 근대 중국문학과 불교의 관계에 대해서는 譚桂林,『20
世紀中國文學與佛學』(合肥: 安徽教育出版社, 1999)을 참조할 수 있다. 다양한 주제와 각
도로 문학에 침투한 불교의 역할과 작가들의 응용을 탐색했다. 제1장 3절에 쑤만수를 다
루면서 '불성과 인성의 충돌'이라고 했고, 제6장 3절에서 루쉰의 작품『야초』를 다루면서
'허무주의 반대와 죽음 체험'이라고 했다.

● 13_ 竹內好, 서광덕 옮김,『루쉰』(서울: 문학과지성사, 1997), 74쪽.

● 14_ 敬安,「祝發示弟」『八指頭陀詩文集』(長沙: 岳麓書社, 2007), 1쪽.

● 15_ 敬安「詩集自述」위의 책, 371쪽.

● 16_ 敬安,「中秋夜偶作」, 위의 책, 199쪽.

● 17_ 一然, 이재호 옮김,『삼국유사』2(서울: 솔, 2002), 28쪽

● 18_ 김동리,『등신불』(서울: 정음사, 1967), 280-281쪽.

● 19_ 張之洞, 『勸學編』(中州: 中州古籍出版社, 1998), 120-121쪽.

● 20_ 大建 較, 『禪林寶訓音義』, 『卍續藏經』113책, p.250하.

● 21_ 來果, 「自行錄」, 『來果禪師語錄廣錄』(合肥: 黃山書社, 2006), 511쪽.

● 22_ 來果, 위의 책, 512쪽.

● 23_ 來果, 위의 책, 같은 곳.

● 24_ 來果, 위의 책, 517쪽.

● 25_ 來果, 위의 책, 522쪽.

● 26_ 釋道原 編, 『景德傳燈錄』(臺北: 新文豊出版公司, 1986), 136쪽.

● 27_ 來果, 앞의 책, 525쪽.

● 28_ 來果, 「參禪普說」, 앞의 책, 135쪽.

● 29_ 高旻來果 親訂, 「高旻寺丈室規約」, 『禪林四寮規約』(上海: 上海古籍出版社, 2004), 35쪽 후면, '3월22일' 조.

● 30_ 妙湛, 「來果禪師的禪風」, 『閩南佛學』1993, 재인용.

● 31_ 이연숙 편역, 『아함경』(서울: 시공사, 1999), 146쪽.

● 32_ 이연숙, 위의 책, 148쪽.

● 33_ 장순용 옮김, 『유마경』(서울: 시공사, 1997), 107쪽.

● 34_ 宗仰, 「張園演說辭」, 『宗仰上人集』(武漢: 華中師範大學出版社, 2000), 3쪽.

● 35_ 宗仰, 「代羅迦陵女士復浙江退學生書」, 위의 책, 23쪽.

● 36_ 章太炎, 「革命軍序」, 湯志鈞 編, 『章太炎政論選集』상(北京: 中華書局, 1977), 193쪽.

● 37_ 何建明, 「黃宗仰與中國近代佛教文化的振興」, 『佛學研究』2002 (北京: 中國佛教文化研究所, 2002), 201쪽 참조.

● 38_ 馮自由, 「烏目山僧黃宗仰」, 『宗仰上人集』(武漢: 華中師範大學出版社, 2000), 219쪽.

● 39_ 太虛, 「我的宗教經驗」, 『太虛大師全書』21권 (臺北: 善導寺佛經流通處, 1998), 346쪽.

● 40_ 太虛, 「我的佛教革命失敗史」, 『太虛大師全書』29권 61쪽.

● 41_ 太虛, 「我的佛教改進運動略史」, 『太虛大師全書』29권 61쪽.

● 42_ 印順, 『太虛大師年譜』(新竹: 正聞出版社, 1990), 35쪽.

● 43_ 太虛, 「『海潮音』月刊出現世間的宣言」, 『太虛大師全書』31권 1041쪽.

● 44_ 太虛, 「我的佛教改進運動略史」, 『太虛大師全書』29권 94쪽.

근대 중국의 고승

45_ 周學農,「出世, 入世與契理契機」,『中國佛敎學術論典』8

　　(臺北: 佛光文敎基金會, 2000), 4쪽.

46_ 太虛,「我的佛敎改進運動略史」,『太虛大師全書』29권 77쪽.

47_ 太虛,「怎樣來建設人間佛敎」,『太虛大師全書』24권 431쪽.

48_ 太虛,「人生佛學的說明」,『太虛大師全書』5권 206쪽.

49_ 巨贊,「新佛敎運動的回顧與前瞻」,『巨贊文集』上(南京: 江蘇古籍出版社, 2000),

　　641-642쪽.

50_ 巨贊,「新佛敎運動的回顧與前瞻」,『巨贊文集』下(南京: 江蘇古籍出版社, 2000),

　　643-644쪽.

51_ 巨贊,「略論空有之諍」,『巨贊文集』上, 30쪽.

52_ 巨贊,「『中論』探玄記」,『巨贊文集』上, 1쪽.

53_ 巨贊,「般若思想在中國漢族地區的發展」,『巨贊文集』上, 180쪽.

54_ 巨贊,「新佛敎運動的中心思想」,『巨贊文集』下, 635쪽.

55_ 朱哲,「當代名僧巨贊法師傳略」,『世界宗敎』, 1997, 제2기, 14쪽 재인용.

56_ 巨贊,「新佛敎運動的中心思想」,『巨贊文集』下, 634쪽.

57_ 林子靑,「弘一大師年表」,『弘一大師全集』10권(福州: 福建人民出版社, 1991), 9쪽.

58_ 弘一,「四分律比丘戒相表記序」, 蔡念生, 彙編,

　　『弘一大師法集』1권(臺北: 新文豊出版社, 1999), 365쪽.

59_ 弘一,「學南山律誓願文」,『弘一大師全集』1권(福州: 福建人民出版社, 1991),

　　p.260상하.

60_ 龍樹菩薩造, 鳩摩羅什譯,『大智度論』제16(『대정장』25권), p.178하.

61_ 溫金玉,「弘一大師與律學」,『佛學硏究』2002(北京: 中國佛敎文化硏究所, 2002),

　　192쪽.

62_ 佛馱跋陀羅 譯,『大方廣佛華嚴經』(『대정장』9권), p.448중.

63_ 實叉難陀 譯,『大方廣佛華嚴經』(『대정장』10권), p.262상.

64_ 實叉難陀 譯,『大方廣佛華嚴經』(『대정장』10권), p.102상.

65_ 佛馱跋陀羅 譯,『大方等如來藏經』(『대정장』16권), p.457하.

66_ 般若 譯,『大方廣佛華嚴經』(『대정장』10권), p.845중하.

● 67_ 持松,「重編華嚴經疏鈔序」,『華嚴經疏鈔』(臺北: 佛陀教育基金會, 1997), 2쪽.

● 68_ 이연숙 옮김,『법화경』1(서울: 시공사, 1997), 61쪽.

● 69_ 정승석 편,『불전해설사전』(서울: 민족사, 1991), 135쪽.

● 70_ 智旭 述,『妙法蓮華經台宗會義』(『卍續藏經』50권), p.361하.

● 71_ 道宣 述, 一松大師講錄, 曉柔 判訂,『妙法蓮華經演義』(『卍續藏經』52권), p.51상.

● 72_ 蒙潤,『天台四教義集注』(京都: 龍谷大學出版部, 1934), 1쪽.

● 73_ 현해 옮김,『법화경』(서울: 민족사, 2007), 342쪽.

● 74_ 田村芳朗 외 2명, 이영자 옮김,『천태법화의 사상』(서울: 민족사, 1989), 51쪽.

● 75_ 현해 옮김,『법화경』, 364쪽.

● 76_ 田村芳朗 외 2명, 이영자 옮김,『천태법화의 사상』(서울: 민족사, 1989), 139쪽.

● 77_ 林存,「남숭산 선본사 해동천태시조 대각국사비명」,『대각국사집』
(서울: 동국역경원, 1994), pp.310-311

● 78_ 沈去疾 編,『興慈法師年譜』(北京: 宗教文化研究所, 2002), 13쪽.

● 79_ 興慈,『金剛般若波羅密經易知疏』, 沈去疾 編,『興慈法師年譜』「附錄」1, 88쪽.

● 80_ 范古農,「法藏講寺淨土道場眞實功德」, 沈去疾 編,『興慈法師年譜』24-25쪽.

● 81_ 興慈,「金剛般若波羅密經易知疏自序」, 沈去疾 編,『興慈法師年譜』

● 82_ 櫻部建,「解說」, 南條文雄,『懷舊錄-サンスクリツト事始め』
부록(東京: 平凡社, 1979), 327쪽.

● 83_ 郭象,「莊子序」; 郭慶藩 撰,『莊子集釋』제1책(北京, 中華書局, 1997), 3쪽

● 84_ 潘煊,『看見佛陀人間 : 印順導師傳』(臺北: 天下遠見, 2002), 26-27쪽.

● 85_ 印順,『遊心法海六十年』(臺北: 正聞出版社, 1988), 1쪽.

● 86_ 印順,「平凡的一生」,『華雨香雲』(新竹: 正聞出版社, 2000), 23-24쪽.

● 87_ 印順,「自序」,『印度之佛教』(臺北: 正聞出版社, 1980), 3쪽.

● 88_ 梁啓超,「大乘起信論考證序」,『大乘起信論與楞嚴經考辯』(臺北: 大乘文化出版社, 1978), 13쪽.

● 89_ 印順,「以佛法研究佛法」,『以佛法研究佛法』(新竹: 正聞出版社, 2000),13쪽.

● 90_ 印順,「談入世與佛學」,『無諍之辯』(新竹: 正聞出版社, 2000), 225쪽.

● 91_ 印順,『中國禪宗史』(南昌: 江西人民出版社, 2000), 6쪽.

● 92_ 末木文美士, 이시준 옮김, 『일본불교사』(서울: 뿌리와이파리, 2005), 100쪽 정리참조.

● 93_ 賴富本宏 외, 김무생 옮김, 『밀교의 역사와 문화』(서울: 민족사, 1994), 26쪽.

● 94_ 賴富本宏 외, 위의 책, 28쪽.

● 95_ 賴富本宏 외, 위의 책, 75쪽.

● 96_ 法尊, 「我入藏的經過」, 『法尊文集』(臺北: 文殊出版社, 1987), 270쪽.

● 97_ 法尊, 「與法舫法師書」, 黃夏年, 「法尊法師三題」, 『中外佛教人物論』
　　　(北京: 宗教文化出版社, 2005), 374쪽 재인용.

● 98_ 太虛, 「菩提道次第廣論序」, 宗喀巴大師造, 法尊法師譯, 『菩提道次第廣論』
　　　(上海: 上海佛學書局, 2003), 2쪽.

● 99_ 김영미 옮김, 『아미타경 · 무량수경 · 관무량수경』(서울: 시공사, 2000), 22쪽.

● 100_ 김영미 옮김, 위의 책, 52쪽.

● 101_ 一然, 이재호 옮김, 『삼국유사』2(서울: 솔, 2002), 354쪽

● 102_ 梁啓超, 「論佛教與群治之關係」, 石峻 등편, 『中國佛教思想資料選編』3권4책
　　　(北京: 中華書局, 1990), 49-56쪽.

● 103_ 王日休, 『龍舒淨土文』, 「淨土起信」1(『卍續藏經』107책), p.732상.

● 104_ 印光, 「復幻修大師書」, 『印光法師文』上(北京: 宗教文化出版社, 2005), 259쪽.

● 105_ 魏源, 「普賢行願品敍」, 『中國佛教思想資料選編』제3권3책
　　　(北京: 中華書局, 1991), 500쪽.

● 106_ 望月信亨, 박태원 옮김, 『중국정토교리사』(서울: 운주사, 1997), 501쪽.

● 107_ 楊仁山, 「十宗略說」, 石峻 등편, 『中國佛教思想資料選編』3권4책
　　　(北京: 中華書局, 1990), 7쪽.

● 108_ 彌伽釋迦譯, 『首楞嚴經』권5(『대정장』19), p.128중.

● 109_ 印光, 「答曲天翔居士問二十七則」, 『印光法師文』中(北京: 宗教文化出版社, 2005),
　　　1014쪽.

● 110_ 印光, 「淨土決疑論」, 石峻 등편, 『中國佛教思想資料選編』3권4책, 275쪽.

● 111_ 현해 옮김, 『묘법연화경』(서울: 민족사, 2007), 453-455쪽.

● 112_ 明暘 主編, 『圓瑛法師年譜』(北京: 宗教文化出版社, 1996), 10쪽.

● 113_ 圓瑛, 「上海圓明蓮池念佛會緣啓」, 樓宇烈, 「圓瑛大師的佛學思想」,

『中國佛教與人文精神』(北京: 宗教文化出版社, 2003), 208쪽 재인용.

● 114_ 望月信亨, 이태원 옮김,『중국정토교리사』(서울: 운주사, 1997), 338쪽.

● 115_ 袾宏述,『阿彌陀經疏鈔』(臺北:正覺精舍, 2001), 154쪽.

● 116_ 陳揚炯,『中國淨土宗通史』(南京: 江蘇古籍出版社, 2002), 506쪽.

● 117_ 圓瑛,「復閭退芝居士垂問禪淨二宗」,『圓瑛集』(北京:中國社會科學出版社, 1995), 130쪽

● 118_ 圓瑛,「念佛法門」, 袾宏述,『阿彌陀經疏鈔』(臺北: 正覺精舍, 2001), 50쪽.

● 119_ 章太炎,「答鐵錚」,『章太炎全集』4권(上海: 上海人民출판사, 1984), 369쪽.

● 120_ 이재호 옮김,『법화경』, 민족사, 1993, 456쪽.

● 121_ 圓瑛,「上海圓明楞嚴專宗學院緣起」,『圓瑛法師年譜』(北京: 宗教文化出版社, 1996), 231쪽.

● 122_ 圓瑛,「重刻楞嚴經序」,『圓瑛集』(北京:中國社會科學出版社, 1995), 148쪽.

● 123_ 袾宏 輯, 書玉 科釋, 哲牛 옮김,『沙彌律儀要約述義』(서울: 토방, 2000) 참조.

● 124_ 于凌波,『中國近代佛教人物志』(北京:宗教文化出版社, 1995), 148쪽.

● 125_ 정화,『함께 사는 아름다움-금강경·반야심경풀이』(서울: 시공사, 1998), 120쪽.

● 126_ 黃念祖,「佛說大乘無量壽莊嚴淸淨平等覺經解」,『黃念祖老居士著作彙編』상책, (三重: 三重淨宗學會, 2001, 1-2쪽.

● 127_ 『호생화집』.

● 128_ 「雪廬老人事略」,『雪廬老人淨土選集』(臺中: 靑蓮出版社, 2001), 17쪽.

　　　근대 중국의 고승

근대 중국의 고승